U0082226

目錄

目錄

工業鉅子
創造現代世界的先驅者

家族財團創始人 ✕ 食品包裝業之父 ✕ 商場王子 ✕ 石油大亨

從工業時代直至現代，追溯商界巨頭的足跡！

阿爾伯特‧哈伯德 著

胡彧 譯

Little Journeys to the Homes of Great Businessmen

成功源於互惠——若不能造福世界，將迅速邁向破產。

12 個章節，如同一場商業歷史之旅，他們不僅創造了財富，更留下了不朽的遺產

出版者言

　　阿爾伯特・哈伯德已經去世，或許我們應該說，他順著他那偉大的小旅程走向了來世。然而他的智慧已在這個時代扎根、成長，永遠鮮活，為後人銘記。

　　為了使今天這些阿爾伯特・哈伯德的經典之作能夠面世，我們已準備了十四年。從 1894 年，《拜訪世界名人之旅》(*Little Journeys to the Homes of the Great*) 這套叢書開始寫作起，這十四年來的每個月，我們都把這些令人景仰的文字奉獻給世界，從無間斷。這些珍寶般的文字已被奉為經典，並將永世流傳。累積下來，共有一百八十篇，帶領我們造訪那些變革了時代、創造了帝國甚至打下文明烙印的人類傑出者。透過哈伯德，這些不朽的豐功偉績和燦爛思想展示在我們面前，並且將在未來世紀中不斷迴響。

　　普魯塔克 (Plutarch) 曾為希臘與羅馬名人作傳，寫下了四十六部作品，哈伯德的系列作品同樣是關於偉人們，在這個領域，他們倆都取得了無人能及的成就。這些偉大的作品，在現代文明第一縷曙光出現在地平線之前，就已奉獻給了世人。普魯塔克用一個微小的瞬間、一個簡單的詞語，或是一個無傷大雅的俏皮話，就揭示了他筆下傳主的功過是非，古典著作中沒有哪一本可以如此穿越時空，來到我們身邊，也沒有哪一本給予世界領袖人物如此重大的影響。誰能夠數清楚，有多少傳記是以這樣的方式開頭：「在他年輕時，我們的主人公總是閱讀普魯塔克的《希臘羅馬名人傳》……」愛默生曾說：「所有的歷史都很容易被分解為一些勇敢堅定、

出版者言

熱誠認真的人物的傳記。」他在說這句話的時候一定想到了普魯塔克的傳記 —— 它塑造了二十世紀這些偉人。

　　普魯塔克生活在聖保羅時期，他記載了早期的希臘人與羅馬人。兩千年後，哈伯德出現了，他的作品宛如一座直通古雅典的橋梁，把伯里克里斯（Pericles）的黃金時代與愛迪生的美國時代連接起來。他運用他的生花妙筆，造訪了諸多已逝的大師，並激發出如泉湧般的靈感。

　　休·查莫斯曾經評論道，若他要做一本關於美國的藍皮書，他可能會把阿爾伯特·哈伯德的著作表印刷出來即可。無論我們是否贊同這個權威的觀點，但這位不朽的人物在他的一生中，與任何其他美國作家相比，他那枝奇妙的筆，確實激勵了更多的出類拔萃的心靈。優秀的作家研究揣摩哈伯德的風格技巧：無數人在疲憊的工作之餘，打開他的書，尋覓智慧的火花。說實在的，此君揮舞著他的筆，如同天使揮舞著神杖。

　　他不僅作為一名作家顯示出讓我們讚嘆景仰的才華，在其他領域也非常出色。他一手創立的羅伊克洛夫特連鎖店，反映了美國最有能力、最敏銳的商人所能達到的成就與聲望。整個行業都將看到，哈伯德身為創立者，為羅伊克洛夫特帶來了高度原則性與系統性，從而具備了強大的實用性。這不僅能從書籍印刷中體現，更能從他傾注了心血的平臺上體現。在此，我敢說，身為一位公共演說家，他比其他同行吸引了更多的聽眾，鼓舞了更多的人。有人曾驚訝地問，這個非凡的人，從哪裡得到這麼多靈感，來完成他偉大的著作？這裡面沒有祕密。它源自他對那些卓越前人的崇敬與追隨。並且，和普魯塔克一樣，這些小傳記是作者的一樁個人收益，是他對激發出這些作品的高尚情操與靈感的一個總結。

　　隨著哈伯德令人悲傷的去世，東奧若拉區宣布《腓力斯人》雜誌停

刊。哈伯德已經離去，踏上了長長的旅程，也許他也需要他的《腓力斯人》伴隨他同行。再說，還有誰能接過他的筆呢？這種告別，也算晚輩對長輩最好的紀念吧。

同樣的熱忱，也促使了羅伊克洛夫特成員發行了《拜訪世界名人之旅》的紀念版。再沒有更好的方法可以貼切地表達他們對這位創立者的追思，因為這套書對他的智慧成型，有著無與倫比的影響力。如果他能回眸一看的話，必會為此點頭稱許。若需要建一座紀念館的話，不妨讓這套書造福人類吧，他一定會非常樂意與我們分享，因為，正是同樣的歷程，激發了他的靈感。

出版者言

第一章
勞勃・歐文

勞勃・歐文（Robert Owen，西元 1771 ～ 1858 年），英國實業家、社會改革家與慈善家。十歲輟學當學徒，十九歲時即成為曼徹斯特一家紗廠經理。之後在蘇格蘭新拉納克管理一家龐大的紡紗廠，著手一場空前的、改善工人工作及生活條件的革新。該試驗取得了巨大成功。歐文因而聞名世界。歐文孜孜以求地在英國、美國等地，耗費巨資探索並實踐他的合作社會主義，力圖按照財產公有、權利平等與共同勞動的原則，建立一個沒有剝削、全新的和諧理性社會。他設立合作村、建設和諧移民區、建立公平勞動交換商場，四處奔走，吶喊呼號，終因社會阻力太大而折戟沉沙。

為了推進工業改良這個偉大而美好的事業，我一直以來，將賺來的每分每文都花在它上面。主教閣下說我肆意揮霍、奢侈浪費，他這樣說可真是大錯特錯。我從來沒有揮霍、浪費過一分錢，我習慣於在各方面節衣縮食。我向主教閣下及其唆使者們提出挑戰，請他們證明，情況是否相反。而且我願意提供方便，允許他們隨時隨地追蹤我的生活。

——勞勃·歐文

在德國這個哲學王國，當博學之士們駕舟駛入疑問之海時，馬上會有人大喊：「回去找康德（Immanuel Kant）」！

在美國，當偽裝的民主變得野心勃勃、對權力貪婪無比時，人們會說：「回去找傑弗遜[001]！」

在商界，當雇主不把員工放在心上，而雙方都忘記了本應有的善良品德，我們就會說：「回去找歐文！」

當然，我們不會「回去」尋找勞勃·歐文；我們要「繼續前行」尋找歐文，因為他的理論依然領先於時代。

勞勃·歐文是一名商人，他的首要目標是要取得實際的成功。他生產產品，然後賣掉它們，獲得收益。

在接收原材料，將其生產成美觀實用的各式各樣產品的過程中——從種子播撒到土壤、一直到消費者購買織品，進行編織——歐文堅信，所有人都應該受益——每一次交易都應該讓所有人受益。

也就是說，勞勃·歐文堅信，商業交易如果不能使雙方都賺錢，交易是不道德的。

---

[001] 傑弗遜（Thomas Jefferson）：西元 1743～1826 年，美國政治家，第三任總統，《獨立宣言》的起草人。

有一句法律準則，至今還在法庭上被人引用：「購者自慎！」 —— 買主自己當心。勞勃・歐文對此不以為然，他鄙視以下這些想法：把商品賣給不需要它們的人、不是因為商品本身的價值而賣商品、不擇手段地超出商品的價值索取高價。

勞勃・歐文相信自己，相信自己的產品，更相信人。他是個民主的樂觀主義者，對於大眾充滿信心。原因在於，他對人的判斷是透過透視自己內心而形成的。他意識到，自己是人的一分子。他知道，倘若這個世界，在同等條件下不想要某樣東西，那他自己也不會要它。他透視自己平靜的內心深處，明白自己痛恨專制、偽裝、惡行、虛偽、奢侈與謊言。在自己沉默的靈魂深處，他知道自己深愛和諧、健康、勤奮、互惠、真理和互助。他的願望是為人類造福，透過幫助別人來幫助自己。

因此，他得出結論，所有生命之源皆同，自己只不過是常人的一個範本。所有的人，只要未受到恐嚇或壓制，都會渴求自己想要的東西。

要是缺乏形式多樣的鍛鍊，或是空氣不佳、環境糟糕，他就會感到身體不適。他知道，這種情況下，他的情緒很容易激動，不僅會跟自己過不去，而且還會與恰好在身邊的任何其他人發生衝突。有感於此，他認為社會上的所有異常，都是由糟糕的物質環境引起的，我們每個人都是神靈的反射體與媒介。為了充分、自由地表達展現神靈的思想，我們的身體必須有一個良好的環境。

尋找這個良好的環境，成為他一生中主要的事業與鑽研方向。

從商業的角度看，認為總是考慮「別人」的人會取得成功，聽起來多多少少是自相矛盾的。「關注第一名。」我們對急於成功的年輕人說。「照顧好你自己。」我們動身開始小旅程時，鄉下的賢人們會這樣說。「人不

為己，天誅地滅。」這是智者們的看法。

　　但是，我們知道，只想著自己的人，會招致整個社會的不信任，會激發出與自己對抗的力量，並由此產生如影相隨的障礙，自己邁出的每一步都會遇到阻礙。

　　勞勃‧歐文屬於沉靜、英明的一類人，贏得了人們的信任，相應地他也把所有的好東西都輸送給了大家。此人在西元 1790 年就深諳成功哲學，我們可以稱之為奇蹟。而事實上，奇蹟般的事物往往是最自然的。

　　勞勃‧歐文踏入商界之時，社會動盪不安。此時法國大革命的火焰，點亮了全球知識界的天空。英國失去了殖民地；針線街 [002] 上亂成一團；全世界的軍隊都在枕戈待旦，整裝待發。在這個大動盪中，出了個勞勃‧歐文，英俊、睿智、誠實，充滿了透過幫助人類來幫助自己的神聖熱誠。

　　西元 1771 年，勞勃‧歐文出生於威爾士的牛頓村。離開家鄉小村多年之後，他回到村裡，就像莎士比亞（William Shakespeare）及其他許多成功人士一樣，童年時生活的地方，又成為了安度晚年的樂園。歐文在其出生的房子裡去世。他的遺體埋葬在父母的墳墓裡，與父母的遺骸一起長眠。活在人世的八十七年中，他成功地實現了許多事情，教給這個世界許多道理，然而，這世界並未記取在心。

　　就時間而言，勞勃‧歐文似乎是世界上第一位商人。他創辦的私人企業，對他而言就是一個公益信託機構。他是創始人、建設者、經濟家、教育家與慈善家。他的教育源於工作，並在工作中接受教育。在漫長的一生中，竭盡全力使其他人同樣有可能做到這一點。

---

[002]　針線街：英國中央銀行英格蘭銀行所在街道。

他堅信商業的神聖性。他預見了愛默生 [003]（Ralph Waldo Emerson）的說法：「商業在於為需要商品的人製造商品，把商品從充足的地方帶到缺乏的地方。」

每一個經濟家都應該是名慈善家；而每一個慈善家都應該做一名經濟家。

西元 1860 年，查爾斯·狄更斯（Charles Dickens）在寫作時，塑造了斯科盧奇 [004]、卡克爾 [005] 和班布林 [006] 這樣的經濟家。狄更斯想描繪理想的商人時，他塑造出了齊瑞布林兄弟 [007] 這樣的人物。他們心腸軟，向乞丐施捨幾便士的錢，向貧窮的寡婦施捨幾先令 [008]，向住在搖搖晃晃的出租屋的家庭施捨煤和麵包。狄更斯的想法是透過教士般的施捨方法來改良。狄更斯不知道，不分青紅皂白的施捨救濟，會使人類淪為貧民。他從未向世界提供與勞勃·歐文有絲毫相似的人物，歐文所做的慈善事業，遠不止是施捨救濟。

勞勃·歐文出生於一個一貧如洗的家庭，父母知道勤奮、克制和節約這些樸素、美好而且必備的美德。我們並不清楚，這位男孩是從哪裡學到了對書本的渴望，以及對成就無休止的追求。他是個商業天才，是個在小棚屋也能產生的天之驕子。

十歲的時候，他被送到倫敦，學習馬具商的手藝；十二歲時，他學會了製造蠟繩，幫皮革上黑油，替馬具塗油，還在這一行業當銷售員，並因

---

[003] 愛默生：西元 1803 ～ 1882 年，美國散文家、哲學家、詩人。

[004] 斯科盧奇：狄更斯小說《聖誕頌歌》（*A Christmas Carol*）中的人物。

[005] 卡克爾：狄更斯小說《董貝父子》（*Dombey and Son*）中的人物。

[006] 班布林：狄更斯小說《孤雛淚》（*Oliver Twist*）中的人物。

[007] 齊瑞布林兄弟：狄更斯小說《尼古拉斯·尼克貝》（*Nicholas Nickleby*）中的人物。

[008] 先令：舊時英國貨幣單位，一鎊的 1/20，十二便士為一先令。

此被說服去替一個縫紉用品商當銷售員。他風度翩翩 —— 優雅大方、富同情心、健康活潑。十七歲的時候，他要求按照銷售額收佣金，而不是拿薪水。這樣，他一年存下了一百英鎊。

十八歲時，一位顧客向他談及一種奇妙的機器 —— 一種由蒸汽動力推動，將棉花紡成紗的機器。勞勃對用手紡車製造毛紗的舊式手工紡紗方式十分熟悉 —— 他母親就是這樣做的，並教會他、他的兄弟和姊妹們。

棉花正在大量湧入，「喬治・華盛頓（George Washington）叛亂」[009] 剛剛結束。瓦特（James Watt）仔細觀察了他母親的茶壺，並取得不錯的成效 [010]。以下是給這一行業帶來變革的兩件大事：使用棉花，而不再使用亞麻或羊毛；使用蒸汽動力而不再使用人的臂力。勞勃・歐文辭去了職員的工作，將所有的收入投資到三臺走錠細紗機上，然後賒帳買進棉花。他很快就學會了做這門生意，第一年賺了三百英鎊。

他在報紙上看到一則廣告，是一間紗廠在招聘有經驗的主管。之後憑著直覺，勞勃找到了發布廣告的人，是一位名叫德林克沃特的先生，並向他申請這個職位。

德林克沃特先生看了看這個嘴上無毛的年輕人，微笑著解釋說，他要找的是一位男人，而不是一個男孩 —— 這位男人必須能夠負責管理曼徹斯特的一處多達五百名雇員的工廠。

勞勃・歐文堅持自己的立場。

他工作是為了什麼？

一年三百英鎊。

---

[009] 「喬治・華盛頓叛亂」：指美國獨立戰爭。
[010] 指瓦特發明了蒸汽機。

胡說！十九歲的男孩，五十英鎊就夠了。

「但像我這樣的男孩就不夠。」勞勃‧歐文認真地說道。然後他向德林克沃特先生解釋自己的情況：他有一間自己的小工廠，第一年賺了三百英鎊。不過他想和有資金實力的人，一起進入更廣的領域。

德林克沃特先生很感興趣。他去查訪了情況，發現與歐文所說的完全一致。他按照這位年輕人提出的薪資聘用了他，並買下了年輕的歐文先生的所有機器和存貨，包括原材料和產成品。

十九歲的勞勃‧歐文立即來到曼徹斯特，負責管理這家工廠。他的任務是購買並安裝新的機器、招聘工人、確定薪資、購買原材料、生產並銷售產品。

六個星期以來，歐文沒有下達任何命令，沒有僱用新工人、或是解僱老工人。他默默地調查研究情況。他與工人一起工作 —— 和他們交朋友，並以備忘錄的形式記下自己的想法。他早上第一個到工廠 —— 晚上最後一個離開。

六個星期之後，他開始採取行動。

第一年的利潤是投資額的百分之二十。德林克沃特付給他四百英鎊薪資，而不是三百，並提出來年給他五百。他們擬定了一份合約，合約有效期限為五年，支付歐文一份薪水，同時根據銷售額增加的數量，按一定百分比提成。

此時勞勃‧歐文二十歲。他是廠裡唯一的主管。廠主住在倫敦，只去過工廠一次 —— 這一次是在歐文任新職三個月之後。德林克沃特看到工廠有了很大的改善 —— 工地有序、整齊、乾淨。工人們沒有抱怨，儘管歐文把工作排得滿滿的。

歐文對手下的人十分友好，還到他們家中拜訪。他為小一點的孩子辦了一間日校，為那些在工廠工作的大孩子辦了夜校。他的友好、快樂和熱情非常有感染力。這個地方欣欣向榮、蓬勃發展。

　　說到這裡，讓我們轉移話題，談談當時的特殊環境。

　　當時舊的事物正在消亡，新的事物正在誕生。經歷這兩個過程同樣痛苦。

　　手工勞動很快就被代替。一臺機器可以做十個人或更多人的活。那些被淘汰的人該怎麼辦呢？你會說，讓他們適應新環境。是要適應新環境，可是許多人無法適應。他們挨餓、生病，悲痛而絕望地發出無濟於事的抱怨。

　　就在幾年前，亞麻及羊毛紡織，毫無例外都是家庭作坊。每一個小屋都有自己的紡紗機和織布機。有一個花園、一頭奶牛、一頭豬、家禽和水果、鮮花。全家人一起工作，只要有光亮，紡紗機和織布機就不得空閒，全家人都馬不停蹄地輪班工作著。

　　那是一段非常快樂、富足的時光，生活簡單而自然。需要不斷勞動，但生活豐富多彩。大量的羊群，主要是為了羊毛而牧養，羊肉因而非常便宜。所有的一切都是自產的，人們替自己製造東西，如果他們需要更高的技術，就由鄰居提供這些技術，或是與鄰居交換產品。由於生產是在家裡進行的，不存在人口擁擠的問題。那時工廠宿舍及出租屋還沒出現。

　　這就是到西元 1770 年為止的情景。從那時起到西元 1790 年是過渡時期。到西元 1790 年，只要有水力的地方就有工廠建起來，村裡的工匠們遷到鎮裡，到工廠工作。

　　對年輕的男孩和女孩們來說，這樣的生活非常誘人。舊的生活方式沒

給他們留出什麼自由活動的時間 —— 要給奶牛擠奶，照管豬和家禽，或者花園需要他們沒完沒了地做事。現在他們可以在固定的時間裡工作，拿固定的薪資，然後就可以休息了。出租屋代替了棚屋，而「大眾酒吧」和它面帶微笑的酒吧招待，總是會在街道轉角那裡迎候。

哈格里夫斯（James Hargreaves）、阿克萊特（Richard Arkwright）、瓦特和伊萊‧惠特尼（Eli Whitney）製造的革命，要比米拉波（Mirabeau）、丹東（Georges Jacques Danton）、羅伯斯庇爾（Maximilien Robespierre）和馬拉（Jean-Paul Marat）製造的革命深遠得多。

說到這裡，我突然想和愛好語法和韻律的朋友，談談一個有趣的現象。自莎士比亞時期以來，用於提、吊的機器或設備，都被稱作是「傑克機」[011]。傑克機要支撐起包裹、升降機、拔具和工人。比較粗糙一點的機器以前都被稱為傑克機，現在仍然如此。在大多數工廠都會有測試傑克機、傳動傑克機、舉重傑克機等等。福斯塔夫 [012] 曾談到「無事不通的傑克」[013]。傑克指的是堅固、堅韌、耐用的各種東西。

當哈格里夫斯這位蘭開夏郡的木匠，發明了他的紡紗機之後，一位村裡的才子卻稱之為「珍妮機」。這種機器精美、靈巧、雅致。紡織到底是婦女的工作，於是新機器在語法上被定為女性。

不久之後，新發明的機器變得更沉重、更堅固，它的堅固使另一位快樂的農家人，想出了一個新的詞語 ——「騾機」[014]。這個詞保留下來，只要在紡棉花的地方，我們就可以看到「騾紡織機」。

---

[011] 「jack」，在這裡指起重一類的機器。

[012] 福斯塔夫：莎士比亞作品中的喜劇人物。

[013] 「jack of all trades」，指「萬事通」、「擅長多項技能」。

[014] 「mule」，指「走錠細紗機」，能從纖維中撚出線或拔出絲的機器。

發現煤炭有可以用作燃料的價值之後，就發明了蒸汽機。

當需要什麼時，我們就會去挖掘、找到它們，或是伸出手、抓住它們。若不是在兩岸長滿樹林的河流中，你就不能行駛蒸汽船，就像你不能使用煤去駕駛汽車一樣。

煤的經營始於西元 1819 年，我們的英國親戚們至今還稱之為「煤塊」。這一年，第一艘蒸汽船「薩凡納號」[015] 橫渡大西洋，從薩凡納航行到倫敦，費時 25 天。這艘船燒掉了 450 噸的煤，換句話說，這相當於它全載重量的三分之二。羅伯特‧富爾敦 [016]（Robert Fulton）曾於西元 1807 年，在哈德遜河行駛他的汽船「克萊蒙特號」，但每二十英里就得有一個木料補給站。

在英國下議院，人們爭辯說，蒸汽船不可能在以蒸汽為唯一的動力源的情況下，橫渡大西洋。就在人們爭相用數字論證之時，薩凡納號嘹亮的汽笛聲，終於將雄辯家們的聲音淹沒下去了。

不過「薩凡納號」也帶著風帆，這使得懷疑派們依然喋喋不休。一艘不帶風帆的鐵船可以用五天的時間穿越大西洋，這一奇蹟，沒有哪個樂天派可以預見得到 —— 而勇於做出預言的人則更少。

新的形勢幾乎有著使鄉村人口減少的威脅，農民遺棄了土地。農作物收成的不確定性被固定薪資的確定性所代替。孩子們可以把珍妮紡織機使用得和男人們一樣好，因此對童工的需求很大。

擁有大家庭的窮人，都可以把自己當作富人了。許多男人找不到工作，拿不到男人應得的薪資，因而停止工作，由妻子兒女撫養。養育家庭

---

[015]　薩凡納為美國喬治亞州東南部一座城市。

[016]　羅伯特‧富爾敦：西元 1765 ～ 1815 年，美國工程師和發明家，發明了第一艘實用潛艇和魚雷，製造了第一艘可航行汽船「克萊蒙特」。

成為一項有利可圖的事業。

許多工廠主收養孩子，或是按學徒制度接收他們，答應教他們手藝。育幼院和勞教所的男孩和女孩們被找出來當作奴隸使用。他們被趕到羊棚裡，在稻草上睡覺，在水槽裡吃東西。他們分兩班輪流幹活，不分日夜，因此稻草從來不會真正涼下來。工作十二小時，睡八小時，吃飯用一個小時。衣服只有在每週六才會換掉。

在人們商業生活的變化中，充滿了極大的危險。

這個時期，魯莽、貪婪、殘暴非常普通。

幾乎所有四十歲或以上的工人都失去了工作。

自然地，雇主只雇傭年輕、有活力、體格健壯的。這些人賺的錢要比以往多得多，因此他們愚蠢地肆意揮霍。這是一個繁榮的時期，然而，很奇怪的是，繁榮給數以千計的人帶來飢餓。在許多情況下，家庭生活被毀了。建起了長長的一排排房屋，它們完全相像，沒有任何個性化的象徵 —— 沒有院落，沒有鮮花，沒有花園 —— 這些死水般的靜景破壞了工業城鎮的風景。

漂亮的女孩到鎮裡的工廠工作，從而失去了與家裡的連繫。後來她們又遊蕩到倫敦去。

酗酒的人增加了。

西元 1796 年，曼徹斯特健康委員會成立，目的是保障工廠工人的利益。它希望能保障工人的燈光、通風、衛生用具。除此之外，它沒有試圖做更多的事。

工廠主管們發出不滿的嚎叫。他們把這稱作是干涉，剝奪窮人勞動的權利。他們宣稱，這完全是他們與工人之間的私事 —— 是合約的問題。

　　勞勃・歐文似乎是第一個邀請別人到工廠檢查的工廠主管。他與健康委員會合作，而不是與其作對。他拒絕雇傭不滿十歲的兒童。儘管要對窗戶徵稅，他還是提供足夠多的光亮與新鮮空氣。工人們非常無知，竟然認為《工廠法》[017] 侵犯了他們的權利。貪婪而帶著愚蠢恐懼的工廠主，暗示他們提出一個流傳已久的觀點：即孩子是屬於自己的。國家就孩子應該在什麼地方工作、什麼時候工作、怎樣工作，向自己提出要求，是一種專制行為 —— 工作對孩子們是件好事！難道應該讓他們在街上亂跑？絕不能這樣！

　　西元 1907 年，亞伯特・J・耶利米 [018] 試圖在華盛頓通過一項聯邦法案時，他遇到的、必須回答的問題，正是西元 1795 年勞勃・歐文和羅伯特・皮爾爵士 [019]（Sir Robert Peel）不得不回答的問題。從這方面看，真是非常有趣。

　　有人逼迫一百個孤兒每天工作十四個小時，這些男孩和女孩只有六到十二歲。別人指責他殘忍，他卻為自己辯護說：「要是我不讓他們除了睡覺和吃飯之外一直工作，他們就會貪玩，然後再也不幹活了。」這個觀點被許多盲目相信的父母多次引用，並被認為是正確無疑的。

　　這個時期，在一個建築物裡放許多機器，都由一個發動機提供動力。必須大量購買原材料，必須花錢尋找市場，所有這些加在一起，迫使人們發明了一種非常奇怪的經濟實用體。它的名字叫做聯合股份公司。以前一

---

[017] 《工廠法》：在英國，有關工人工作時間和工作條件等問題的法律或法令，通稱為《工廠法》。最早的工廠法是英國議會於西元 1802 年 6 月 2 日通過的對某些工種的學徒加以保護的法律；西元 1819 年通過的法律完全禁止在棉紡織行業使用童工，把十六歲以下的青少年工人的工作時間限定為十二小時。

[018] 亞伯特・J・耶利米：西元 1862 ～ 1927 年，美國政治家和歷史學家，來自印第安那州的美國參議員。

[019] 羅伯特・皮爾爵士：西元 1788 ～ 1850 年，英國政治家，曾當選兩屆首相。

家老小一起在家裡生產產品，現在則是找兩三個人合股，雇幾個鄰居幹活，每天付給他們薪資。

然後，我們就有了這個「股權」制度。一個生產企業有數百、數千個股東，可是這些股東從來不去工廠。

擁有股份的人，是那些工具的主人。很自然地，他們想要、也期望透過工具的使用拿到紅利。他們想要的就是這些 —— 紅利。工廠的經理只能透過使企業獲得收益的方法，保住自己的位置。擁有股份或者工具的人，從來沒見過那些使用工具的人，他們之間橫亙著巨大的鴻溝。對於工人受到的錯誤對待和不公平待遇，沒有人承擔責任。他們相互推卸過錯和責任，每個人都為自己辯護。接著就有了這個說法：「公司沒有靈魂。」

勞勃·歐文是工廠的經理，但他看到了工廠制度帶來的痛苦、忽視，以及精神上的冷漠。他也需要產生紅利，同時他的內心也希望減輕工人們的痛苦。

曾有些好心人寫書描繪工廠制度的罪惡，比較了新舊制度，用非常駭人聽聞的詞語描繪新制度的可怕。有些人甚至試圖倒行逆施，復興舊的家庭工業。後來羅斯金 [020]（John Ruskin）就是這樣做的。大家期望著「夢見約翰·鮑爾」[021]。很多人哀嘆著盼望回到那「過去的好時光」。

許多哲學家和慈善家都在努力解決這個問題，只有勞勃·歐文一人堅信，成功在於繼續往前走，而不是掉轉回頭。他開始努力，使新的環境讓人可以接受，並預言有一天，在鬥爭的硝煙和喧囂之中，將會出現一種帶來健康、幸福和繁榮的全新環境，這是這個疲倦的舊世界從未見過的。

---

[020] 羅斯金：西元 1819 ～ 1900 年，英國作家和藝術評論家。

[021] 《夢見約翰·鮑爾》是英國詩人、畫家和社會改革家莫里斯（William Morris）的作品，約翰·鮑爾為農民起義的領袖。

勞勃‧歐文是英國的第一位社會主義者。

很自然地，他被稱作是位夢想家。有些人稱他為「異教徒」和「社會的敵人」。

現在許多人稱呼他為預言家、先知。

在勞勃‧歐文的時代，棉紗是包裝好的，以五磅重的捆數出售。這些包裝按照固定數量的碼數打成卷。每個包裝中的一百二十數被確定為「平均數」或者「標準數」。如果絲很細，就需要更多的卷數才能達到五磅。每個包裝的價格可能高，也可能低，在一百二十數的價格上下波動。也就是說，倘若一個包裝包含二百四十數，它的價格就要比標準卷數的包裝翻倍。

勞勃‧歐文在開始紡織之前，就已了解紡織品。首先，他是個推銷員；其次，他製造出他銷售的產品。

在商界極為困難的一件事情，就是推銷。商品可以按照一定程序生產出來，但得找人把它們賣出去。能賣掉東西肯定就是成功 —— 而做其他事則只是有可能成功。

只有銷售部的那些人，才能真正確定企業決策，他們站在收入的一邊，而不是支出的一邊。

掌握「祕密生產過程」的人，遲早會透露祕密；可是銷售員不會，因為他不能這樣做。它是不可轉移的，是屬於個性的問題。銷售員不僅要了解產品，還必須了解買主 —— 他必須對人性有較高的把握。

而人性正是勞勃‧歐文要處理的「原料」。勞勃‧歐文從來不試圖透過降低價格來增加銷售。他的產品價格總是高於市場平均價。「誰都會降價，」他說，「但要做出更好的產品，得花點腦筋。」他集中精力製造出

色、優質的產品。

很快買主就找上門來了。更好的產品意味著更好的生意。而此時歐文在發出的每一包棉紗上都貼上一個標籤，上面寫著「本包裝經勞勃‧歐文監製。」這樣他的姓名逐漸成為品質保證的同義詞。

歐文的另外一個特別的想法是：要生產優質的產品，必須要有優質的工人。培養出這一類優質的工人成了他的夢想。

德林克沃特先生對此想法一笑置之，只強調要重視紅利。

此時，德林克沃特先生已有一個女婿，每隔一個月會順便過來看一看，簽簽單，然後離開去獵狐。他認為自己在幫助經營這間工廠。這個人嫉妒年輕的經理，建議德林克沃特先生提高男孩的薪資，並買斷合約中提成的條款，這樣就不會讓這位年輕人成為「巨頭」。

德林克沃特問歐文取消合約條款的條件是什麼，歐文將合約交給他，說：「什麼都不要。」它曾給了他邁進更廣領域的機會。德林克沃特從來沒想過，那張小小的勞勃‧歐文標籤的價值。明智的雇主絕對不會允許這樣的事情發生。

歐文在商人中贏得了名氣，也贏得了信譽。他現在和幾家工廠合作，幫他們監督生產，並在每個包裝上貼上他的標籤出售。也就是說，他是廠商的經紀人。他從年薪五百英鎊變為年薪兩千英鎊。

他不屬於哪家工廠。他是自由的 —— 他在賺錢。而使人類進步的夢想，依然駐留在他的心中。

在一次到格拉斯哥銷售產品時，他遇到了大衛‧戴爾的一個女兒。戴爾是他強勁的競爭對手，戴爾生產的棉紗品質也非常好。這女孩曾聽說過歐文：他們是以敵人的身分相遇的 —— 這是開始相識相知的好方式。也

是大自然非常古老的雄蕊、雌蕊授粉結合的遊戲方式，它為商界帶來了改良與美麗、豐饒的土壤。他們一見面就吵了起來。

「你就是那個把名字貼在包裝上的傢伙？」

「是的。」

「但你自己沒有工廠！」

「對 —— 不過 ——」

「沒關係。你當然為你的名字感到自豪。」

「是啊 —— 難道妳不是？」

「我才不管什麼名字呢！」

然後，他們挑釁地相互瞪著對方。為了緩和緊張氣氛，歐文先生建議一起散散步。他們穿過公園，發現彼此都對社會變革感興趣。大衛・戴爾在風景如畫的新拉納克有一間工廠，他正打算在那裡做一筆大生意，既能賺錢又能幫助工人們。結果卻兩件事情都沒能做到，因為在工廠的投資已經消耗了他太多的營運資金。

他們討論著這個話題，直到時鐘指向十一點四十五分。

這位女孩了解商業，也了解上流社會。而後者對她而言毫無用處。

第二天，他們又見了面，而且非常意外地訂下了婚約，兩人都不知道是怎麼訂下的。這可真是件尷尬事！他們該怎樣向戴爾老爸透露這個消息呢？

他們想出了一個辦法，那就是：勞勃・歐文前去提出收購戴爾先生的工廠。

歐文來到新拉納克拜訪戴爾先生，並告訴他想買下他的企業。戴爾先

生看了看這個男孩，笑了笑。歐文那時二十七歲，看起來卻像二十歲，嘴上無毛、身材瘦小、滿頭金髮。

年輕人說，需要多少錢，他都可以籌到。他們爭了一段時間──雙方都沒有提出具體數字。到了吃午飯的時間了，戴爾先生邀請年輕的歐文先生到家裡用餐。戴爾先生是個鰥夫，他的女兒為他當家。戴爾先生向戴爾小姐介紹了歐文先生。

兩位年輕人非常冷靜地扮演著自己的角色，要是約翰‧德魯[022]看到了也會忍俊不禁。而此情此景任何人都會感到懷疑，除了這位挑剔的老工廠主之外。

最後，當這位富人桌上的麵包屑被掃走時，戴爾先生確定了六萬英鎊的數額。

歐文非常滿意，提出一共二十年、每年三百英鎊加利息的條款，並在桌子下面用自己的腳尖，碰了碰年輕女士的腳尖。

戴爾先生同意了。歐文有支付第一筆款項的錢。他們擬好文件後，交易結束了──除了最艱難的那一部分之外。這一部分是在飽餐一頓後，在敵人的藏書室裡發動突襲。「這樣就可以把企業留在我們家裡，您知道的。」這女孩跪著說，可愛地�‖�‖嘴。

目的達到了。然後，當勞勃‧歐文幾週後來到新拉納克接管企業時，他也接管了這位女孩。他們結了婚，從此以後幸福地生活著。

歐文帶著滿腔熱誠開始在新拉納克的工作，只有希望、青春和愛，才能使他如此精神飽滿、熱情洋溢。

---

[022] 約翰‧德魯一家為著名的美國演員家庭，包括約翰本人，他的妻子路易莎，及他們的兒子約翰。

戴爾先生把旗幟扛到了前線，他認為已經安全地扛到最遠的地方了 —— 換句話說，他只能扛到這麼遠。

　　歐文為自己安排好了工作。工人們大多數是低地蘇格蘭人，他們說的語言幾乎與歐文的不一樣。他們帶著懷疑的目光看著歐文。這個地方已被賣掉，他們也一起被賣掉了 —— 他們會受到什麼樣的待遇呢？薪資會降嗎？工作時間會延長嗎？完全有可能。

　　偷竊已經變為一種制度。先下手為強，比仁慈的廠主先走一招，被認為是聰明的行為。

　　戴爾先生曾試圖建立一間學校，並為此聘用一位愛爾蘭老婦人。她上課非常嚴厲，那些在工廠勞累了一天的孩子，對於學習毫無興趣，她讓他們好好地嘗了嘗樺木教鞭的滋味。戴爾先生從濟貧院接納了兩百名貧兒，這些人對他是慘痛的考驗。

　　歐文的第一個舉動是，將工作時間由十二小時縮短到十小時。事實上，他是第一個採用十小時工作制的工廠主。他改進了衛生設施，安裝了沐浴室，並對手下的小傢伙們的飲食非常感興趣，經常和這些小傢伙一起用餐。

　　歐文花了三萬美元建立一間特殊的學校。它同時是日校又是夜校，為了替在工廠工作的母親們減輕負擔，還接納一歲及以上的孩子。有一些「小媽媽」全天候照顧一歲以下的嬰兒，而這些「小媽媽」通常只有四歲或五歲。歐文要求他的老師們，永遠不要責罵學生，或施以身體的痛苦來進行懲罰。他的學校是基督教世界第一個廢止鞭笞的學校。

　　他的計畫還包括對幼稚園和托兒所的構想。他召開了母親大會，試圖說明，打罵毫無用處，因為這樣只能教會孩子照樣學樣。他停止了新拉

納克烈性飲料的銷售，建立了模範房屋，種植花園，對於養花行為給予獎勵。

為了不讓他的人成為受救濟者，歐文讓他們付一小筆兒童託管費，並對購買花種徵收一點微薄費用。學校大樓裡有一個舞廳，還有一間大禮堂。

有一次，原棉的供應被切斷了四個月。在此期間，歐文付全額的薪資給他的工人，堅持不管男女老少，都必須每天到學校上兩個小時的課，並每天工作兩小時：種樹、土木修整及做園藝工作。在這段空閒的時間，他付給工人的薪資達七千英鎊。這樣做，為的是不讓工人們走上歧路。

不難想像，歐文除了社會改良之外沒有別的憂慮。工廠裡的許多機器都已陳舊過時。為了更新設備，他借了十萬元。之後他把企業重組為一家股份公司，將股份賣給幾位與他有來往的倫敦商人。他使傑瑞米‧邊沁（Jeremy Bentham）這位偉大的法學家、慈善家產生了興趣，邊沁購買了新拉納克公司的股份，以表示他的信任。

教友會信徒約瑟夫‧蘭開夏，同時也是位工廠主和慈善家，他也做了同樣的事情。

歐文為其股份支付百分之五的紅利，並留出一部分盈餘用於逆勢時支付紅利。除此之外，所有的錢都被投資於改進工人的環境。

新拉納克在歐文的管理下，運行了十四年。它引起了文明世界的關注。後來當了沙皇的尼古拉斯大公曾和歐文在一起一個月，以研究他的方法。以下這些人都到訪過新拉納克：肯特公爵、蘇塞克斯公爵、貝德福德公爵和波特蘭公爵；坎特伯雷大主教、倫敦主教、彼得伯勒主教和卡萊爾主教；亨特利侯爵；格羅夫納勳爵、卡那封勳爵、格蘭維爾勳爵、威斯特

摩蘭勛爵、沙夫茨伯里勛爵和麥納斯勛爵；湯瑪斯‧戴斯將軍和布朗將軍；里卡多、德奎利亞爾、威爾伯福斯、約瑟夫‧巴特沃斯和法蘭西斯‧巴林爵士。作家、傳教士、醫生，事實上，英國幾乎每一個具有智慧、價值的人，都知道勞勃‧歐文和他在新拉納克所做的出色工作。

羅伯特‧皮爾爵士去了趟新拉納克，回家後發布了一份官方公告，邀請工廠主研究、模仿這種制度。

下議院邀請歐文前來介紹他摒除英國貧困的計畫，他被邀請到許多城市演講。他向英國的所有工廠主發出全面呼籲，邀請他們和他合作，消除無知與貧困。

但是從很大程度上講，只有歐文自己在這樣做，新拉納克是個特例。大多數工廠城鎮都有著長長的、一排排邋裡邋遢的出租屋。它們完全相像，沒有粉刷，沒有一個花壇或一棵樹，使這個醜陋的景象美觀一點。勞工一族就生活在這裡的汙垢和骯髒之中；而在遠處的山坡上，被巨大的公園環繞的地方，住著工廠主，還帶有馬廄、狗房和溫室。

歐文和他的工人們住在一起。新拉納村占地一百五十英畝 [023]，大約兩千名快樂、健康、富裕的居民在此安居樂業。

這裡沒有貧窮，沒有疾病，沒有賭徒，沒有醉漢。所有人都工作，所有人都上學。

這裡是節儉與美麗的實物教學。

來自歐洲各地的遊客前來參觀，經常一天數百人。

那為什麼不把這個樣板無限地擴展，讓成百上千的村莊獲得同樣的發展，而不僅僅是一個村莊呢？

---

[023]　一英畝等於 4046.87 平方公尺。相當於 6.070 畝。

以前、現在和將來都有可能實現，不過人們必須開發自己的理想環境，而不是讓別人做好現成的提供給他們。

歐文透過自己的決心與努力，使村莊保持理想化，卻無法進化出理想的人。四周都是非理想的環境，人們絡繹不絕地進進出出。

僅在幾英里之外就有人賣烈性飲料。要有一個理想的村莊，它必須位於一個理想的地區。

歐文拜訪了當地的牧師，請求他們和他聯合起來，建造一個理想化的物質環境。他說，好水、好的排汙系統與樹林、花草一起，可以構建出更美好的精神環境。他們的反應是，把他稱作「唯物主義者」。他承認自己是為了物質方面的益處而工作。他的追隨者們將他的工作與周邊牧師的工作比較一番，這樣更增添了他的麻煩。在那裡，惡習、貧困和烈性飲料盛行，同聚在一個尖塔上榨取利潤。尖塔上有一個金十字架，而勞工一族被釘在十字架上面 —— 這個比喻，後來被一個偉大的演講家使用。

歐文是個一神論者，帶有教友派的傾向。新拉納克隨時歡迎任何牧師過來 —— 這是一個自由的平臺。有一些傳教士接受了邀請，抱著使歐文皈依他們教派的目的而來。全英國都把新拉納克當成是不信教的城鎮。主教們向所有的教區長和教堂牧師發出統一的指示，警告他們要對抗「任何擺脫上帝和祂的兒子耶穌基督，把拯救集中於花壇與貧民學校的道德體系」。

新拉納克能賺錢，是因為它生產了世界需要的產品。但它的工人在上流社會是個禁忌。而牧師們每當聽到勞勃·歐文的名字、或是用了「社會主義」這個詞的時候，都會把手高高舉起，發出裝腔作勢的恐嚇。

歐文拒絕聘用童工，並出版了一本書，要求全社會注意這個人類可怕

的交易。父母、牧師和其他工廠主聯合起來反對他，在媒體及講道壇上他被公開指責。

他開始到處尋找適合理想社會的更好環境。他的目光轉向了美國。

勞勃‧歐文消除惡習和貧困的計畫很簡單，就是使人們在理想的環境下工作，然後容許他們有足夠的時間娛樂、培訓智力，這樣，在勞作之後可能會更節儉。

有人認為，工人應該形成自己的生活標準，不應依賴於雇主。歐文在回答這一看法時說，工廠集中了眾多的員工，是一個人為的環境。推動工廠發展的發明、智慧和勤奮，都是不同尋常的。工人很大程度上缺乏這種建設性的才能，證據就在於這個事實：他們只是工人。

利用他們的局限，破壞他們自然的、已經習慣的生活方式，然後把過錯推到他們身上，怪他們沒有發展出更新、更好的環境。這樣既不合理，也不正確。

而建造工廠並經營工廠的人，具備這種建設性的才能，應該對在工廠工作之人的福利有著積極的興趣。

為了實現這個目標，應該在每一間大工廠旁邊，建造一個理想的村莊。村莊至少要提供每個家庭半英畝的地。為了節儉，每一幢樓應住一千人。樓要建成平行四邊形，包含共用的廚房、餐廳、圖書館、藝廊和室內體操場。事實上，它應該是一所很大的大學，和牛津或劍橋這樣的學校大聯合體沒有什麼不同。所有人都是工人 —— 所有人都是學生。

村莊應當接受政府的綜合監督，以確保其穩定性和永久性。若是工廠的管理失敗了，政府應該繼續經營企業，因為即使政府有時在投資中虧損，這樣也比總要建監獄、牢房、瘋人院、救濟院和醫院更好。

在沒有任何工廠的地方，政府應該建造工廠和村莊，目的是使懶散和無知沒有藉口。為了實現這個目標，歐文想請所有的地主或是地產擁有者，拿出一千英畝或更多的土地，把他們土地的十分之一拿出來，做理想村莊和合作工廠，由政府進行管理。

為了證明他的計畫是可行的，歐文指向新拉納克，邀請人們前來調查。

接受邀請前來調查的，包括英格蘭銀行的司庫亨利·海斯。海斯報告說，新拉納克的面貌看起來就像已經發展了一個世紀，在他的頭腦中，國家除了學習歐文的榜樣外，做不到更好。他接著加了一句：「如果牧師、貴族和工廠主，都使用歐文先生建議的通用科學方法，消除貧困、無知和罪惡，那將是這個世界有史以來邁出的最大前進步伐。」

在提出牧師、貴族和工廠主，應該為了人類的利益聯合起來時，海斯先生並不是暗含幽默或是譏諷。他是個正直而真誠的人，被歐文先生富有感染力的熱情所打動。

歐文此時五十七歲，雖然他也是個實際的人，但他並沒有意識到，牧師、貴族和富有的工廠主已經結成攻守同盟，只要榮譽、報酬和紅利能夠保留，他們寧願讓全人類都下地獄去。也就是說，教堂的動機現在不是、從來都不是為了民眾的福利；牧師們是為了教堂的福利而戰。所有的煩擾都集中在這一點上。

倘若教堂的安穩受到威脅，牧師們就會清醒過來，大喊：「拿起武器！」在這方面，教堂、貴族和投資者有著完全共同的利益 —— 他們想要永恆與安穩，他們想尋求安定。所有的大型股份公司的董事會中都有貴族與牧師，主教們皆占有大塊的地產 —— 他們是「主教大人」。

勞勃‧歐文既不代表教堂，也不代表貴族。他是個非常與眾不同、獨特的產物；是個已成為慈善的、樂善好施的資本家的工人。他熱愛人類，充滿著改進勞動者環境的神聖熱誠。

　　新拉納克的工廠在賺錢，但倫敦的股東們對他們的紅利並不滿意。他們認為，歐文教育工人的計畫是空想。一方面，他們知道歐文是頭腦清醒的：他接收原料，然後生產出有市場價值的優質產品；他培養出一批有價值、技術好的工頭和工人；企業經營得有聲有色。但要是歐文能停止白日做夢，使自己致力於這個遊戲的商業目標，一切都會更加繁榮。

　　如果他不能這樣做，那麼他必須買下他們的股份，或者把他自己的控股權賣給他們。

　　他選擇了後者。

　　西元 1825 年，歐文在五十五歲時乘船前往美國。他在紐約、波士頓、費城和華盛頓發表演講，描繪他的新經濟秩序。人們帶著極大的關注傾聽他的演講。在華盛頓，他成為總統的客人，被邀請在參眾兩院聯席會議上發言，闡明他的社會主義觀點。

　　賓夕法尼亞州伯利恆市的摩拉維亞教徒，早在西元 1720 年前就建立了自己的群居地。鄒爾教徒、伊克諾米特教徒、分離派教徒、震顫派教徒及和諧派教徒已經成立、並成功維持這樣的合作性團體二十年了。

　　勞勃‧歐文拜訪了這些群居地，發現它們都十分興旺發達。他們當中找不到弊病、惡習、貧困、酗酒或是疾病。他越來越相信，一個向前發展的文明社會的需求，本質上必須是合作性的。偶然性可能使個人遭遇失敗，但和團體在一起，就消除了這種偶然性的因素。他從研究、觀察和經驗得出一條準則，並將這條準則總結出來：社團倘若能夠生存三年，便是

成功。不過他忽視了一個事實，那便是只要是依據宗教性設想成立的工業團體，沒有哪個可以堅持三年之久。同樣，他也沒有看到，第二代的社團主義者並沒有聯合起來。結果是，即便是一個很成功的社團，它的壽命期限也只有三十三年；而且，如果它仍然倖存下來，也只不過是因為有更強大、更有力的領導人將它重組了。

社團主義者或社會主義者分兩個層次：一些人希望付出，另一些人則希望獲得。當社團的百分之五十一的人充滿著付出的願望時，社會主義就會成功。

也許美國最成功的社會實踐是奧奈達公社 [024]，其次是喬治·拉普 [025] 建立的和諧派。和諧派教徒於西元 1814 年在印第安那州成立和諧公社。他們後來搬到賓夕法尼亞州，在現在的地方生活了十一年。他們在瓦伯什河與俄亥俄河的匯合處擁有三萬英畝的沃土。他們建造了一百多所房子，有穀倉、商店，有一座教堂、一間會堂，一家鋸木廠，一家酒店，以及一個毛紡廠。

歐文到匹茲堡之後，沿著俄亥俄河順流而下到辛辛那提，然後抵達和諧公社。他受到了親切接待，對所見所聞感到非常欣喜與滿意。

歐文看到了毛紡廠的成功，並宣稱，從南方透過蒸汽船運棉花過來會更容易。他可以成立棉紗廠，新拉納克可以在這裡再次繁榮興盛起來，而且只會發展得更快，規模更為宏大。

但和諧派的人願意賣嗎？

---

[024]　奧奈達公社：由約翰·漢佛爾在西元 1848 年建立的烏托邦社會。
[025]　喬治·拉普：西元 1757 ～ 1847 年，德裔美國宗教領袖，在賓夕法尼亞州和印第安那州建立了烏托邦式的團體。

是的，他們想搬回到賓夕法尼亞，因為那裡有一些信仰相似的其他團體。

他們認為，他們的地方價值二十五萬美元，歐文還了個十五萬美元的價。他驚奇地發現，他們平靜地接受這個價格，交易很快就達成了。

拉普的人搬了出去，歐文的人搬了進來。

在俄亥俄河之濱，他們建起了歐文思伯勒鎮。

之後歐文回到英國，派了大約三百個人過來，包括他自己的兒子，勞勃‧戴爾‧歐文。

歐文在英國有著重大的利益，而在瓦伯什河畔的新和諧公社只是偶發性的。

勞勃‧戴爾‧歐文那時二十五歲。他是個哲學家，而不是經濟家。由於這個地方缺少一位商業領袖，紛爭頓起。我們就讓另外一個人講述一下，公社在缺乏宗教上的統一時，是如何迅速地分崩離析的吧：

起初的幾週，大家都熱心地投入新的體制之中。為別人服務，就是每天的任務。以前很少或是從未用手勞動的男人們，投身於農業及體力活，滿懷熱情，雖然方法不一定很對，但至少是值得稱道的。講福音的教士手扶著犁，喚豬去吃玉米，而不是叫罪人們去懺悔，他把完美的耐心用在難以駕馭的牛軛上；商人們將碼尺換成了耙子或乾草叉。所有人都表現得為了共同的福利而開心地勞動著，而婦女們則表現出更明顯的自我犧牲。那些很少進到廚房的婦女，來到公用食堂（以前是酒店），在鍋碗瓢盆中發揮自己的作用。

一直都被別人侍候的、舉止優雅的年輕女士，在餐桌旁輪流服侍別人。每週有好幾次，所有願意參加的人，在巨大的餐廳裡匯合，一起跳交際舞。

儘管這個喜氣洋洋的開端顯露出真誠與熱心，公社的社會氣氛當中卻升起了第一朵烏雲。利己主義是一種不能被驅走的靈魂，它悄悄地向地位低下的侍女們低語，她們以前在社會中的地位，使她們養成了溫順的脾性，「妳和那些以前有錢又幸運的人一樣出色；要堅持和她們平起平坐。」

　　它又提醒以前的社會寵兒們，他們已經失去了優越性，儘管如此，他們的話語和行為還被標上「擺架子」、「自高自大」的標籤。許多類似的想法和感覺，迅速地在這些人當中產生了；儘管沒有很快表露出來，他們的想法卻強烈而迫切。

　　知道這一點就夠了，到了三個月結束的時候 —— 僅僅三個月！公社的領導人被迫相互承認，公社的社會生活不能受限於唯一的圈子裡面。他們因此默認，儘管不是很情願，將其分為多個圈子。不過他們仍然希望，許多人還毫不懷疑地相信：儘管社會平等失敗了，財產的公有性卻不會。可是，不管「你的法則」和「我的法則」在人性當中是自然的還是偶發性的，它迅速地開始施加影響。勤快的、技術好的和強壯的，眼睜睜看著自己的勞動成果，被懶散的、不熟練的及浪費的人分享；利己主義開始起來對抗仁愛之心。

　　一個由音樂家組成的樂隊認為，他們的管銅和聲就像麵包和肉一樣，對於共同的幸福同樣必要，因此拒絕進入莊稼地或是工廠。一位自然科學的講師，堅持在別人工作時發表演講。機械師每一天的勞動可以替普通股帶來兩美元的收益，他們堅持說，為了公平起見，他們的工作時間應該只有從事農業人員的一半，因為後者每天只帶來一美元的收益。

　　當然，這些猜忌暫時被隱藏起來，但很快就開始顯山露水了。雖然每個人都被提醒，所有人共同勞動才能幫助公社繁榮興旺，最終卻無濟於

事。個人的快樂是自然的法則，不應被湮滅。不到一年的時間，這個法則使公社的成員人心渙散，將他們趕回到原來的自私世界中去。而當年，他們曾如此熱誠地聚在一起，曾經擁有過如此有利的環境。

這篇小品文的作者後來聽說，參加這個不成功的社會實踐，其最優秀、最有智慧的成員們，對這意義重大的一年進行了歷史回顧。他們承認，剛開始的時候，周邊的環境非常有利；計畫人把智慧、奉獻和真誠帶給這個事業，卻也帶來了最終的失敗。自此以後，他們深信，哪怕人類有著做慈善事業的傾向，但從本質上來說，人是自私的，社會平等及公共財產的公社不可能存在。

虧損二十萬美元並沒有澆滅勞勃‧歐文的滿腔熱誠。他付清了新和諧公社的全部債務，測定、細分財產後，立契轉讓給他的孩子們、直系親屬及一些「堅定的朋友，他們對於我的智慧有著如此大方而輕率的信任」——用他自己信裡的話說。此時，提供工作給英國的失業者，成為他最緊迫的願望。開辦他的第一家合作商店時，他已六十歲了，事實上，這是現代百貨公司的起源。

在商店裡，他提議購買任何人生產或製造的有用商品或產品，把原材料成本及每小時六便士的工錢計算在內。工錢以「勞動單」的方式支付，可用以支付勞動者想購買的任何東西。

我們這裡就說到了「勞動交換商場」。歐文建議，政府應該讓犯罪的人去工作，而不是把他們關進監獄。只要願意工作，不管做過什麼，都應該釋放。然後政府可以支付「勞動交換單」。當然，假使政府對這個單據做出保證，它就是真的錢；否則的話，它只是「野錢」，價格可能上下波動，甚至貶值。很自然地，政府拒絕對這種單據做出保證，或者投資合作

商店。為了使這個單據有價值，歐文只好以票據的形式發布，在某一特定的時間可以黃金的方式贖回。

商店開張了，許多閒散的人在建造工廠及開辦的各種企業中找到了工作。三年過去，其中一些單據到了償付的時候。結果卻發現，這些單據大部分在酒店老闆手裡，他們是以半價收購的。不斷有人企圖損害歐文的聲譽，使這種票據的市場價格貶值。

簽發單據的「勞動交換商場」是一家公司。勞勃・歐文本人並沒有什麼責任，但他充當起臨時代理人，從自己的荷包裡支付每一個便士。他說：「不會再有人說，因為聽從我的計畫而虧了錢。」

接著他成立了「和諧合作村」，或稱昆斯伍德。他在這裡實行與在新拉納克相同的計畫，不同之處是，他努力讓工人們擁有工廠，而不是讓外部資金進入。

在他的卓越領導之下，這個新企業持續運轉了十年，真的既是學校又是工廠。工人們有花園、鮮花和書。有辯論、課堂和許多的智力培訓，使曾經是一團糨糊的腦袋瓜進出了思想的火花。約翰・廷得耳 [026]（John Tyndall）是其中一位老師，也是工廠的工人。事實證明，歐文發現廷得耳是一艘偉大而神聖的航船，並為其找到了在時代潮流上乘風破浪的機會。

八十歲時，歐文出現在下議院，朗讀了一篇他準備了一年的文章，〈廢除貧困與犯罪。〉他指責政府要對貧困和犯罪負責，並說，除非統治階級採納改革的想法，停止粉飾太平的政策，否則社會將在荒野中徘徊不前。為了到達樂土，我們必須一起行動，使政府成為「民有、民治、民享」的政府。聽眾們對他的演講表現出極大的尊重，並向他宣讀了一封公

---

[026] 約翰・廷得耳：西元 1820 ～ 1893 年，愛爾蘭裔英國物理學家，因其關於氣體的透明度和大氣吸收輻射熱量的著作而著名。

開感謝信；然而，他的演講從未出現在公共出版物中。勞勃‧戴爾‧歐文加入了美國國籍，成為美國公民，當過幾年國會議員。他父親去世的時候，勞勃‧戴爾‧歐文是我國駐義大利公使，這是皮爾斯總統[027]（Franklin Pierce）下的任命。

　　勞勃‧歐文離開人世的時候，勞勃‧戴爾‧歐文正好在英國，他寫了一封信給印第安那州的家人，宣布這個消息：

　　威爾士，牛頓村，西元 1858 年 11 月 17 日

　　一切都結束了。我們親愛的父親在今天早上七點差一刻時離開了我們，走得那麼寧靜、平和，就像沉沉睡過去一樣。沒有任何掙扎，沒有任何四肢或肌肉的收縮，他的臉上沒有一絲痛苦的表情。他的呼吸停止得如此緩慢，即使我一直握著他的手，我也根本說不清，他具體是什麼時候離開人世的。他最後的遺言是臨終前二十分鐘說的話，說得非常之清晰：「無事一身輕。」

---

[027]　皮爾斯總統：西元 1804 ～ 1869 年，美國第十四任總統。

第二章
詹姆斯·奧利弗

詹姆斯·奧利弗（James Oliver，西元 1823 ～ 1908 年），美國發明家、實業家，因發明「奧利弗冷鑄犁」而著名。生於蘇格蘭，十二歲時舉家移民美國。奧利弗立志要為農民做出世界上最好的犁具，為此試驗了無數次，最終發明了冷鑄鐵犁具。「奧利弗犁具」價格低廉、經久耐用，適於各種土壤，極大地促進了美國的農業發展。奧利弗是一名熱心公益的實業家，在南本德建造了奧利弗酒店、奧利弗歌劇院，並捐錢給該市建造一座新的市政廳。

懶人因冬寒不肯耕種。

豐收時節，他必乞討。

——《聖經》（舊約）箴言篇

要造福自己，必須先造福人類。

—— 詹姆斯·奧利弗

詹姆斯·奧利弗，西元 1823 年 8 月 28 日出生於蘇格蘭的羅克斯貝利郡，卒於西元 1908 年 3 月 2 日。

他是家裡八個孩子當中最小的一個 —— 六個男孩，兩個女孩。用希歐多爾·派克[028] 的話說，他是「鯡魚產的最後一個卵」，而派克自己也享有同樣的榮耀。

至於為什麼有時會出現最小的一個孩子，使兄弟姊妹都黯然失色的現象，蒂爾頓醫生的假說做出了解釋。他認為，母親會給這個最後的意外小寶貝特別的關愛與柔情，而其他兄弟姊妹則享受不到這種待遇。

哲學的問題就讓哲學家去討論吧 —— 我們只談事實，不談理論。沒有人能否認這個事實：詹姆斯·奧利弗是一個非常有說服力、善良和頑固的蘇格蘭人。

他父親是一名牧羊人。那裡的羊鼻子都特別靈敏，可以從石頭堆裡找到食物。家裡很窮，但「舊世界」[029] 的貧窮已成為習慣，奧利弗一家並不覺得怎麼受苦。他們擠在自己的小屋裡取暖，並為有稀飯喝、有處藏身而謝天謝地。

西元 1830 年，家裡排行老大的男孩約翰，全身充滿了不安分的精

---

[028] 希歐多爾·派克：西元 1810 ～ 1860 年，因其廢奴主義活動而聞名的美國牧師和社會改革家。
[029] 舊世界：常用來特別指歐洲。

力，他把所有的財產包在一塊紅色圍巾裡，去了美國。

他找到一份工作，每天能賺一美元。他寫了一封信回家，生動形象地描繪了一個沒有人撿柴取火的國家，並說這裡的森林實際上擋道礙事。他還說，他在老闆的餐桌上吃飯，一週能吃三頓肉。當然，實際上他每天都能吃上三頓肉，可他不想冒這個險，不想因為講真話卻被打入「亞拿尼亞說謊俱樂部」[030]。

不久之後，年齡上緊挨著約翰的安德魯和簡也來了，悄沒聲兒的很快就找到了賺錢的工作，以每週三美元的速度，迅速累積起財富。

從家裡的小窩裡一下子飛走了三個孩子，母親的心弦被狠狠地牽扯著。女人到最後關頭比男人勇氣更足 —— 只要她們有勇氣的話。

夥伴關係很少是平等的關係 —— 總有一個人領著頭。在奧利弗家裡，母馬勝過公馬[031]，詹姆斯・奧利弗則從母親那裡學到了開拓精神。

「我們都到美國去。」母親說道。

不過此時那位可敬的牧羊人給出了一百五十條理由，說明這事不可能做到。他已故步自封，沒什麼發展餘地了。恐懼與惰性絆住他的雙腳。並且他年紀太大，除了照看羊群之外，做不了什麼事，他爭辯道。

母親一邊怒氣衝衝地織著布，一邊固執地重複說：「我們都到美國去！」

小詹米[032]十一歲了。他是個皮膚黝黑、有著黃棕色頭髮的小蘇格蘭人，臉上長著雀斑，面如滿月，一頭亂糟糟的頭髮總是與梳子作對。

---

[030] 亞拿尼亞：《聖經・新約》裡一個說謊的人，當彼得揭穿他後就倒地而亡。
[031] 母馬勝過公馬：此處指妻比夫強。
[032] 詹米：詹姆斯的暱稱。

「我們都到美國去，」詹米隨聲附和，「我們到美國發財去。」

約翰、安德魯和簡寄回來真正的錢 —— 他們一定是賺錢了。所有的債都還清了，所有借的東西都已歸還。母親做主變賣剩餘的那一點財產。這一天終於到來，他們鎖上舊石屋，把鑰匙交到住在大房子的房東手裡，然後離開了。

他們坐著一位好心鄰居的馬車離開家鄉，前往海邊。除了詹米，所有人都哭了。離開是件榮耀的事 —— 沿途隨處可見這樣美妙的事情發生。

他們坐上一艘擠滿移民的帆船，開始了旅行。這是一次暴風雨中的旅行。每個人都生病了，有些人死了，舉行海葬，木板傾斜過來，屍體滑入洶湧的大海深處。

詹米有一次給自己惹上了麻煩，他問，當上帝審判時，要怎麼去找那個死人的屍體。此外，船長拿著鞭子到處追他，因為大副有事到船尾的時候，他竟然也爬到後甲板上面。他那想要自己做主的性情，甚至從那時就生根發芽了。他問的問題，十個人都回答不了。

有一次，艙口被用木板封住，憤怒的海浪沖刷著甲板。老奧利弗預言，所有人都要葬身海底，而詹米則報告說，甲板上的水手們還在破口大罵。這樣，所有人都鼓起了勇氣。

暴風雨平息了，暴風雨通常都是要平息的，溫暖而友好的美國海岸近在眼前。甲板上舉行了祈禱會，輪船在紐約灣海峽緩緩前進時，大家唱起感恩的歌。

我們的祖先，一部分由詹姆士城 [033] 登陸，另一部分在普利茅斯洛

---

[033]　詹姆士城：美國維吉尼亞州東南部的原村落，第一個英國人在美國的固定居住點。建立於西元 1607 年 5 月，被指定為屬詹姆斯一世的君主統治。

克 [034] 登陸，還有一些是在城堡花園 [035] 登陸的。雖然最後提到的這些人，從血統上來講，不像另外那些人那樣可吹可擂，不過他們沒有做那麼多需要解釋清楚的蠢事與惡行。他們可能也撲倒在地，卻並沒有撲向土著人。他們大多數都非常友好、善良，充滿正直的精神 —— 樂於助人的精神。

在城堡花園的時候，有一個人給了詹米一顆柳丁，另外一個人則踢了詹米一腳。他從未忘記這兩人，若是後來能再見到他們，毫無疑問地，他會回報他們的。

接著，他們坐上蒸汽船，前往奧爾巴尼 [036]。我們的朋友們還是第一次見到這樣的船，它以木頭為燃料，每過幾英里就要停下來加燃料。他們吃著棕色的麵包和燕麥片，到紐約時買了一些熏熊肉和鹿肉。在奧爾巴尼的時候，一個印第安人賣給他們檫木根 [037]，換他們的茶葉，另外還有一些乾黑莓 —— 真是一頓十足的盛宴。

在奧爾巴尼有一個奇妙的發明：鐵路。車廂不需要馬或發動機就可以爬上山坡，父親解釋說，這也不是什麼奇蹟，那是因為在山頂有一根長長的繩子繞住一個大大的輪子，在一個車廂往上爬的同時，另一個車廂在往坡下滑。

鐵路一直延伸到十六英里遠的斯卡奈塔第 [038] —— 如果天氣晴好，這一行程只要半天的時間。他們從此地轉到一艘運河船上，由於沒有錢坐特等艙，因此就在甲板上安營紮寨 —— 真是其樂無窮。詹米便是在此時此地作了決定，將來某一天，他要當飛快班輪的船長，航行於那奔騰怒吼的

---

[034] 普利茅斯洛克：傳說是西元 1620 年清教徒登陸的地點。
[035] 城堡花園：西元 1855 ～ 1890 年為美國的第一個官方移民中心。
[036] 奧爾巴尼：美國紐約州的首府。
[037] 檫木根：檫樹的乾根皮，可用來提取香料和揮發油。
[038] 斯卡奈塔第：美國紐約州東部的一座城市，位於奧爾巴尼西北部莫霍克河岸。

運河上。只是，他渴望的夢想從未實現過。

　　橫渡大西洋時，他們只能待在監牢般的空間內活動。與此相比，平穩而自由的伊利運河簡直是天堂。他們見到了鳥兒和松鼠，有一次還瞥見了一匹狼。在蒙特祖瑪的時候，他們換乘另一艘運河船，因為原來坐的那艘要去布法羅 [039]，而他們想去傑尼瓦 [040]，約翰、安德魯和簡正在那裡發財。

　　在離傑尼瓦兩英里的地方，船慢了下來。擺出一塊木板後，所有人都上了岸。約翰在一英里遠的地方替一名農場主幹活。他們找到了他，在滿是灰塵的路上，又舉行了一次祈禱會。所有人都跪下來感謝上帝，漫長的旅行終於結束了。一家之長曾預測他們永遠都到不了目的地，但他錯了。

　　第二天，他們看到了安德魯和簡，歡樂的淚水如雨水般從每個人臉上流淌而下。現在，他們有足夠的東西吃了 —— 每頓飯都有肉吃，還有馬鈴薯、洋蔥、帶穗的玉米。蘇格蘭沒有玉米，詹米以為帶穗的玉米是煮豆子的一種新方式。他把玉米棒子剝乾淨，然後把它拿回去再裝豆子。

　　美國是個美妙的國家，約翰哥哥實際上只講了一半的事實。詹米找到了一份工作，包吃包住，每週能賺五十美分。五十美分可是要比半個美元多得多 —— 我猜是這樣！他本來可以多賺些的，只不過農場主說他還是個生手，而且又不會說英語。詹米私下裡很生氣，對這兩個說法都不以為然。不過他還是保持沉默，擔心會失去工作。他唯一傷心的事是，每週只能見到母親一次。而他的主要煩惱是，不知道應該拿他賺到的錢做什麼。

　　西元 1836 年秋天，有幾家蘇格蘭家庭打算從傑尼瓦前往「遠西」，也就是印第安那州。奧利弗一家也被說服前往，因為印第安那州政府把農莊

---

[039]　布法羅：美國紐約州西部的一座城市。
[040]　傑尼瓦：美國紐約州中西部的一座城市。

贈送給願意在農莊生活、守住農莊的任何人。

　　他們先是到了拉格朗日縣，後來搬到聖約瑟夫縣的米沙瓦卡，安德魯‧奧利弗在那裡安了家。米沙瓦卡是一個興旺繁榮的小城市，而興旺的主要原因是鐵礦石 —— 附近發現了沼鐵礦。該城市在聖約瑟夫河畔，正好在交通線上，船支撐上撐下，可通達密西根湖。撐船要比駕馬車穿過樹林、越過泥濘的草原更容易、也便宜得多。米沙瓦卡將來會變成一個大城市 —— 一所有人都這樣說。

　　米沙瓦卡有一間不錯的木屋學校，由一位名叫梅里菲爾德的富人開辦，他知道如何使用樺條教鞭。詹姆斯在這裡只上了一個冬天的學 —— 這就是他的全部學校教育，儘管他終身都是一名學生與學者。

　　老奧利弗因風寒和發燒而病倒。從某種程度上來說，是因為思念秀麗的蘇格蘭山色美景而痛苦不堪，他無法適應拓荒者的生活。西元 1837 年，老奧利弗離開了人世。這就是詹姆斯學校教育的終結 —— 他不得不工作賺錢。

　　他成了家裡的「小父親」。詹姆斯‧J‧希爾曾說過，這對一個男孩來說，是最幸運的事情。詹姆斯的工錢是每月六美元，他會在每月底帶五美元給母親。

　　詹米十四歲了，幾乎可以做所有男人幹的活。「他至少有了男人的胃口。」農場主的妻子說道，因為他和雇主一起吃飯。他很快就證明，自己也可以幹男人的活。

　　農場主在河上有一條撐船，詹姆斯獲得嘗試船藝的機會。他本來有可能安頓下來，當一輩子的船工，但發現很少有發展的機會。而他則希望做一些更適合的、更好一點的工作。還有，河中生活最糟糕的一點是，每個

船工的工錢中，都有一部分用威士忌酒頂替，而船工們似乎下決心要把這些酒喝乾。

詹姆斯不僅有做一個體面人的強烈願望，而且還想和體面的人在一起。

此時，米沙瓦卡有一些社會名流 ── 如約瑟夫‧多提一家。多提家住在兩層的房屋內，有一排尖椿籬柵。詹姆斯幫多提先生挖過地溝，還曾為多提家的穀倉屋頂分過木瓦。這些時候，他在多提家吃飯。因為這是規矩，你總是要為幫工提供飲食，不管他們是誰，就像你現在招待打穀子、收麥子、和建地窖的人一樣。

大約在這個時候，詹姆斯開始把熊油抹到他那桀驁不馴的黃頭髮上，並試圖將頭髮分開，漂亮地壓下來，垂到邊上去。這是個確切無疑的信號！

注意到這些變化的幾個人說，這全是因為蘇珊‧多提。有一次，蘇珊把玉米餅遞給詹姆斯，他竟把整個盤子倒在自己身上。這令他羞愧不已，也給全城帶來了一件津津樂道之事，因為大家很快就從一位饒舌的雇工那裡聽說了這件事情。這雇工當時在場，並笑得肆無忌憚，雇工們總是容易這樣開懷大笑。

詹姆斯曾聽蘇珊說過，她不喜歡河上的船工，很可能就是因為這個，詹姆斯辭去了船工的工作，但他並沒有告訴她這些 ── 至少當時沒有告訴她。他在煉鐵廠找到了一份工作，學習煉鐵，並成長為一位非常出色的鑄工。接著，恰遇市場不景氣，煉鐵廠被迫關閉。可城裡還有一家箍桶店，詹姆斯已經學會駕輕就熟地用拉刮刀取出桶板。大多數人都按天工作，但他要求計件工作。他們遷就他，於是他每天可以賺到兩美元以上。

約瑟夫·多提訂閱了《格里森畫報》、《戈迪婦女雜誌》[041]。他們還有裝訂成冊的《窮理查年鑑》[042]（Poor Richard's Almanack）、《觀察報》，還有將近四十本其他圖書。詹姆斯在蘇珊的幫助下讀完了全部圖書。

接著發生了一件非常可怕的事！兩位年輕人突然發現，自己已深深陷入熱戀之中。

多提一家也發現了，但並不同意。

多提家族是英國人，可是因為該家族已經在美國生活了一個世紀，這就有了很大的不同。

蘇珊是全城最漂亮、最聰明的女孩，大家都這樣說。她看起來比詹姆斯大很多，事實上他們同歲。多提一家反對他們結婚，不過老多提有一天透出口風說，若是年輕的奧利弗能擁有一棟能容納妻子的房子，他有可能會考慮這件事。

奧利弗聽到了這個消息。他知道有一個人想賣掉房子，因為那人想搬到一個名叫第波恩堡的城市 —— 現在這個城市叫芝加哥 —— 那裡剛剛在建立公司，有將近一千名居民。房子是一座建造得非常精緻的小屋 —— 不是很大，但足夠兩個人住。它是個板房，帶著泥煙囪和夯實的漂亮藍色黏土地板。有兩個房間，角落邊有一個食櫥，有一個貯存東西的閣樓，還有四十個可以掛東西的木樁。

奧利弗向那人出價十八美元購買房子，現金即付。報價被接受了，錢款已付清，收據被適時地呈獻給約瑟夫·多提先生看。

這樣，詹姆斯和蘇珊結婚了，時間是西元 1844 年 5 月 13 日。米沙瓦

---

[041] 《戈迪婦女雜誌》：路易士安東尼·戈迪，於西元 1830 年與人共同創立的第一份美國婦女雜誌。

[042] 《窮理查年鑑》：美國政府官員、作家和科學家班傑明·富蘭克林（Benjamin Franklin）的著作。

卡全城的人為他們舉行了一次盛大的「新娘送禮會」。說「他們從此過著幸福的生活」確實有點像陳腔濫調，但事實的確是這樣。

詹姆斯‧奧利弗三十二歲時，才真正找到自己要走的路。在此之前，他做過箍桶匠，當過鑄工，也做過農活。

他用十八美元購買的米沙瓦卡的房子，後來升值到一千美元，而且要一次性付款。上帝賜給他的半英畝地也已變成四分之一平方公里 [043]。他的妻子既美貌又能幹 —— 這兩樣東西很少能同時集於一身。她勤勞、節儉、聰明伶俐又壯志滿懷。她是個好伴侶，體現了「伴侶」這個詞語的每一層意思。只有那些心裡能保持平靜的男人才能取得勝利，嫉妒使人煩惱、疑心使人分裂。但愛與忠貞意味著頭腦冷靜、力量無窮、攜手共進、天長地久。成功的男人，是那些有一位賢內助幫助的男人。

他們有了兩個孩子，分別是約瑟夫‧D 和約瑟芬。詹姆斯一直將拿破崙（Napoleon）當作一位英雄 —— 他的勇氣、積極主動和對權力的良好感覺吸引了詹姆斯，而不是他真實的事蹟。蘇珊反駁說，約瑟芬皇后身為女人，要比拿破崙身為男人更出色。蘇珊是對的，詹姆斯承認這一點，因此女嬰被命名為約瑟芬。男孩取名約瑟夫，為了紀念他此時已經去世的外公多提。在去世前，老人意識到，大自然要比他自己以前更接近公正。

孩子們在選擇父母的時候千萬要小心。很少有孩子像這兩位小孩一樣，接受到這樣的一種愛，他們的頭腦、雙手與心靈，都在愛的關懷下茁壯成長。

西元 1855 年，詹姆斯‧奧利弗經過南本德，一個從米沙瓦卡順流而下幾英里的城鎮，正好遇到一個人，他想賣掉鑄造廠四分之一的股份。

---

[043] 原文為「quarter-section」，約相當於 160 英畝。

賣價絕對是存貨價值。他們做了一份存貨清單，四分之一的股份正好是八十八美元九十六美分，奧利弗口袋裡有一百美元，立即就把錢付了。

這個小鑄造廠的一部分產品是鑄鐵犁。奧利弗當過農民，了解犁。他知道，世上還沒有真正的好犁。別人看上並接受的犁，他拒絕接受。他堅持，必須製造出一種接近完美的犁。他意識到真正的好犁應當留在地裡，而不會讓扶犁的人疲憊不堪。

如果扶犁的人從來沒有被突然拽起來，跨到犁柄上，或者被執拗不前的犁擲到犁溝裡去，那他根本就沒真正扶過犁。

奧利弗有一個理論：犁在重量上要輕，要讓人有耐心好好幹活；犁板應當能急速穿行，在翻土時發出歌唱的聲音；犁頭必須能與犁板分開，這樣在更換時更方便也更便宜。必須製造出這樣的犁：人們不需要為了讓它犁出犁溝而苦苦奮鬥。

我不想拿這些機械性的細節讓讀者厭倦，就說這個事實吧！經過二十年的實驗、計劃、夢想、思考、工作和努力；經常遭受困惑、失望與被人冷嘲熱諷後——詹姆斯·奧利弗終於造出了完美的冷鑄鐵犁。犁板就像鑽石一樣光亮、堅硬，在工作時會「唱歌」。再也不用死扯爛拉了，「它簡直是在穿過土壤航行。」一位驚奇的農夫說道。

更確切地說，它使畜力的拖拉減輕了百分之二十至五十，因土壤的性質而有所不同。就像拉低輪木馬車與趕雙輪單座輕便馬車的區別一樣。

自此之後，企業緩慢、持續、穩步發展起來了。詹姆斯·奧利弗預料到另一位與犁有關的蘇格蘭人安德魯·卡內基的話，他說：「年輕人，把你所有的雞蛋放到一個籃子裡，然後看好這個籃子。」依照這個原則，他成立了奧利弗冷鑄犁工廠，並且持續發展，直到該廠占地七十五英畝，建

築面積超過三十英畝，年產量超過五十萬把犁。企業為兩萬張嘴提供麵包和黃油，在它既定的領域沒有真正的對手。

要是馬部族會說話，牠們肯定會站起來，加入農夫們的合唱，讚頌奧利弗的大名。因為，總是急速穿行的犁板使農夫們心平氣和，就像合唱第一女歌手收到了一件後背特別合身的衣服一樣快樂。

詹姆斯‧奧利弗不是一個特別虔誠信教的人。但在他的一生中，伏在母親的膝頭學到的許多《聖經》經文，經常浮上腦海，很容易就脫口而出。他最喜歡、也經常引用的經文，是來自《以賽亞書》的一段文字，「他們要把刀劍打成犁頭，把槍矛打成鐮刀。國與國不再拔劍相向，他們也不再習戰尚武。」

冷鑄金屬用作犁板的偉大計畫，很可能就是從這一段經文開始，在詹姆斯‧奧利弗的心中生根發芽。

「辛辛納圖斯[044]（Lucius Quinctius Cincinnatus）把犁留在地裡，是為了加入保衛國家之戰，這是拋棄犁的、唯一可以被原諒的理由。」他曾經說過。

奧利弗痛恨戰爭。為了把水果、鮮花和更美好的家園獻給人民；把愛、歡樂和所有有益身心的東西獻給婦女、兒童和老人，他將才能運用於和平的技藝當中。詹姆斯‧奧利弗熱愛老人，深愛孩子。他意識到，戰爭帶來的可怕負擔和悲哀，都落到了無辜而無助的人們頭上。因此如何將鑄劍的金屬轉為鑄犁，深深地吸引著他的注意力。他聽說過「托萊多劍」[045] —— 充滿奧祕、不可思議的發明，有著巨大的威力、鋒利的刀刃，又非常輕便。他的雄心就是像鑄造「托萊多劍」一樣，生產出一種鑄

---

[044]　辛辛納圖斯：羅馬政治家，兩次被從他的農場請出，執掌羅馬的獨裁權。
[045]　托萊多劍：西班牙托萊多鑄造的、品質極好的寶劍。

造精美的犁板。

　　他曾經宣稱，西班牙古老的托萊多鑄劍者的祕密，就是他的祕密。是否絕對是真的，我們不需要去質疑；也許，對於這樣一種性格的人，應當允許他有些許的自大。

　　鑄鐵犁，還有當時的鋼犁，都非常重，而且很快就用壞了 —— 金屬很軟，並不能「急速穿行」，除非在純沙土和砂礫當中。犁頭和犁板很快就積了一層土，增加了「拖拉力」，迫使犁離開地裡，使犁溝變得不平整，把馬累得半死，使農夫暴跳如雷。每隔幾分鐘，扶犁者必須用靴跟、棍子或扁板 [046] 從犁板刮掉土塊。

　　當地的一位競爭對手在每把犁上裝備一個皮口袋，加在犁梁上。每一把犁附送一塊扁板。詹姆斯・奧利弗得知後哈哈大笑。「我不會附送扁板的，因為我不相信它們，不管是用於體罰還是用作耕犁 —— 我的犁和我的孩子們都不需要扁板。」他這樣說道。

　　奧利弗犁的偉大計畫當中，最特別的東西是冷鑄犁板。將鐵冷卻，把一箱水緊鄰鑄造黏土，這樣給金屬一個特別的溫度，其他方式則無法取得這樣的效果。生產出冷鑄的犁板是詹姆斯・奧利弗最為特別的成就。

　　別人也曾試過，可是金屬的突然冷卻使得犁板變歪，變形走樣。而所有的好耕夫都知道，犁板必須要有完美的外型，就像小提琴背面一樣平整，否則它會乾脆在土中推著往前走，把前面的土和垃圾都收集起來，直到馬、繩子、鞭子和咒罵在絕望中倒下，大家都心灰意冷，才會甘休。最理想、最必要的是，要保留犁板完美、精緻的形狀，使它能像一枚新銀幣一樣閃亮透澈，在任何泥土都能急速穿行，打個滾就可以抖掉上面的泥土。

---

[046]　扁板：實行體罰時用的一塊扁平木板。

奧利弗犁板上面有一些縱橫交錯的方格線。這些是鑄板上做的記號，為了讓金屬冷鑄時有氣可以漏出，這樣就能阻止變歪或扭曲。

摩斯（Samuel Morse）在發明電碼時，在一夜之間想出了點與劃的奇蹟。他突然想到，電透過持續不斷的電流流動，如果中斷或截斷一下電流，就會發出一次閃光，或是杆會移動一下。那麼這些電流的中斷就可以用於代表字母與單詞。這是個很簡單的道理，簡單得大家都感到非常驚訝，竟然以前沒有人想到過。

瓦特發現蒸汽的膨脹力，是在觀察母親的茶壺蓋振動時注意到的。

谷騰堡 [047]（Johannes Gutenberg）發明活字印刷，阿克賴特發明珍妮機，埃利‧惠特尼發明軋棉機，這些發明的機械原理在解釋之後都非常簡單。絕對如此！

奧利弗的發明也是個簡單的發明，但極為有效。我們可以想像一下，我們人口的一半是農民，全世界每年百分之六十的財富，來自於跟在新翻犁溝後面之人的產品。我們由此可以看出，減輕勞動力的發明是多麼偉大，意義多麼重大，就像這個效果極好的工具一樣。

很偶然地，我在美國第四十五屆國會參議院報告的第二百七十六頁，讀到了一段饒有趣味的內容。統計員科芬先生身為專家，正在證明專利產品對人民的價值。科芬先生說：「我的估計是，僅僅一年當中，要是美國所有的農民都使用奧利弗冷鑄犁，而不使用通常的鋼犁或鐵犁，在勞動力方面，一共可以節省四千五百萬美元。」

當報紙宣布詹姆斯‧奧利弗去世的消息時，一些報紙稱之為「可能是印第安那州最富有的人。」這個事實本身並不能使他獲得這個世界的特別

---

[047]　谷騰堡：西元 1400 ～ 1468 年，德國活版印刷發明人。

關注。我們對一個非常富有的人會想要了解兩件事：首先，他是怎麼獲得財富的？其次，他的財富用於做什麼？不過事實上，財富並非是這個人的目的或目標，他獲得財富是為人類服務過程中的巧遇，而他的財富用於向龐大的一群工人提供就業機會，使「奧利弗」成為一個值得我們銘記於心的名字。

詹姆斯·奧利弗為了某一目的而努力工作，卻得到了另外的收穫。我們拚命地想抓住東西，最終卻會失去它們。迫切地企圖抓住某樣東西，會招致刺激與反對的力量，並把我們擊敗。生活的所有美好回報，都來自於間接的工作，都是簡單地把我們的工作做到最好、做到最高境界之後附帶的結果。奢望賺更多錢、做更短時間工作的罷工者們、那些工作懈怠懶散、故意拖延時間的人、那些眼睛總是不離薪資袋的人，都會獲得回報，但回報非常之少。報應女神帶著她的木桶板在角落等著他們，他們會得到他們應得的東西。

奧利弗的財富是以互惠為基礎的。詹姆斯·奧利弗是個農民 —— 事實上，他的朋友們開玩笑說，他對當農民比做製造業更自豪。奧利弗先生把自己當成是農民，並把每個農民當作是自己的兄弟或是夥伴。「我是農民的夥伴，而農民是大自然的夥伴。」他過去經常這樣說。他總是盼望著將來有一天能回到農莊去，靠自己耕田謀生。

他研究農民的需求，知道好的路、肥料和排水裝置的價值。還會長時間地和別人激烈爭論，耕地用三匹馬還是兩匹馬更節省，或者爭論用騾好還是用馬好。克萊德谷馬 [048] 和佩爾什馬 [049] 相比，他認為克萊德谷馬更有價值。

---

[048]　克萊德谷馬：一種體大有勁的挽馬，原產於蘇格蘭的克萊德山谷，肢關節有白色羽狀叢毛。
[049]　佩爾什馬：法國北部產的灰色重型挽馬。

他非常熱愛克萊德谷馬，許多年來，他都坐著由一匹腿上長著粗毛、尾巴平直的、混血的克萊德挽馬拉著的輕馬車。並經常宣稱，要把一匹好的克萊德谷馬馴成賽馬，所需要的只是耐心。他過去常說，他趕的這匹馬可以跑得非常快，「只要我放馬出去。」不幸的是，他從未「放馬出去」，不過大家懷疑，這匹誠實老馬的速度極限，是每小時六英里，由馬車夫控制牠前行。

艾爾郡牛[050]總能吸引他的注意力，他會在田間攔住農夫們，詢問他們在養牛方面的成功經驗。

有人告訴他，他喜愛艾爾郡牛只不過是一種偏愛，因為他熱愛勞勃·伯恩斯[051]（Robert Burns）。對此，他說：「不管怎樣，男子漢就是男子漢。」

他宣稱，偉大的人和偉大的動物，總是來自同樣的土地。出產好馬、好牛的地方，肯定能產生偉大的人物。

奧利弗先生熱愛樹木，也喜歡親自種樹，並鼓勵男孩們種樹。

他很少關注音樂，但在六、七〇十年代，他養成了購買「梅森與漢姆林」[052]牌風琴的習慣，把它們作為聖誕禮物，送給家中有成長中的女兒的農夫朋友們。「縫紉機、梅森與漢姆林風琴、奧利弗犁，是農夫的三大必需品。」他曾經這樣說過。

當奧蘭治·賈德開始出版《美國鄉村》的時候，獲得了奧利弗先生衷心的關注與支持，他一下子訂閱了數百份。

---

[050] 艾爾郡牛：原產於蘇格蘭艾爾郡的棕白色乳牛品種之一。

[051] 勞勃·伯恩斯：西元 1759 ～ 1796 年，被認為是其國家重要的、有發言權的蘇格蘭詩人。他用方言寫成的、充滿幽默感的歌謠，歌頌愛情、愛國主義和樸實無華的生活。

[052] 「梅森與漢姆林」：美國一家國際知名的樂器公司。

他認為，農民是地球上最聰明、最健康、最快樂的人 —— 沒有什麼比農民更重要。「你們商人只是些中間人 —— 農民從地下挖出他的財富。」他常這樣說。

他引用布里格姆·揚[053]（Brigham Young）對摩門教徒講的話說：

「生產食物產品，養活礦工，你們都可以致富。但是，如果你們只開採金銀，只有少數人會變得富有，而大多數人都會因貧困而死。」

這就可以說明一點：詹姆斯·奧利弗對工業制度要比對財政制度更感興趣。

他對人類的興趣，因他造福人類的願望而起，而並非想利用人類獲利。

倘若這還不算老少皆宜的金玉良言，就把我當作是胡言亂語的醉鬼好了。

虛張聲勢的微妙之道，絕對超出他的能力之外。他就像羅伯特·路易斯·史蒂文生[054]（Robert Louis Stevenson）描繪的南部海島島民一樣，不知道如何撒謊。只是在傳教士到來之後，他們才部分地克服了這種「缺陷」。

詹姆斯·奧利弗並不知道如何撒謊。他只會一種做生意的方式，那就是簡單、坦率、誠實和直接的方式。那位偉大紐約政治家的口頭禪：「找到笨蛋，玩弄笨蛋，釣住笨蛋，然後逃之夭夭。」對他來說，簡單是天方夜譚。

---

[053]　布里格姆·揚：美國宗教領袖，是摩門教會第二任會長和殖民地開拓者，對開發美國西部有重大影響。

[054]　羅伯特·路易斯·史蒂文生：西元 1850 ～ 1894 年，英國作家、詩人和小說家，最著名的小說有《金銀島》（*Treasure Island*）、《化身博士》（*Strange Case of Dr Jekyll and Mr Hyde*）和《誘拐》。

　　他的雄心壯志就是，製造出比任何人的犁都要好的犁，然後以農民買得起的價格出售，他自己個人的收益則擺在第二位。事實上，在董事會會議上，他經常會打斷會議，拿出一塊犁板、犁刀或是一塊新的馬蹄鐵給大家看，並帶有家住鐘斯十字路口的約翰・詹森農夫的來信等等。若是董事會對他的新玩具沒有表現出太多的熱情，他就會溜出去，忘記再回來。

　　他的心思全部放在製造有史以來最好的工具、以最少的成本賣給用戶上。這樣就可以減少勞動，增加生產。因此除了偉大的天賦之外，他還有著獨特的樸實特性。他的朋友們經常為此會心一笑。

　　詹姆斯・奧利弗對於每一個曾扶過奧利弗犁的人，都有著熱烈的感情 —— 他把每一個這樣的人，都當作是奧利弗大家族的一位成員。他相信，成功要依賴於提供一種使買主成為朋友的商品；對他來說，天堂就是一個大型的縣級集市，趕集的人大部分是農民，集市中重要的一項內容是犁的展場。鋪滿金子的大街，對他沒有任何誘惑力。

　　他在許多方面很像威廉・莫里斯 [055]（William Morris），當有人問莫里斯最大的理想是什麼時，他回答說：「我希望能調出完美的藍色。」而他手上的顏料證明，他正在往這個方向努力。

　　他們倆都是勞動者出身，都樂於待在勞動者圈子裡面。他們就像窮人一樣生活，穿著技工的工衣。他們從未用過所謂上流社會使用的名片、凝乳 [056] 或是乳蛋糕 [057]。他們痛恨偽善、假冒、偽裝；嘲笑軟弱、溫和、舒適與奢侈。他們喜歡狂風暴雨的天氣，喜歡橫掃一切的狂風，喜歡瓢潑傾

---

[055]　廉・莫里斯：西元 1834 ～ 1896 年，英國詩人、畫家、工藝美術和社會改革家，因詩作而為後人銘記，包括史詩《烏有鄉消息》。

[056]　凝乳：牛奶的一部分，在牛奶發酵或用酶進行處理時凝結。凝乳被用來製作乾酪。

[057]　乳蛋糕：一種食品，用牛奶、雞蛋、調味品，有時再加糖混合而成，經蒸煮或烘烤直至凝固而成。

盆的大雨，喜歡吱吱作響的繩索。他們對困難引以為豪，為遇到阻礙而欣喜若狂，對惰性帶來的阻滯則輕描淡寫地一笑置之。

在他們的天性當中，有一種堅如磐石的東西：蔑視失敗。這是盎格魯 —— 撒克遜人 [058] 的風格，還帶著挪威人的漂亮十字架。這給了他們這種蔑視危險的獨特氣質，並在他們的天性中，將這至高無上的氣質升至高空 —— 而不是被吸到地下。

蘇格蘭人的倔強特性，遺傳自他們的挪威人祖先，他們在哥倫布（Christopher Columbus）玩弄花招之前的五百年，就發現了美洲。這些人被稱為「海狼」。大約西元 1000 年，一群挪威人駕著他們製作粗糙但非常結實的船舶沿塞納河航行。岸邊的人看到了這些奇異的巨人，黃頭髮在風中飄蕩。岸邊的人於是問道：「你們是從哪裡來的？誰是你們的主人？」越過河水傳來了他們無畏的回答：「我們來自圓形的世界，我們不會叫任何人主人。」

詹姆斯・奧利弗不會叫任何人主人。而他的狂暴性情，已經轉到了精神和頭腦的層面上。他的戰場是思想的世界，他從母親的乳汁中吸取了對自由的熱愛。正是這種熱愛，促使他們離開了蘇格蘭。

詹姆斯・奧利弗有他性質上的缺陷。從根本上講，他是個克倫威爾一類的人。他有可能也會說：「把那個小玩意拿走！」[059] 他不會從自己身外尋求幫助。愛默生的散文〈論自強〉對他留下的印象甚微，因為他已經擁有愛默生寫的這些東西。他的力量來源於內心，而不是外部。正是這種占支配地位的自強基調，使他顯得對自己所住城市及周邊城市的偉人們滿不

---

[058] 盎格魯－撒克遜人：日爾曼民族，盎格魯人、撒克遜人和朱特人的一支，五世紀和六世紀居住在英國。

[059] 克倫威爾在參加議會會議時，要求把代表議會權力的權杖拿走時說的話。

在乎。這並不是對偉人們的蔑視：這只是一位不會叫別人主人的人很自然的淡漠。

他自己本人也是個大人物，腦力強大，創新精神強大，自給自足方面強大。

他不需要別人也可以做事；這裡就有了一個悖論──若是你有朋友，你必須有能力做到，不需要他們也能做事。

詹姆斯‧奧利弗有一大群私人朋友，也有很大一幫敵人，因為像他這樣脾氣的人不會見風使舵。他屬於「優秀的仇人」一類。他會帶著鋼箍盡情地擁抱他的敵人，有時，他們也會激起他從未有過的柔情和傷感的讓步。他完全會說出這樣的話：「再給他們一些葡萄，布拉格上尉。」[060] 另外，「我們因為他招致的敵人而愛他。」[061] 他對於上流社會有著極度的蔑視──就時髦意義上的上流社會而言。他過去常說：「為了上天堂，你必須做好人，而且必須死。若是為了進入上流社會，這兩樣你都不需要。」排外主義和等級制度令他深惡痛絕。

奧利弗付出了一切，正是因為這樣，他贏得了這個世界可以提供給他的所有聲譽和財富。他的一生是充實、自由、快樂和有益的。

我想用細體字母在藍天上寫下詹姆斯‧奧利弗說過的這句話：

「要造福自己，必須先造福人類。」

贊格威爾[062] 曾用不褪色的墨水寫道，蘇格蘭出產了三種壞東西：蘇格蘭式幽默、蘇格蘭宗教和蘇格蘭威士忌酒。詹姆斯‧奧利弗只使用了以

---

[060]　美國軍隊於西元 1847 年擊敗墨西哥軍隊時，美軍泰勒將軍對下屬布拉格上尉講的話。

[061]　美國第 22 屆和第 24 屆總統克里夫蘭 (Stephen Grover Cleveland) 的崇拜者讚美他的話語。克利夫蘭以誠實、獨立的品格，和反對貪汙及掠奪體制而著稱。

[062]　贊格威爾：西元 1864 ～ 1926 年。英國猶太人小說家、劇作家。

上三種東西的一種，即蘇格蘭式的幽默。

有一條偷偷暗笑的銀絲穿過了他生活的宇宙，這給他的生活增添光彩，並使他受到成千上萬人的喜愛。大笑是治癒我們大多數疾病的良藥！

他所有的個人信仰 —— 他的信仰相當多 —— 從未留到禮拜天才進行；他在自己的生意中使用。但詹姆斯・奧利弗是個蘇格蘭人，因為這樣，他神學天性的火花只是暫時儲存起來了。當死神來到他的門前，在他去世前一個小時，這位荒原和石楠花、沼澤和溼地、以及陰冷北風撫養長大的兒子，從昏迷中把自己喚醒，發出低沉、令人難忘的聲音，而這聲音很快就永遠沉寂下去。他用嚴厲的命令驚醒看護他的人：「讓我們祈禱！」然後他緩慢地反覆念著主禱文[063]，說完「阿門」這個詞後，他躺倒在枕頭上，再也沒有起來。

對於那些偶爾喝醉的工人，他有時候會說一些可憐他們的話，有的時候會對他們冷嘲熱諷。在這種時候，蘇格蘭人帶的刺就會到他的舌頭上，祖先的血會讓他的舌頭纏結不清。他的一個職員曾經對我說：「聽詹姆斯先生談論美國，我並不害怕。但當他的舌頭帶刺開始滔滔不絕時，滿嘴都熱糊糊的，我就會嚇得半死。」

西元 1893 年，詹姆斯・奧利弗在芝加哥博覽會度過了幾個月。他是世界博覽會的委員之一。

每一天，數百人和他握手。他是個發號施令的角色，加之以比別人更強的個性，所以沒有人問過他：「先生，你是某個特別的人物嗎？」也沒有人這樣問過詹森博士[064]（Samuel Johnson）。他是一個特別的人物，全身

---

[063] 耶穌教給門徒的祈禱詞。

[064] 詹森博士：西元 1709 ～ 1784 年，英國作家，辭書編纂者。他是 18 世紀下半葉最重要的文學界人物，著有《英語辭典》和《詩人傳記》。

上下都是，任何時候都是。

　　曾經有人講過一個故事，描繪利物浦的碼頭搬運工，是如何轉身看著丹尼爾‧韋伯斯特 [065]（Daniel Webster），然後說道：「美國國王過來了。」這個故事被用到詹姆斯‧奧利弗的身上。他是個發號施令者的角色，臉上和態度上都不會給人有任何可協商的餘地。他是個值得你表示贊同的人，在任何緊急時刻，甚至到了八十歲高齡，他仍可以使用他神聖的權利，立即掌控局勢。他的聲音是命令的聲音。

　　因此，在芝加哥的時候，他總是成為一群崇拜者的中心。他是奧利弗犁具廠展廳的一號展品，只不過他從未意識到這一點。一天，他感到特別高興，而蘇格蘭式的刺頭明顯就要快樂地蹦出來了，他非常生氣或是非常高興時，它就會冒出來。此時，一位老婦人穿過人群擠了過來，用雙手緊握住那雙統治奧利弗犁具廠的手，用狂喜的語調說道：「噢！又見到你真是太讓人高興了。二十年前，我經常去聽你每週日的布道！」

　　詹姆斯‧奧利弗第一次感到不安。他猶豫了一下，結巴了一下，然後斷然反駁道：「夫人，妳從未聽過我布道啊！」

　　「為什麼？難道你不是羅伯特‧科勒爾 —— 羅伯特‧科勒爾牧師？」

　　「不是我，夫人。我叫奧利弗，我是做犁具的。」奧利弗自豪地回答說。

　　那天晚上，奧利弗詢問尼卡爾上尉，他是一位奧利弗信任的助手，「我說，尼卡爾，這個科勒爾是誰啊？那個婦人是一週內第三個把我當成是那個傳教士的。我看起來不像一個傳教士吧？對不對，上尉？」

---

[065]　丹尼爾‧韋伯斯特：西元 1782 ～ 1852 年，美國政治家。他是著名的演講家，曾支持保存聯邦政府。他兩度出任國務卿。

然後尼卡爾上尉做了解釋，奧利弗先生其實已經知道這些，只不過腦海裡暫時忘記了這事。羅伯特·科勒爾是一名非常偉大的傳教士，一位一神論者，從正統的學校畢業，年輕時做過鐵匠。

「如果他鐵匠做得不錯，為什麼不繼續做鐵匠，就這樣一直做下去不是挺好的嗎？」

對這個問題，尼卡爾無法回答。不過，正好第二天羅伯特·科勒爾過來了，是馬歇爾·菲爾德 [066]（Marshall Field）帶過來的，而奧利弗有機會直接向他提出這個問題。

奧利弗先生深深打動了羅伯特·科勒爾，而奧利弗先生宣稱，不應責怪科勒爾先生的長相，因此他們握了握手。

科勒爾到芝加哥參加世界宗教會議。而大博覽會的這一部分內容，以前從未特別吸引過奧利弗，因為他只對機器感興趣。但現在他暫時忘掉犁具，花上足夠長的時間前去聽羅伯特·科勒爾講〈為什麼我是一名一神論者〉。

聽完演講之後，奧利弗先生對科勒爾先生說：「你幾乎說服我當一名一神論者了。」

「若是你走上布道臺，你會成為一名偉大的傳教士，奧利弗先生。」科勒爾先生說。

「假使你堅守在風箱和鍛爐邊，你有可能成為一名偉大的犁具生產商。」奧利弗先生說，「我很幸運，你沒有這樣做。」

「這不是開玩笑，」科勒爾先生回答說，「要是我做犁具的話，我會像

---

[066] 馬歇爾·菲爾德：西元 1834 ～ 1906 年，美國商人，創建了馬歇爾商店和公司，該公司是 19 世紀末最大的乾貨批發及零售企業。

你一樣，只做最好的。」

　　大博覽會的奧利弗展廳，某種程度上成了菁英人物的會議室，如菲力浦・D・阿木爾、薩姆・阿勒頓、克拉克・E・卡爾和約瑟夫・梅迪爾；接著大衛・斯文、羅伯特・科勒爾、弗蘭克・甘梭羅士博士和吉恩・菲爾德都加入這個圈子裡面。吉恩・菲爾德的專欄「升半音與降半音」經常能取得逗樂的效果。

　　科勒爾和奧利弗同一年出生 —— 西元 1823 年。兩人的身體都非常強壯，有著同樣高尚的追求和勇氣，從未動搖，他倆只要將精力放到任何地方都能取得成功。

　　機緣使奧利弗成了名技工和發明家，使他在工業方面的天性獲得發展。機緣也把科勒爾從鐵匠鋪弄出來，將他送到了布道臺上。

　　科勒爾出生於約克郡，但他的祖先是蘇格蘭人。奧利弗的母親姓歐文，而科勒爾的家譜中也有此姓出現，可以追溯到愛德華・歐文，這位強大而執著的傳教士，在影響艾克雷夫城的巨人塔馬斯方面，發揮了非常重要的作用。奧利弗和科勒爾是否曾追溯他們精神上的關係，查證有無血親連繫，我並不清楚：很可能沒有。因為他們倆都是超級強大的人，對於攀爬家系族譜非常漫不經心。我曾聽羅伯特・科勒爾在一次布道中，把詹姆斯・奧利弗比作是「移植的薊草演變為一朵美麗的花朵」，「是帶有許多男子漢氣概美德的人」。

　　看來，科勒爾先生並沒有意識到這個事實，在描繪奧利弗先生的同時，他也在描繪自己。

　　勤奮、節約、熱愛新鮮空氣、享受清晨；痛恨懶惰、無能、狡詐的行為，以及所有帶有貪汙、攫取和不擇手段獲取性質的行為 —— 他們都有

著很強的這種性格。羅伯特‧科勒爾說這些話時無疑是正確的：倘若這個世界出產了一類高尚的人，那麼這一類人是以最樸素的美德為基礎形成的，這些美德既不需要資格證明，也不需要版權——而詹姆斯‧奧利弗擁有的這些美德，已經到了非常罕有的程度。

紐約中央鐵路的喬治‧H‧丹尼爾斯和詹姆斯‧奧利弗是關係密切的私人朋友。他們都是「挫折大學」的畢業生；兩人都熱愛他們的母校。丹尼爾斯印刷那篇文學小作品《致加西亞的信》[067]時，他送了五百本給奧利弗，而奧利弗各發了一本給工廠裡的每個人。

丹尼爾斯是一名伊利諾依人，他曾扶過奧利弗犁具的犁把，親眼看到奧利弗的偉大企業在南本德如何得到發展。奧利弗也崇拜丹尼爾斯，他崇拜像丹尼爾斯這樣以大手筆做大事情的人。丹尼爾斯在芝加哥博覽會上，展出了火車頭和乘客車廂，並親自在那裡花上不少時間。紐約中央鐵路公司的展廳中，有一件非常有趣的東西，它就是曾從奧爾巴尼開到斯卡奈塔第的火車。當時，這一條由鐵屑鐵鏽組成的十六英里鐵路，就是紐約中央鐵路的全部；而這臺火車，「德‧威特‧克林頓」號，是鐵路公司的全部火車設備，此外還有兩頭漂亮的騾子用於臨時替換。

在博覽會上，奧利弗順便提到了他被誤認為羅伯特‧科勒爾牧師一事。

「我很同情你，」丹尼爾斯說，「而我的災難是，有一位傳教士長得像我。就在上週，我在街上被一個男人攔住，他要我到他家去主持婚禮。」

「那你向他表明身分了嗎？」奧利弗問道。

「不，我接受了他的請求，並派人找到那個牧師去主持婚禮。那一對

---

[067] 《致加西亞的信》為本書作者埃爾伯特‧哈伯德本人的名作，西元 1899 年出版。

夫婦永遠都不知道，曾有這麼個小插曲。」

　　那個長得和丹尼爾斯相像的人，是布法羅的湯瑪斯・R・斯萊斯博士，他現在是紐約市一位著名牧師。除了其他相似點外，使他們長得像雙胞胎一樣的一個特徵是，漂亮的紅色落腮鬍，那顏色就像愛爾蘭長毛獵犬的毛一樣漂亮。有一次，丹尼爾斯向這位可敬的紳士挑戰，擲錢幣決定，由誰做出犧牲，去掉這些漂亮的顏色。斯萊斯博士投到了反面，卻在走到理髮店前失去勇氣，因此仍然保留著他那漂亮的記號。

　　斯萊斯博士有一次經過大中央站，一個男人走過來，向他索要一張前往尼亞加拉瀑布的通行證。

　　「很遺憾，」傳教士說，「我不能給你發往尼亞加拉瀑布的通行證；我只能發一張通往天堂的通行證給你。」

　　丹尼爾斯講完這個故事之後，奧利弗先生說：「這只是傳教士告訴別人如何通往地府的方式。喬治，你和我完全可以表達得更清楚一些。」

　　從宗教的角度，把詹姆斯・奧利弗列為信教的人是不正確的。不過，他的確對浸透著我們、已成為我們一部分的「最高智慧」有著堅定的信念。他在每個人身上，都看到了造物主的智慧與善良。他熱愛大自然──熱愛灌木籬牆的鳥和田野裡的花。他讚美日出，他很可能比印第安那州的任何其他人看的日出都要多。

　　「清晨充滿了芳香。」他過去經常說。清晨的確充滿了芳香，可我們大多數人需要別人告知才會知道。

　　他對於自己的使命與自己的神力特別有信心，他讚賞健康，並帶點譏諷蔑視疾病及生病的人。他把健康法則尊崇為上帝的法則，因此他不會把

那個仇敵放進嘴裡 [068]，讓它偷走他的頭腦。他不抽菸，每天離不開冷水浴，經常到水中嬉戲。他有一套運動體系，就像伊斯蘭教徒每天向東方祈禱一樣嚴格遵守。他從來就沒有過弱不禁風的樣子。

但是，在去世前的幾個月，奧利弗有一天突然沒有去上班。他兒子覺得他可能駕車去農莊了，就去看看他是否在那裡。奧利弗的確在那裡，他帶了整整一百二十七個人，這是計算出來的實際人數，在挖一條溝，鋪一條路。

詹姆斯·奧利弗不習慣於做解釋、道歉或找藉口。

他的工作格言通常是貝利奧爾學院 [069] 喬伊特博士 [070] 的格言：「永遠不要解釋，永遠不要道歉 —— 把事情做好，讓事實去雄辯！」

但在這個時刻，由於預計他兒子會溫和地責備，說他太過分了，他說：「好了，喬 [071]，好了。你知道，這個該死的工作，我已經推遲了二十年，我想抓住它，把它弄完算了，因為我知道，你永遠不會去做的！」

約瑟夫警告他一下就離開了，然後躲到穀倉後面大笑起來。

奧利弗先生除了鋪路之外，還有一件令他滿意的事情，那就是運動、行動、忙忙碌碌與不停做事。他樂於做一些忙忙碌碌的事，經常親自指揮「年輕人們」。

對那些製造犁具的人，他的尊重與對待使用犁具的人一樣多。身為他們當中的一員，在他們當中行動，在紀律從不鬆懈的前提下，他總是平易

---

[068]　指「酗酒」。出自莎士比亞戲劇《奧賽羅》中的對白：「上帝啊！人們居然會把一個仇敵放進自己的嘴裡，讓它偷去他們的頭腦！我們居然會在歡天喜地之中，把自己變成了畜牲！」

[069]　貝利奧爾學院：牛津大學學院之一。

[070]　喬伊特博士：西元 1817 ～ 1893 年，英國古典學者，以翻譯柏拉圖（Plato）和亞里斯多德（Aristotle）的作品著名。

[071]　約瑟夫的暱稱。

近人，隨時願意接受最底層人的意見。他為人正派，為他人著想，可以從以下事實中看出來：奧利弗犁具廠存在的漫長時間裡，它從未在國內的法律訴訟、損害賠償或是其他地方充當被告。

他的員工多達數千人，偶爾也會發生事故，但遭遇不幸的人及其家庭，總是能獲得關懷和照顧。

事實上，奧利弗一家有一張撫恤金名單，專門關照寡婦、孤兒和老人們。這件事只有機密的出納員們知情，因為他們不想招惹銅管樂隊，對他們的慈善事業吹吹打打。

詹姆斯・奧利弗認為，一個人活著，應該在他的有生之年都發揮作用。變老對他來說是一個不好的習慣。他不願意從企業退休，不管是為了享受好時光，還是因為你變老了，變瘋了。「運用你的才能，你就能保持才能。」他過去經常一遍又一遍地重複這句話。他同意赫伯特・史賓賽 [072]（Herbert Spencer）的觀點，人的腦子變得軟弱，是因為他們沒有使用好這個器官。

當然，他自己證明了他的理論，因為奧利弗一直到去世那天，都頭腦清醒、判斷正確。可是，當他的一些助手，在歲月的重擔和生活的滄桑中彎下了腰，變得虛弱而需要關照時，他會說：「噢，老約翰幫我們幹了好多活，我們必須照顧好他。」之後他就會這樣做。

如果你說他仁慈或是有菩薩心腸，他一定會否認；但事實上，與人為善的金箴 [073] 一直是他商業政策的一部分。在他粗魯的外表背後，隱藏著 —— 顆非常溫暖、慷慨的心。

---

[072]　赫伯特・史賓賽：西元 1820～1903 年，英國哲學家，他試圖在其系列論著《合成哲學》中將進化論運用於哲學及倫理學。

[073]　聖經上的為人準則，即：你想人家怎樣對你，你也要怎樣待人。

當西元 1893 年的金融危機席捲全國時，經銷商取消了訂單，每個人都縮短了航行，可是奧利弗一家繼續堅持生產，並將產品儲存起來。

他們從來沒有因為蕭條而在此期間解僱勞工，從未縮短時間或降低薪資。我相信，這是個紀錄，美國沒有哪個有影響力的大型製造商可以與其匹敵。

西元 1907 年 10 月，當各行各業的工人被解僱之時，奧利弗一家只是開始擴大他們儲存剩餘產品的區域。他們相信，形勢會好轉起來，而他們的這個信念，是以四十多年在本行業的經驗為基礎的。詹姆斯・奧利弗說：「人的第一生意是耕地；人的最後的生意也是耕地；我幫助農民做他的工作，我的產品總會有人需要的。」

詹姆斯・奧利弗並不害怕死亡。他抱著堅定的信心，認為關照他的能力之神，永遠不會拋棄他。他把死亡當作是與生命一樣自然的東西，而且很可能一樣好。對於神學的爭論，他很少有耐心。「就在這裡活著 —— 等著，然後我們就會知道。」他過去經常這樣說。

當妻子在西元 1902 年過世的時候，他就像斯巴達人 [074] 一樣忍受著這個打擊。他們一起走過了五十八年，她是一位有偉大判斷力的婦女，還是位非常美麗的婦女，即使老了也是如此。她的丈夫總是依賴她，把他的計畫告訴她，然後在自己的頭腦中將它們理清楚。他們是夥伴、朋友、知音、情人 —— 丈夫與妻子。她去世後，他將活動再加了一倍，勇敢地與自己搏鬥，克制住自己，不讓正在撕咬內心的悲傷使家裡人難過。

一年過去了，有一天他對兒子說：「喬，我真的非常想念你的母親 —— 不過，我不會永遠這樣忍受這種孤獨的！」這是他顯示出來的、

---

[074] 斯巴達人以在面對痛苦、危險或逆境時，堅毅、有勇氣而著稱。

最接近軟弱的一個跡象。

詹姆斯‧奧利弗是一位成功的人，卻並不總是一帆風順的。在早期，犁具廠曾在夜間發生火災，完全被燒毀。

當時詹姆斯凌晨三點鐘才回到家，筋疲力盡，衣服全溼了，並凍成了冰塊。這個被無情的命運狠狠地踢了一腳的男人，拖著一把椅子，放到壁爐前的地板上，然後閉上眼睛，斜躺在椅子上，試圖忘掉當晚看到的痛苦場面。

奧利弗夫人此時已經泡好咖啡，並為這位疲倦的男人做了頓簡單的早餐。在有緊迫的工作需要注意時，她和她的家人從來不會休息。「詹姆斯，你為什麼在浪費時間？喝完這杯咖啡，穿上這些乾衣服，然後立即出去，在天亮前訂好木材和磚，這樣工人們七點鐘就可以開始重建了。我們還有訂單要做！」男人頓時清醒過來，服從了她的命令。到七點鐘，木材到了，人們開始工作，準備重建房子。

詹姆斯‧奧利弗是個勇敢的人，他的耐心、堅韌與永不退縮的信念，很大程度上反射出他妻子的靈魂與頭腦。七十歲的時候，一位鄰居順路拜訪他們家，在談話時，鄰居稱奧利弗是一位富有的人。

「是啊！」這位友好的老斯巴達人說道，「是的，他們說我很富有，但要是我一分錢也沒有，我還是很富有 —— 因為我有一個這樣好的妻子！」然後他指了指陪伴了他將近半個世紀的伴侶。

奧利弗夫人微笑著責怪他說：「好了，詹姆斯！」

他繼續說道：「我說，老媽媽，若是我們一分錢都沒有，我們仍然可以用我們的雙手謀生 —— 就做最簡單的苦力活，難道我們不能這樣嗎？」

然後這位老婦人（事實上她也從未真正老過）回答說：「是的，詹姆斯，我們仍然可以用我們的雙手謀生，而且我們也不會因此而感到痛苦。」

　　伯里克里斯[075]（Pericles）在快要結束他那奇蹟般的事業時說道：「我沒有使任何人帶上黑紗。」可敬的馬文‧坎貝爾在南本德的一次演講中，曾引用這位建造雅典城市的偉人的話，並加上一句，「我們不僅要讚揚詹姆斯‧奧利弗從未使任何人帶上黑紗，而且沒有人因為投資他的產品或是企業而虧損。此外，每一個和他聯合的人，都透過聯合而興旺發達，並且變得更聰明、更善良。」

　　他去世前的幾週，有人對他講了托爾斯泰（Leo Tolstoy）的這個小故事：有一位傳教士看到一位農民正在耕田，就走過去說：「如果你知道今晚就要去世，你會怎樣度過今天剩下的時間？」

　　農民立即回答說：「我會繼續耕田。」

　　看來，傳教士本來認為農民會回答「懺悔」、「祈禱」或者「到教堂去」。

　　傳教士聽到這個回答時非常驚訝。他想了一下，然後說：「我的朋友，你的回答是人們可以做出的最聰明的回答，因為耕田就是祈禱，而誠實勞動的祈禱總是能得到回應的。」

　　這個故事打動了奧利弗先生。他講給好幾個人聽，然後針對此事自己加了這樣一句，「要是我知道今晚會離世，今天我就會去做犁。」

---

[075] 伯里克里斯：古雅典首領，因其推進了雅典民主制，並下令建造帕德嫩神廟而著名。

第三章
史蒂芬‧吉拉德

　　史蒂芬‧吉拉德（Stephen Girard，西元 1750 ～ 1831 年），法裔美國商人、銀行家與慈善家，為美國最成功、最富有的企業家之一。十四歲時在一艘商船上當服務員，並很快成為一艘船的共有人。他組建了一支貿易船隊，累積了大量的財富。之後投身房地產、保險和金融業。西元 1812 年美英戰爭期間，他承購大部分政府戰爭債券，避免了一場金融危機。法國大革命期間，他向法國的難民提供幫助。費城遭受黃熱病的襲擊時，他不僅熱心幫助、照顧病人，還努力清理、改進疫情中的惡劣環境。他將數百萬美元捐給費城，建立了針對窮人的吉拉德學院。

我不看重財富。對勞動的熱愛是我的「救命大錨」。

我做的事自己會忘記，但在忘記的同時，我很快樂。

—— 史蒂芬・吉拉德

我們在統計有判斷力、有能力的人時，不能遺漏威廉・佩恩[076]（William Penn）。他是費城這座城市的創立者，也是偉大的賓夕法尼亞聯盟的創立者，並給兩者都帶來名字與名聲。

費城這座城市是由個人創建的。從這方面講，這座「兄弟友愛之城」[077]，與賓夕法尼亞州一樣，在美國歷史的紀錄上是獨一無二、與眾不同的。

但是，費城並沒有替佩恩豎什麼紀念碑，除了立在市政廳最頂端的尖塔上，那個模糊不清的人物。它個子矮胖，看不出來像誰，迷失在商業的煙霧迷離中。

倘若費城是由正統的威瑟斯龐[078] 和艾爾伯遜，或是由康威斯和康威爾[079] 當領導人；如果他們教會她，要熱愛她的敵人，然後為了保持平衡，要仇恨她的朋友，那麼就讓克利俄[080] 記載下來吧！因為歷史不再是個一致商定的謊言。在她壯麗的公園和公眾廣場裡，她用銅像和大理石向哥倫布、洪保德[081]（Alexander von Humboldt）、舒伯特（Franz Schubert）、歌德（Johann Wolfgang von Goethe）、席勒、加里波第和聖女貞德（Joan of

---

[076] 威廉・佩恩：西元 1644 ～ 1718 年，英國教友派信徒和北美殖民者。他在西元 1681 年創建了美國賓夕法尼亞殖民地，「賓夕法尼亞」意即「佩恩的林地」。

[077] 費城的名字是佩恩取的，意思即「兄弟友愛之城」。

[078] 威瑟斯龐：西元 1723 ～ 1794 年，蘇格蘭裔的美國教士、教育家和革命領袖。曾簽署《獨立宣言》，曾任普林斯頓大學校長。

[079] 康威爾：美國神職人員和教育家，西元 1888 年創建坦普爾大學並擔任首任校長。

[080] 克利俄：希臘神話中主管歷史的女神。

[081] 洪堡：西元 1769 ～ 1858 年，德國自然科學家、自然地理學家、著述家、政治家。

Arc）表示敬意。而「瘋子安東尼・韋恩」[082]（Anthony Wayne）和那位勇敢作戰的年輕人德凱特[083]則完全被遺忘了。

本傑明・拉什[084]（Benjamin Rush）這位愛國者，富蘭克林（Benjamin Franklin）最親密、最親愛的朋友，他歡迎湯瑪斯・潘恩（Thomas Paine）到賓夕法尼亞來，並給了潘恩一張書桌。這樣潘恩才能奮筆疾書，寫出宣傳小冊《常識》（*Common Sense*）。而拉什現長眠在無名的墳墓裡。

如果你想尋找這些人的雕像是徒勞的：曾在費城當編輯的愛德格・愛倫・坡、像獅子一樣踩踏了木板的艾德溫・福里斯特、勘查星星的大衛・里頓豪斯、勇敢面對北極的冰和南極的夜的凱恩；還有埃文斯，他為皇室銼牙、補牙，使牙醫受人歡迎；還有巴川姆、格羅斯和萊迪等等。富爾頓曾居住在這裡，但是，只有從那些滿是灰塵、並已發霉的大部頭書中尋找，才能知道這些事。

班傑明・韋斯特[085]（Benjamin West）成立了英國畫院，他獲得了人們的敬意，被安放在威斯敏斯特教堂。但哈里斯堡[086]忙於巧取豪奪，把他忘得一乾二淨。莫里斯・羅伯特[087]一生愛國，獲得的回報卻是被監禁在債務人監獄裡長達兩年。他現在還被關在牢獄的墳墓裡，牢房的鑰匙再

---

[082] 「瘋子安東尼・韋恩」：西元 1745 ～ 1796 年，美國獨立戰爭將領，參加了許多戰役。他在英軍防守地斯托尼波因特的奪取中，表現了戰術上的大膽，也由此博得了他的綽號。

[083] 德凱特：西元 1779 ～ 1820 年，美國海軍軍官，因其在的黎波里戰爭、西元 1812 年戰爭和反擊巴巴里海盜的軍事行動中的英勇表現而聞名。

[084] 本傑明・拉什：西元 1745 ～ 1813 年，美國醫生、政治家和教育家，是獨立宣言的簽署者。促進了奴隸制度的消滅，提倡以人道主義態度對待腦力殘疾者。

[085] 班傑明・韋斯特：西元 1738 ～ 1820 年，美國畫家。他是第一位到義大利學習藝術的美國人，後來他在英國安家並很快的成為傑出的藝術家。

[086] 美國賓夕法尼亞州首府。

[087] 莫里斯・羅伯特：西元 1734 ～ 1806 年，美國獨立戰爭時期的政治家和財政專家。美國獨立宣言的簽署人之一。曾為大陸軍籌款並參加制憲會議，後因地產投機而破產。

也找不到了。莎里、皮爾、泰勒、沃爾特和費奇的墳土，與他的墳土混在一起。

不過，所有這些都可以原諒，理由是，不同凡響、影響巨大、需要認可的名字太多。為避免嫉妒，一種好的辦法，就是把所有人忽略掉。驕傲、虛偽的費城這麼解釋道 —— 舒適、體面、繁榮、自負、迂腐的費城。可是，這五個極為偉大的名字又怎麼說呢？ —— 威廉‧佩恩、班傑明‧富蘭克林、湯瑪斯‧潘恩、史蒂芬‧吉拉德和華特‧惠特曼（Walt Whitman）！

噢，親愛的朋友，你們對友誼一無所知，你們企圖透過沉默來抹殺所有這些人的功績嗎？只因為他們未曾聽從你們的命令，走走神學的正步，就像你們的乞丐隊伍，用棍棒打著拍子踏步一樣？

噢！你們這些城市和國家啊，我祈求你們，一定要珍惜你們在商業、藝術、金融和詩歌方面的英雄的名字。因為只有透過他們，未來才能知道你們。你們這些城市一定要多加小心！因為，他們生前，你們是如何對待他們；他們死後，你們是如何紀念他們，這正是洩露你自己內心、頭腦祕密的紀錄。

班傑明‧富蘭克林創建了費城公共圖書館、費城醫院、費城孤兒院和費城大學。富蘭克林還對修築好路、修建運河也同樣感興趣 —— 當然，那時蒸汽鐵路還只是個未曾想到的夢想。

吉拉德從富蘭克林那裡獲得慈善的動力。吉拉德觀察賓夕法尼亞大學的進展，他相信，它並未發揮出它應當發揮的作用 —— 它將目標瞄得太高了。

富蘭克林非常看不起哈佛大學。他把它稱為「社會晉升計畫」，因

此招致約翰・亞當斯 [088]（John Adams）和他兒子約翰・昆西・亞當斯 [089]（John Quincy Adams）、及約翰・漢考克（John Hancock）的永久憎恨。

富蘭克林曾希望把賓夕法尼亞大學，辦成一個與眾不同的學校。但他死後，它完全追隨哈佛大學的發展路線。它為富裕的年輕人選擇合適的職業，拋棄孤兒和流浪者，讓他們與黑暗的魔鬼搏鬥，完全被遺棄、被遺忘。吉拉德是抱著幫助無助者的念頭創建他的學院的。湯瑪斯・傑弗遜（Thomas Jefferson）也給吉拉德留下了深刻的印象。吉拉德曾經造訪過蒙蒂塞洛 [090]，他在維吉尼亞大學待了兩天。這可真是非比尋常，因為時間對吉拉德來說非常之寶貴。

湯瑪斯・傑弗遜將古典建築學引進美國。維吉尼亞的樓房前，事實上在整個南方的樓房前，所有那些巨大的白柱子，都是在傑弗遜的頭腦裡生根發芽的，他深愛那些希臘風格的東西。傑弗遜是蘇格拉底（Socrates）、柏拉圖（Plato）和亞里斯多德（Aristotle），如果不是蘇格拉底滋潤了第一個傑弗遜派民主黨員，那麼又會是誰呢？

蘇格拉底詳述了「民眾」—— 普通老百姓 —— 的權利與美德。傑弗遜一次又一次地使用這個詞語，是他使「民主黨人」這個詞流行起來的。當傑弗遜穿著他那用灰胡桃提煉物染製的手織衣服，騎在馬背上，來到華盛頓國會大廈，把馬拴好，然後走到首席法官的辦公室，宣誓就任美國總統的時候，他的行為從本質上講是蘇格拉底式的行為。

---

[088] 約翰・亞當斯：西元 1735 ～ 1826 年，美國首任副總統及第二任總統。美國獨立戰爭期間的主要人物，《獨立宣言》的起草撰寫者及憲法的設計完成者。

[089] 約翰・昆西・亞當斯：西元 1767 ～ 1848 年，美國第六任總統。身為國務卿，他幫助制定門羅主義，卸任後任眾議員，並提出反對奴隸制的措施。

[090] 蒙蒂塞洛為美國維吉尼亞州中部夏洛特維爾東南一個住宅區，由湯瑪斯・傑弗遜設計，西元 1770 年開始作為他的宅邸達 56 年之久。現為國家聖地。

吉拉德從傑弗遜那裡汲取了建築與教育的理想。

　　吉拉德太忙了，沒時間做太多創新的研究，因為非常富有 —— 於是他做了件僅次於創新的好事情，所有聰明而忙碌的人都會這樣做：精挑細選一些創造者，然後依賴他們。

　　吉拉德熱愛班傑明‧富蘭克林、湯瑪斯‧傑弗遜和湯瑪斯‧潘恩。被他們吸引的原因之一是，他們都說法語，而他對法國人有很高的評價。富蘭克林和傑弗遜都曾被派送法國，完成各種重要外交使命。潘恩是法國議會的議員，西元 1793 年 12 月，在取締外籍議員的政治運動中，被囚禁於巴黎盧森堡監獄，後被營救出來。而吉拉德總是忍不住覺得遺憾，潘恩從斷頭臺上被救下來，碰巧死亡使者在他的牢房裡面，而不是在外面劃的記號。「只要他們砍掉他的頭，他就會在美國的教科書上被記載為可敬的、幫助挽救國家的湯瑪斯‧潘恩，而不是身為異教徒湯姆[091]‧潘恩而被憎恨。」吉拉德說。

　　在吉拉德的時代，富蘭克林、傑弗遜和潘恩的名字被上流社會辱罵、否認和抨擊；正是由於為這些偉人辯護，吉拉德招致了持續不斷的傲慢無禮對待，時至今日還是這樣。

　　事實勝於雄辯。富蘭克林教會了吉拉德商業哲學，並在他的頭腦中確立了對慈善的偏愛。

　　傑弗遜教會吉拉德「民眾」的優秀，同時也讓他有機會瞥見難忘的希臘式建築。

　　潘恩教會了吉拉德獨斷宗教的不公正和愚蠢：這種宗教自以為自己完全正確，如此肯定自己，認為其他人都是錯的。如果有能力的話，它甚至

---

[091]　湯姆為湯瑪斯的暱稱。

會訴諸武力，強迫人類接受它的標準。

富蘭克林和潘恩是費城的公民，而傑弗遜在那裡度過一些歲月。曾經響徹他們腳步聲的人行道上，吉拉德的腳步每天都在走著。

他們的想法就是他的想法。當瘟疫像陰影一樣降臨這座城市，死神在城市超過一半的家庭門柱上留下沉默的標記時，吉拉德並沒有簡單地開一張支票，郵寄給委員會，然後就解除責任。他絕不會這樣做！他詢問自己：「在這種情況下，富蘭克林會怎麼做？」然後他回答了，親自來到隔離病院，為染病者、臨終者和亡者做點事，仁慈的基督若是在人世間的話，也會這樣做的。

吉拉德對人類有信心；他像富蘭克林、傑弗遜和潘恩一樣對人們有信心。而另一名費城的偉大公民，也會願意到救死扶傷的醫院去奉獻自己的生命 —— 這個人就是華特‧惠特曼。

沒有人把華特‧惠特曼稱作金融家。有些人則說，史蒂芬‧吉拉德只不過是個金融家。無論如何，吉拉德和惠特曼，兩人之間取平均數就正好。而他們都信任人類、熱愛人類。以下是一個事實：假使我們要製造混合人 —— 完美人，要從美國歷史中取出人類的材料，我們不能從配方當中略去班傑明‧富蘭克林、湯瑪斯‧傑弗遜、湯瑪斯‧潘恩、史蒂芬‧吉拉德和華特‧惠特曼。

史蒂芬‧吉拉德，西元 1750 年出生於法國波爾多市 [092]，西元 1831 年在費城去世。

他去世後不久，有人出了一本書，聲稱是他的傳記。這是一位被吉拉德解僱的銀行職員的傑作。

---

[092] 法國西南部一座城市，位於加龍河畔。為一貿易中心，該地區是著名的葡萄酒生產區域。

　　這個人曾經和他的雇主關係密切，因此他編的故事大部分聽起來似乎是真的。由於作者自稱是吉拉德的私人祕書，帶偏見的人們更是把這本書當作權威。這本書滿足了某些人咬牙切齒、憎恨別人的需求。它的寫作目的與齊特漢姆寫《湯瑪斯‧潘恩傳》所抱的目的是一樣的。目的就是要永遠詛咒書中的主角。除此之外，這還是一次商業大炒作——誹謗被用來賺得紅利。在法律眼裡，詆毀死人並不是犯罪。

　　如果像《吉拉德傳》這樣的書，寫的是活著的人，根本不可能流傳開。「從前，有一頭驢子，踢了一隻獅子，但獅子是死的。」

　　然而，這本中傷他人的作品，到了西元 1890 年還在重印。齊特漢姆的書到了西元 1900 年，還被當成權威而被引用，直到蒙奎爾‧D‧康威 [093] 詳盡的《傳記》出版，才使這些虛偽的、支支吾吾的謊言家們顯得荒唐可笑。

　　吉拉德以前被罵作滿懷怨恨的「異教徒」，說他對人類懷恨在心，粗劣無知，完全不顧社會準則。現在我們認為，吉拉德是一個孤獨而令人同情的人物，在他漫長的一生中，不知疲倦地勤奮工作著；一貫誠實、直率、坦誠；受到身體缺陷的妨礙；渴望追求愛；不能清楚地表達自己的感受；他把心送給了孩子們，他的美好願望是：把命運之神從他身上剝奪掉的東西還給孩子們。

　　史蒂芬‧吉拉德的父母身分低下、卑微，他們是天主教徒。父親是個水手和漁夫。恐懼、仇恨、迷信和無知籠罩著這個家庭。當父親有錢時，錢會花在烈酒和教士身上。要是教士拿到全部的錢，可能反而會好一些。母親在外當僕人，白天給運氣更好的鄰居們幹活。如果「照顧」這個詞可

---

[093]　蒙奎爾‧D‧康威：西元 1832 ～ 1907 年，美國牧師、作家。

以用來表達被人忽視、無人理睬的狀況，可以說孩子們是在相互「照顧」。

若是史蒂芬‧吉拉德的母親有顯示出一點點溫柔的女性特性，一定會讓人感到欣慰。不過事實上，她從來沒有顯示過這方面的特性。即使她的性格裡面曾有過溫柔的情感，也早就被那位慈愛的父親拳打腳踢趕走了。在對她的記憶中，唯一令他欣慰的是，她通常在爭鬥中能夠堅守自己的立場。

史蒂芬是兄弟姊妹中的老大。他到教區學校上學，學會了閱讀。他的玩伴起了個法語外號給他，意思是「怪人」。

他八歲時才意識到，他母親是以輕蔑語氣叫他的名字，而不是表示親切 ── 如「白斑眼」、「泥巴佬」等等，完全是漁夫妻子的用語。然後他第一次知道，他的眼睛不像其他孩子的眼睛，其中一隻眼睛裡有一塊青色的東西，並往裡轉。那天晚上，想著自己可怕的不幸，他偷偷地哭著入睡。

在學校讀書時，他要閉上一隻眼睛，這總會招來孩子們的嘲笑。由於嘲笑的人太多了，他被折磨得逃離學校，以逃脫他們的嘲弄。

一位灰衣教士抓住了他，在全校面前鞭打他，並把一頂「怪帽」[094] 戴到他的頭上，然後罰他站在一張高凳上。此時，他遭受的羞辱似乎已經到了極限，他祈求死去。到家後，他試圖把自己的麻煩告訴母親，可她只是大笑，並且打他耳光，因為他是個「只會哭哭啼啼的沒用傢伙」。

往前追溯男孩的祖先，一定在某個地方也曾流淌著溫柔的血液。他是個落入布穀鳥窩的燕雀。當軍樂隊演奏樂曲的時候，他的心深受感動，忍不住熱淚縱橫。他母親去世時，她的遺體被放在一個新的木板棺材裡，是一位在造船廠工作的鄰居製造的。他非常崇拜這個棺材，但他哭不出來，

---

[094] 以前的學生被罰時所戴的紙帽。

甚至當教士掐他，罵他鐵石心腸時也不哭。他哭不出來，甚至用他那畸形的眼睛也哭不出來。

他的母親身為一位可親的人，早已從他的生活中消失了，甚至在她死前就已經這樣了。他唯一能想起的只有：她有一個多麼美麗的棺材，製造棺材的人真是偉大。而做棺材的人給了他一便士，也許因為男孩如此欣賞他的手藝。

史蒂芬無意中在藝術方面贏得了他的心。

在孩子的心中，把愛殺死是一件非常可怕的事情。通常我們相信，「人之初，性本惡；遇到不公平，懷恨在心。」吉拉德曾說過，這句話是對的，至少就他而言是這樣。

然而，上帝的傑作是如此美妙，童年時遭遇的仇恨與殘忍，反而使他形成了堅強、自立的性質。他從未說過：「母親的宗教對我足夠好了。」他瞧不起她的宗教，也瞧不起那些透過懲罰孩子，使他們變好的灰衣教士們。他的思緒變得更為內向 —— 變得更沉默寡言、守口如瓶，以自我為中心。而他對外界的排斥，為他充當了躲藏內心美好情感的硬殼。

母親去世後幾個月或幾週之後，父親又結婚了。後母並沒有比生母好多少。她對於規矩及服從有著很高的要求。小史蒂芬眼睛是畸形的，身體是畸形的，個子矮小，皮膚黝黑，褐色的腿總是露在外面，無疑是頑固而任性的。他那褐色的、裸露的腿，成了後母使用柳條鞭子的誘惑。

他決定解除每個人想鞭打他的腿的誘惑，於是帶上他那褐色的、裸露的腿逃到海邊。碼頭上有一艘船，正準備駛往西印度群島 [095]。他可以藏在包裡和桶裡，一旦船出了港，他就走出來，有機會被接納為船艙服務

---

[095]　位於北美洲東南部與南美洲北部的群島，它將加勒比海與大西洋隔開，包括大安地列斯群島、小安地列斯群島與巴哈馬群島。

員。無論如何，他們最多把他從船上扔出去！

　　他將自己的打算告訴了小妹妹們。她們都哭了，但他沒有哭。他從八歲起就再也沒有哭過，而他那位討厭的傳記作者說，他往後沒流過一滴眼淚，我想也是這樣。

　　在凌晨兩點鐘，他低聲地和熟睡的小妹妹們告別。他沒有吻她們 —— 史蒂芬在一生中從未吻過任何人，他的傳記作者這樣說，我想也可能是真的。他偷偷地溜下樓，走到月光下。離碼頭只有四分之一英里遠。船將在黎明出發，等著潮水返回。船的周邊非常混亂，正在用板條把艙口封好，在大海中乘風破浪之前，做好最後幾件必要的事情。

　　小史蒂芬留意著登船的機會，他打算當一名偷渡者。一個男人朝他走過來，他是船長。在年輕人逃跑之前，這人說道：「喂，我想要一個船艙服務員 —— 你來不來？」

　　男孩感謝上帝，現在是晚上，船長看不到他那畸形的眼睛。他氣喘吁吁地回答說：「來，來！」

　　廚師正在船上廚房替搬運工煮咖啡，搬運工剛把船裝好。船長拉著男孩的手，帶他登上木板，來到廚房，告訴廚師，給他一杯咖啡和一塊餅乾。

　　就在天亮之時，潮水回漲，船離岸揚帆起航了。而史蒂芬‧吉拉德的命運之潮也隨之發生轉變。

　　很少有人會有這樣的看法，認為身體上的缺陷，在智力超群的情況下，會演變成「美麗的缺點。」可以肯定，沒有人敢大膽地把吉拉德的缺陷，稱為「美麗的缺點」，可事實上，他那醜陋的臉蛋和不雅的身體，正是使他成為命運寵兒的重要因素。英俊有英俊的好處，劣勢也常常有劣勢

的好處——它們作為刺激物，更能把人最好的一面挖出來。

年輕的吉拉德長著長長的胳膊和短短的腿，可以爬得飛快，爬得很高。他用一隻眼，可以比大多數人用兩隻眼看得更多。他不指望因為家庭或美貌獲得別人的好感，因此他使自己成為船長需要的人，同時保持自尊自立。

並非所有的船長都是野蠻的，也並非所有的船員都用嘶啞、粗嘎的聲音說話、賭錢，把褲子挽起來，然後說每句話之前都先說「見鬼」。

和史蒂芬・吉拉德一起航行的第一個船長很年輕——只有二十六歲，完全是個年輕人，而大副的年齡是他的一倍。他性情溫和，聲音也很溫柔，並有一本伏爾泰的《哲學辭典》。他的名字我們並不知道，甚至他的船名也已隱沒在霧中。不過他年輕、溫柔，讀伏爾泰的書，這些事實都被史蒂芬・吉拉德用他那畸形的筆跡記錄下來了。

而這些事實，甚至他的惡棍傳記作者也承認。

令這位新船艙服務員感到驚訝的是，這麼年輕也能當船長；同時還感到驚訝，這個人用溫柔的聲音發出命令，而命令都能得到執行。後來，他意識到，那些不高聲、不尖聲說話的人發出的命令，別人總是能遵守。這位還帶點孩子氣的船長，教了吉拉德一堂非常奇妙的課：把舉止與聲音變得溫和，會更有效果。

在第一次航行的時候，我們所知道的是，男孩在一堆黃麻袋上睡覺；船長讓他讀《哲學辭典》上的內容；他把五金器具擦得透亮，都可以用作鏡子了；船長微笑著對他表示讚許。而這個男孩，個子矮小，皮膚黝黑，腦袋圓圓的，帶著一隻眼睛，跟隨著船長，將船長當作神靈一樣崇拜。

人們並不總是能抓住機會成功。機遇可能會把你投入到某種權力的位

置，如果你沒有能力，是無法守住這個位置的。

年輕的吉拉德從船艙服務員的位置，升到了職員的位置。

而從職員到大副，經過簡單的步驟就實現了，這種步驟非常自然，不值得描述是如何取得的。

根據法國的法律，二十五歲以下的人不能做船長。但當吉拉德二十二歲時，我們發現一位船主偽造檔案，把男孩的年齡改為二十五歲，而男孩的父親熱心地對此發誓。我們希望他做出的努力獲得了應得的回報。

二十四歲時，史蒂芬·吉拉德船長指揮他的單桅帆船「親切的路易士」繞過桑迪胡克 [096]，來到紐約灣 [097]。船長那時還是商人，有權利銷售、交易和購買東西。

此次冒險成功了。年輕的吉拉德冒著風險挑選了一船貨物，然後航行到新奧爾良。他懂法語，對於這個特別的目的地來說，這是一件非常珍貴的資產。

吉拉德二十六歲時，事業進行得十分順利。這年紀這年紀也剛好是那位關照他第一次出航的、英雄般的船長的年齡。而那位科西嘉人 [098] 征服義大利時，也正好二十六歲。

吉拉德已經不需再想像如何乘風破浪、如何在風大浪急的海面上航行了。

西元 1776 年 7 月，就說是 7 月 4 日吧！史蒂芬·吉拉德船長正沿著

---

[096] 桑迪胡克：美國紐澤西州東部下紐約灣入口處的半島，該半島將桑迪胡克灣與大西洋分隔開來，最早於西元 1609 年被發現。

[097] 紐約灣：大西洋哈德遜河口的一個海灣，位於長島以西和紐澤西州東北之間。被納羅峽口分成上紐約灣和下紐約灣。

[098] 指拿破崙。

大西洋海岸繞行，在大霧中摸索著往紐約前行。他對於航線沒有把握，正在用艙位推測法航行。

突然間，霧開雲散，太陽冒了出來，在天空中就像一顆巨大的金球。年輕的船長沿著地平線移動望遠鏡瞭望，用他那一個好眼睛看見了一艘帆船 —— 它正朝他衝過來。

一小時後，它離船一英里遠。他意識到，自己就是它的目標。

這是一艘英國巡洋艦，他意識到，他將要被迫登岸或是被俘虜。

吉拉德不是個喜歡祈禱的人，但此時，他祈禱能有一個友好的河灣或海灣。霧朝西邊退去，海岸線明顯、清晰地顯露出來。半英里遠的地方，是親切招手的切薩皮克灣口。至少吉拉德認為是這樣，不過後來證明那是德拉瓦灣口。吉拉德扯滿全帆，巡洋艦也全速前進。

夜幕降臨了。

在天亮之前，吉拉德的小船抵達德拉瓦，安全地獲得這個眉毛緊鎖的堡壘的保護，而巡洋艦已經調回頭去尋找新的獵物。

在前往西印度群島的一次旅程中，史蒂芬・吉拉德的船停泊在馬提尼克島 [099]，吉拉德當時在船上任大副。

船長和大副一起上岸，並被邀請在一位商人兼種植園主的房子用餐，房子建在山坡上，可以俯瞰海景。船上裝了這位種植園主的糖，因此他熱情招待水手們。

在那個似乎非常平凡的日子裡，發生了一件吉拉德終生難忘的小事。這位商人兼種植園主有位住在家裡的外甥女。那個女孩就坐在吉拉德旁邊

---

[099] 馬提尼克島：位於西印度群島中向風群島的一座島嶼，是法國的海外省。西元 1502 年哥倫布發現此島，西元 1635 年後淪為法國殖民地。首都是法蘭西堡。

的座位上，她只是個孩子，大約十二歲。但在那種氣候下，女人很小就變成熟了，而她的在場，使年輕的大副失去了胃口。然而，最尷尬的事是，女孩想把盤子遞給他的時候，把一滴湯濺到了他的膝蓋上，要是滴到她自己身上要更禮貌一些。

吃過飯後，這位年輕的女士陪著這一群人朝碼頭走去。往山坡下走的時候，她說了好多話，可是吉拉德只說，今天天氣不錯，看起來好像暴風雨要來了。

女孩個子高眺、身材瘦削，非常強壯。她爬上索具，爬到眺望臺，被她舅舅罵了一頓，而實際上，她舅舅很為她自豪，對她的表現大笑不已。她的容貌相當普通，不過她那炯炯有神的眼睛、魅力四射的活力，使得吉拉德那健康的眼睛偷偷地追尋她的芳蹤，充滿敬畏和傾服。

她走進船艙，看了看他的書，這讓吉拉德十分高興。他問她是否識字，而她傲慢地把自己的名字寫給他看，名字是：瑪麗・約瑟芬・羅斯・塔雪・德・拉・巴吉瑞。她交給他一張紙條，並說：「你永遠記不住我的名字的，因此我幫你寫下來，就像這樣。」過了幾分鐘，命令下來了，「要上岸的趕緊上岸！」

吉拉德保留了這張紙條，幾年後，為了顯示他的慷慨，他派人送了一條藍色圍巾作為禮物給女孩。她回信確認收到了禮物，並順便說，她很快要啟程去法國，「接受教育。」

吉拉德感到驚奇，竟然有婦女想接受教育，但更感驚奇的是，她竟然能獲得受教育的權利。事實上，當女孩子將名字寫給他看，他把那張紙條保留下來，是把它當作珍奇事物，而不是其他事物 —— 它是一個婦女的字跡！吉拉德除了這一封信之外，再也沒有收到這位年輕女士的信。

後來，他從馬提尼克島的船運代理商那裡聽到消息，瑪麗‧約瑟芬‧羅斯十六歲時與博阿內子爵[100]結婚。幾年之後，吉拉德從同樣的消息來源聽到，她成了寡婦。

再後來，他聽說她和一名叫拿破崙‧波拿巴的科西嘉人結了婚。

吉拉德過去經常說，他不是自願來到費城的，是命運之神將他送到這裡的，對他而言，自己一直在盡力而為。

戰爭正在進行中，所有美國港門都被封鎖了。這場戰爭將持續多久，沒有人知道。吉拉德同情殖民地的人，自由的理想在內心非常強烈。他很高興，法國 —— 美麗的法國借錢給我們，我們可以用這些錢與英國戰鬥。然而，他的本能還是完全反對暴力的，軍隊生活的浮華對他沒有任何誘惑力。

他將船卸空，把它安放到一個安全的停泊地，並定居下來，試圖讓自己耐心等待。他本來可以把船上的貨全部賣掉，但他有商業頭腦 —— 貨物正在漲價，他有時間 —— 他的時間多的是。他在水街租了一間商店，並開業做零售。這是等著戰爭結束、消磨時間的最好方式。

那個流氓傳記作者曾告訴我們，吉拉德的船上裝滿了「黑鬼」，並稱這些「黑鬼」都被唯利是圖的船長賣掉了，錢被裝到船長口袋裡，「這在愛情和戰爭中都是公平的。」

這個商業投機的故事已經廣為流傳，可是事實上，這批船貨被吉拉德用作他的第一筆資金。只有三分之一是他自己的財產，他非常聰明而有效地使用這一筆錢，並連本帶利地把其他貨主的部分也還清了。

---

[100]　博阿內子爵：西元 1760 ～ 1794 年，法國軍人，他在美國獨立戰爭中與羅尚博的部隊戰鬥，後來又在法國參加了與法國革命軍的戰爭，在恐怖時代他被送上斷頭臺。

戰爭結束之後，人們認為吉拉德船長又會走向甲板，管理他的船隻，但他並沒有這樣做。十年之後，他買下了這艘船，要不是後來它在佛羅里達的暗礁中失事，將殘骸奉獻給了梭魚們的話，吉拉德本打算終生留著它。從這可以看出來，在他的天性中充滿了感情。

吉拉德在水街上的小店前面，有一個抽水機，是鄰居們集資建成的。

吉拉德在那裡待了大約三個月。他很孤單，被禁錮在陸地上，嘆著氣，渴望回到廣闊的海洋裡。每一天，他都會划船到自己的船上去巡查一番，把甲板打掃乾淨，把繩子擦黑，給鏈子上油，盤算著多久以後它可以準備出海，只要和平的消息到來。不過時間一週又一週地過去，流淌得非常緩慢。

吉拉德坐在一個箱子上，看著鄰居們來抽水機取水。偶爾會有小孩拿著水壺或是水桶，蹣跚地走過來，然後這位殘疾小店主就會走去幫他們搖抽水機的把手。

這些人當中就有波莉·蘭姆 —— 豐滿、漂亮、臉色紅潤，只有十六歲。吉拉德也幫她搖水。

他養成了幫她搖水的習慣。如果他很忙，她就會等他。

波莉·蘭姆是莎莉·蘭恩[101]的遠房表親。她們兩人都沒有什麼足以稱道的智慧，只不過波莉有一種走遍世界的衝動，僅此而已。

而這位栗色的海輪船長身上有一點點 —— 也就一點點 —— 海鹽的味道。

命運是個騙子，她的遊戲，是以虛假的藉口為依據的 —— 她應當被禁止傳遞信件。

---

[101] 莎莉·蘭恩：法國人，以發明「莎莉·蘭恩」小甜圓麵包而知名。

她為了某一類人的利益，犧牲了數以千計個人的利益。她所關心的，只是使這一類人永存。

可憐的水手，對女人一無所知，被祕密編織的絲網纏住，幫波莉・蘭姆搖水 —— 豐滿、活潑、粉紅臉蛋、漂亮的波莉・蘭姆。

就這樣，他們結婚了。

婚禮在一艘平底船上舉行，穿過海面來到新郎的輪船上，它正拋錨停泊著，繩索在逐漸變強的微風中吱吱作響。

白天的新娘波莉・蘭姆，此時單獨和一個獨眼的人住在一起，而老鼠不斷穿梭於貨艙之中。她現在不再臉色紅潤了；她的臉色變成了灰黃色，她的心變成了玫瑰灰色。吉拉德勇於面對北風的呼嘯，但面對在拋錨停泊輪船上的哭泣女人，他手足無措。而這時，輪船的鏈子伴著繩索的淒涼尖叫聲，痛苦地呻吟著。更隨意一點的人 —— 只要更不拘小節的人，就有可能解決這個問題。現實、敏感、沉默的吉拉德，不是漂亮、豐滿和粉紅臉蛋的好伴侶。他應該和一個寡婦結婚，這樣她就能遞給他一條可以抓住的繩索，拖著他的靈魂一起航行。

新郎、新娘把船搖了回來，全身都溼透了，回到了商店的房間裡。

波莉不會煮飯 —— 她不會算數 —— 她不會看店 —— 她不會讀《哲學辭典》 —— 甚至當她丈夫讀書時，她也不願意聽，忍不住搖晃她那犯睏的頭，打著盹。她也沒有生一個孩子，將自己從困境中解脫出來，責任和關照本來可以使她安全地回到心智健全的狀態。

可憐的波莉・蘭姆・吉拉德！

可憐可悲的水手！

維納斯跟你們開了個大玩笑，不是嗎？而她也跟自己開過一個大玩

笑，那位玉石般的美少年[102]！

波莉變得粗壯起來 —— 非常粗壯 —— 臉頰上珍珠般的粉紅色，現在看起來像鍛赭土（一種經過鍛燒生赭土而得到的紅褐色顏料。）混合著鉻合金。她也經常整天坐在商店前面，看著抽水機。

她已經聽不到抽水的聲音了；甚至聽不到它吱吱作響，而以前她覺得那像美樂一樣悅耳。

她的丈夫找了醫生。「慢性痴呆。」醫生做出了診斷。

她被送往一家收容院，在那裡生活了三十八年。

每月一次，她丈夫風雨無阻地去看她，不過她的頭腦已經融解消失。她那呆滯、遲鈍的眼睛沒有任何反應。她只是一個棄物，等著死神的到來。

吉拉德在費城的頭六年並未取得什麼進展，可是他並沒有失去勇氣。他知道，戰爭一定會在某個時間結束，當它結束的時候，一定會有商業上的巨大復甦。

當其他人遇到挫折準備放棄，而降價的時候，他就買進。商船實際上一無是處了，因此也被出售。他買了一艘嶄新的船，並命名為「水上女巫」，這是他給波莉·蘭姆取的名字，當時，她經常帶著她的水壺，來到他的抽水機那裡。

戰爭一結束，宣布和平之後，吉拉德在他的兩艘船上裝滿了穀物和棉花，並把它們派往波爾多。

五個月之後，它們回來了，賣掉了所有的貨物，帶回來絲綢、葡萄酒和茶葉。這些東西很快就被賣掉，賺得將近十萬美元的利潤。

---

[102] 指維納斯鍾愛的美少年阿多尼斯，後來阿多尼斯在打獵時受傷死去。

輪船很快又裝滿貨物。船長被命令到波爾多去，把貨物賣掉，然後裝滿水果和葡萄酒駛往聖彼德堡[103]。

在那裡，他們賣掉了貨物，買了麻纖維和鐵，然後駛往阿姆斯特丹。在阿姆斯特丹，他們買入紡織品，再駛往加爾各答[104]。

在那裡，他們賣掉貨物，並用賺到的錢購買絲綢、茶葉和咖啡，然後駛往美國。

這些航程花了一年時間完成，最後獲得巨大的利潤。

吉拉德接著買進更多船，並替它們取了合適的名字，第一條叫「伏爾泰」，第二條叫「盧梭」。

到西元 1795 年，他已擁有二十二條船，價值一百多萬美元。

事實上，他是美國第一個擁有一百萬美元可支配財產的人。。

三十歲後，他被稱作「老吉拉德」。他全心全意地投入生意中，生活就像城裡的鐘一樣有規律。他住在水街上的庫房裡，每天早上親自開門。他被認為冷漠而自私。

他話不多，總是有辦法在別人爭論的時候傾聽和計算。。然後得出結論，做出決定。當決定做出時，事情就這樣定了。和他做生意的人，逐漸學會尊重他的判斷，知道最好不要和他討價還價，浪費他的時間。吉拉德的商業判斷非常出色，卻並非不會出錯，只不過他從來不會作無益的後悔。當他的一個船長前來報告，說因為被海盜搶劫損失了一萬美元時，吉拉德送他一份一百美元的禮物，讓他安安神，並告訴船長應該謝天謝地，因為他並沒有丟掉性命。

---

[103]　沙皇時代俄國首都。
[104]　印度東北部的港口城市。

他又把船裝滿，一年後，那位船長帶著淨值兩萬五千美元的貨物回來。吉拉德送給他一塊價值二十美元的銀錶，並責備他出去的時間太久了。

然後吉拉德為他們倆煮了一壺茶，就在他銀行辦公室的後面，因為這個百萬富翁總是對當一名廚師感到自豪。

他的弟弟吉恩此時前來和他合夥。吉恩也是位船長。史蒂芬買了第三條船，並起名「兄弟倆」，以愛的象徵表明此物產的性質。

當他弟弟吉恩證明自己儘管是個好水手，卻是個糟糕的商人之後，史蒂芬將自己在該船一半的股份送給弟弟，並告訴弟弟離開，自己一個人去賺錢。吉恩駕船離開了，把船抵押以獲得貿易的資金。接著吉恩把錢都虧損完，最後連船也沒了。當他想回來幫他哥哥幹活時，史蒂芬送給他一張支票，拒絕讓他回來。「幫助你的窮親戚的方法是，匯款給他們。如果你和他們合夥，所有人都要虧損。」

吉拉德是個勇敢的人 —— 精神上、經濟上和身體上都是如此。當他的船舶「孟德斯鳩號」於西元 1813 年 3 月 26 日到達德拉瓦口的時候，它被一艘英國炮艇攔截並扣留。有人傳話給他，說他可以把該船的存貨清單和貨物清單帶過來，然後按照這些貨物的貨值付金幣給英國人。他坐著一條小船來到灣口，帶著清楚的商業依據和敵人相會，付給英國人價值十八萬美元的畿尼 [105]，然後非常滿意地駛船回來，雖然船員們覺得非常尷尬。這條船滿載茶葉，而吉拉德從根本上是個茶商。他了解市場，「孟德斯鳩號」上的貨物賣了剛好五十萬美元。

當黃熱病 [106] 像枯萎病一樣襲擊這座城市時，野草在街道上瘋長，吉

---

[105] 英國的舊金幣，值一鎊一先令。

[106] 西元 1793 年，費城暴發了美國歷史上規模最大的一次黃熱病。西元 1793 年夏，數千名來自聖

拉德慷慨地給予，以緩解人們的危難。但他們面對著恐懼的驚慌時，忘記了如何生活，只好開始祈禱。教士們宣稱，上帝最後的審判日就要到了。一整家人、一整家人地死亡，沒有人來照顧他們。

每天晚上，馬車穿過街道，嘶啞的聲音喊道：「把家裡的死人搬出來！把家裡的死人搬出來！」

接著這位老百萬富翁，展現出性格中英雄的一面。他在布希山建了一家醫院，親自負責醫院的事宜。每一項能為病人和臨終的人做的事，他都做過。坐著自己的馬車，他來到各家各戶的房子裡，把生病的人抱在懷裡，將他們搬過去，轉移到能夠獲得照顧的地方。

當其他人的情緒低落時，他的情緒高漲。對於那些走在街道中間，用海綿堵住鼻子的人，他叫住他們、逗弄他們。他在隔離病院大聲笑、跳舞、歌唱 —— 而他以前從來沒有做過這些事。「恐懼是唯一的魔鬼，」他在一張大木板上寫道，並將它放在栗樹街[107]。他常常每天造訪五十座房子，帶去食物和藥物，更帶去最好的東西 —— 興高采烈的好心情。「要是死神逮住了我，他會發現我很忙。」他常這樣說。

他在面對西元 1810 年的金融危機時，也展現出同樣的勇氣。此時每個人都在囤積東西，商業完全癱瘓。吉拉德在倫敦的巴林兄弟銀行存有一百萬美元。他把這筆錢全部取出來，投資到美國銀行的股份中。這個大膽的舉動激起了自信，打破了恐懼的局面。

西元 1811 年，當美國銀行的合約過期，而國會愚蠢地拒絕續約時，

多明戈的法國難民為躲避加勒比海諸島正在暴發的瘟疫，而湧入當時作為美國首都的費城，導致費城發生黃熱病大流行。據統計，這場黃熱病共造成 17,000 人染病，5,000 人死亡，死亡數約占總人口的百分之十。

[107]《獨立宣言》是在栗樹街的「獨立廳」簽署的。

吉拉德把整個機構，或者說剩下的所有東西都買下來，建立了「史蒂芬・吉拉德銀行」，用了一百二十萬美元的資金。

戰爭快結束時，政府試圖發行一筆五百萬美元的國債，最後只賣出二萬美元。「殖民地要回到宗主國去。」發牢騷者說道。若是這樣的話，所有的公債都將被拒付。

吉拉德挺身而出，將所有的國債買了下來，儘管實際上它的總額要比他所有的財產都多。

這個效果非常神奇。如果老吉拉德不害怕，別的人也不會害怕，錢從長襪裡、從薑罐裡取了出來。吉拉德相信美國、相信美國的未來。「我想活著看到美國在自由、公正和教育方面至高無上，」他常說。

他愛寵物，愛孩子，假使說他冷漠，那只是對成人而言。

他在每一艘船上，都放了一條紐芬蘭犬 [108] ——「給水手們做伴。」他說。有些聰明人說，這是因為狗比巡夜人更便宜。不管怎麼說，他愛狗，在他的黃色輕便馬車裡，或是馬車下，總會有一隻毛髮蓬鬆的大狗。他趕著一匹行走緩慢、大大的、胖胖的馬，並經常說，如果到了艱難時期，他至少有一匹會挽犁的馬。

在生命的最後二十年，他每天都會去自己的農莊，現在吉拉德學院的所在地，並在那裡像勞動者一樣工作，照料樹木和花草。

倘若他不愛維納斯，他一定熱愛刻瑞斯 [109] 和波莫納 [110]。

「要是我知道明天就會去世，我會在今天種一棵樹。」他曾經寫道。

---

[108] 產於加拿大紐芬蘭的一種大型、強壯的狗，具有厚厚的、不尋常的黑毛。
[109] 羅馬神話中的穀物女神。
[110] 羅馬神話中的果樹女神。

吉拉德透過遺囑留下許多善款，用於改進人類的狀況。他留給費城和賓夕法尼亞州的捐贈包括這些：

費城醫院，三萬美元；賓夕法尼亞聾人院，兩萬美元；費城孤兒院，一萬美元；費城公立學校，一萬美元；用於費城分發燃料給窮人，一萬美元；共濟會 [111]，兩萬美元；用於費城市街道和公共廣場的改善，五十萬美元；用於改進賓夕法尼亞州的運河，三十萬美元；最大的一筆是用於建立吉拉德學院的兩百萬美元。除此之外，還捐贈了一塊地產的剩餘遺產給吉拉德學院。迄今為止，捐贈的總金額已超過一千六百萬美元。

在吉拉德去世的時候，他對於公共機構的捐助，人類歷史上還沒有哪位個人慈善家達到他的數目。

在此之後，我認為，只有兩個人為了教育事業捐獻出這麼多錢。

然而，沒有人豎立公共雕像或是以任何物質的形式，認可吉拉德獻給費城和賓夕法尼亞州的這些厚禮。直到西元 1897 年，用他自己的錢，在市政廳的北面廣場，豎了一座這位偉大的商人和慈善家的銅像。這雕像沒有特別的底座，只是十二個環繞廣場的裝飾物之一。

吉拉德的遺囑有一條特別的條款，要求不允許任何牧師、傳教士或神父當學校的理事，也不允許進入學校，這一條款依然受到尊重，至少表面上是這樣。

看門人會用這個問題提出質疑：「你是不是傳教士？」那些未能果斷回答「不是」的人，不被允許進入。

霍勒斯・格里利 [112]（Horace Greeley）有一次朝吉拉德學院的大門走

---

[111]　西元 1717 年 6 月 24 日，成立於英國倫敦的一個組織，北美獨立運動的先驅者，幾乎全是共濟會會員，簽署《獨立宣言》的 56 人中，有 53 名共濟會會員。

[112]　霍勒斯・格里利：西元 1811 ～ 1872 年，美國報刊編輯和政治家，創建並主編《紐約論壇報》。

去，打著他那條常用的小白領帶，戴著眼鏡，臉上還帶著快樂、天真的微笑。

「你不能進去。」一臉嚴肅的門神說道。

「為什麼？」他驚訝地問。

「你是名牧師！」

「我要是牧師就見鬼了！」霍勒斯說。

「對不起 —— 請進吧！」門神說道。

他的繼承人試圖使遺囑無效，他們的根據是那條關於牧師的條款。

最高法院維持了遺囑的效力，認為它對於基督教或是公共政策沒有損害。

吉拉德並沒有說「基督教教士」—— 他反對所有的正式宗教。

吉拉德對於教育的話題，有著非常積極的想法，他是美國第一個把手工訓練作為學校課程的一部分、並列入實際考試的人。

吉拉德學院一直有兩千多名男孩讀書，他們同時有著家庭和學校的優勢。兒童福利院存在某些嚴重的危險，因為非常容易抹殺個性。不過，可以肯定，吉拉德學院一直在努力減少這個傾向，並在很大程度上取得了成功。它可以自豪地誇耀，每個從吉拉德畢業的男孩，都能照顧好自己 —— 他能做這個世界想要做、並願意為此付錢的事情。

這裡的男孩們十八歲就畢業了，而在這個年齡，大多數上大學的學生則剛步入大學。

可是，從吉拉德學院畢業的男孩們，幾乎無一例外地直接進入實際的商場中，費城的商人在僱傭他們時動作絕不會慢。吉拉德學院有一張長長

的名人榮譽榜，這些人取得了超越常人的成功，吉拉德學院幫助他們的同時，也為世界增添了財富與幸福。

　　而使得這一切事情成為可能的那位水手和商人，真是偉大無比！

第四章
邁爾・阿姆謝爾・羅斯柴爾德

邁爾・阿姆謝爾・羅斯柴爾德（Mayer A・Rothschild，西元
1743～1812年）是赫赫有名的羅斯柴爾德家族財團的創始人，
在十九世紀的歐洲，羅斯柴爾德幾乎成了金錢和財富的代名
詞。這個家族建立的金融帝國影響了整個歐洲、乃至整個世界
歷史的發展。邁爾自幼就相當聰明，父母將其送到猶太宗教學校
學習，希望他長大後當一名拉比。但邁爾對此興趣不大，父母
去世後，他便棄學經商。起初做古董與古錢幣的生意，同時也
兼兌換錢幣。由於他的精明能幹，並依靠當地有權勢的威廉伯
爵，生意越做越興旺。後來。他不僅經營棉製品、菸酒，還開
始涉足銀行業，成為法蘭克福城的首富。

要獲得巨大的財富，需要過人的膽量、外加千倍的小心；

然而，獲得財富之後，需要比獲得財富多出十倍的智慧，才能把它守住。

—— 邁爾·阿姆謝爾·羅斯柴爾德

猶太人是個非常快樂的民族，並且在他們悲傷的宗教中，可以尋找到許多甜蜜的安慰，這一點可以從一個顯而易見的事實中得到證明 —— 他們一代代繁衍生息。

孩子是在愛與歡樂中誕生的。猶太民族的悲傷更流於表面，而非真實存在的。在每個黑色齋日之後，當教眾光著腳坐在猶太教堂的石地板上，為了耶路撒冷城被毀而痛哭流涕之時，年輕人，也包括大人們，都在心裡默數著日子，等著五旬節 [113] 盛宴的開始。

為了大約一千年前損毀的東西而感到悲傷，這樣的悲傷隨著歲月的流逝逐漸消退，最後變成了一種相當愉快的情感操練。

齋日之後即是盛宴，正的也是反的，馬勒普羅太太會這樣說 [114]「這樣，在每一個正統的猶太家庭，總是有事情可做。」齋日、盛宴、鮮花、甜食、燈光、蠟燭、小小的旅行、拜訪、舞會、祈禱、回訪、痛哭、喜悅的狂呼、勝利的吶喊 —— 「法律上的喜慶」 —— 這樣能防止生活的單調、停滯與反省。而這一切，都向猶太人施加了影響，使他們逐漸接受猶太人聚居區的煙霧繚繞，接受底層平民的炸馬鈴薯和高麗菜，接受集市的喧囂與熱鬧。從而更不習慣那吹拂著沉默山頭和大草原的和煦微風，不習慣孤寂松林低聲吟唱的催眠曲。

---

[113] 猶太人收割大麥的節日，在 5 月 20 日前後。在逾越節後的 50 日，所以叫做五旬節。

[114] 馬勒普羅太太為西元 1775 年理查·布林斯利·夏里丹寫成的劇本《情敵》中的人物。她不斷地誤用詞語，遣詞造句不當。她的這張嘴使她的名字成為荒唐地錯用語言的代名詞。

如果有啥事正發生，猶太人絕不會做那袖手旁觀的山林隱士，他會認真地、詩意滿懷地投身其中。

被隔離的感覺真是可怕。倘若隔離一直持續下去，簡直要讓人發瘋。不過猶太人鮮有被隔離的壓力，這就是為什麼瘋狂會從他們身邊溜過，去尋找基督徒當犧牲品。猶太人總有一種充滿活力的目標，而這就是他們的救命稻草，即便這樣的目標並不一定是一種理想的目標。他們的家庭、朋友、部落、部族，都緊緊圍繞在他們的身旁。

贊格威爾是來自猶太聚居區的孩子，卻前來拯救被蔑視、被誤解的基督徒們。他還表達了這樣一種懷疑：猶太聚居區，到底是不是由猶太人設計好的、目的是為了與基督徒保持一種安全而謹慎的距離。

可以肯定，是牆把猶太人關在裡面，把基督徒關在外面。基督徒對於猶太人的蔑視完全獲得了回報。單邊的仇恨不會持久，就像單相思一樣。

第一個猶太人聚居區是在威尼斯，在義大利文藝復興時期形成的，大約是西元 1450 年吧！猶太人在城市的一個角落裡定居下來，就像他們通常做的那樣，如今他們依然喜歡這樣。他們有自己的商店、商場、集市、貨攤、學校和猶太教堂。

他們擠在那裡，忙忙碌碌地處理自己的事務，推擠著，爭著，吵著，祈禱著，對於外面的社會生活毫無興趣。耶和華將他們從囚禁中解放出來，目的是為了讓他們成為自己的奴隸。他可真是個會嫉妒的上帝啊！

當然，他們也會與基督徒交易，買賣東西，和他們一起跑啊、走啊，但不會和基督徒一起吃飯，更不會和他們一起祈禱。猶太人也有建築師、畫家、印刷工、律師、醫生、銀行家，而且威尼斯許多最富有、最務實的人都是猶太人。

他們賺基督徒的錢，無疑也幫助基督徒賺錢，就像我說過的那樣，若不是以互惠為基礎的事情，不會持續很久的。

有一個事實，看起來就像贊格威爾式幽默的有力佐證。在猶太聚居區的一扇大門上，有一塊大理石板，警告所有的猶太人：要是他們當中有任何人轉信基督教，他將永遠不被允許再生活在猶太人聚居區。如果他回來，不會有人再向他致意或說話，不會有人再給他一杯水喝，接待他的只有繩索、鞭子，絞架、監獄和頸手枷。

這樣一種詛咒，降臨到了鏡片商史賓諾莎[115]（Baruch Spinoza）身上，他放棄了猶太教，並和門諾派教徒[116]住在一起。

在聚居區出生並長大的孩子，總是非常可憐那些被迫生活在大門外，住在那個巨大、自私、貪婪和邪惡世界裡的人們。

那些住在聚居區裡面的，是上帝的子民；那些住在外面的，是魔鬼的孩子。

不管是誰建的牆，事實上，本身信奉基督教、而且在基督教堂直接管轄之下的威尼斯政府，派人在大門那裡把守。在晚上早早的某個時間起，不允許猶太人離開；在禮拜天或節假日，或是皇帝到訪這個城市的時候，也不允許他們離開。唯一的例外，是每年一次的聖十字日。在這一天，所有成年的猶太人都要出來，由士兵押著到一些基督教堂。在那裡，他們被迫聆聽布道，並複述《使徒信經》[117]。羅伯特‧白朗寧[118]曾說，他們被圍

---

[115] 史賓諾沙：西元 1632～1677 年，荷蘭哲學家及神學家。在他 24 歲時，猶太教會以思想異端的罪名革除他的教籍，將他驅逐出猶太社團。他移居到阿姆斯特丹等地，以磨製鏡片為生，他最為著名的著作是《倫理學》。

[116] 16 世紀起源於荷蘭的基督教新派，反對嬰兒洗禮、服兵役等，主張生活儉樸。

[117] 相傳是十二使徒所訂的一個基督信仰綱要，常用於公共拜神儀式中。

[118] 羅伯特‧白朗寧：西元 1812～1889 年，英國詩人，以寫戲劇著稱。

困起來並沒有什麼，但到了要複述《信經》的時候，他們撫弄大拇指，念著本・以斯拉[119]的祈禱詞。他們完全有可能把手指交叉，因為猶太人屬於倔強的一類，習慣於拒不服從、違抗命令。

如果是其他日子，擅自出來進城的猶太人，必須在胸前佩帶一個大大的黃「O」字，並在頭上戴一頂黃帽子。猶太婦女則佩帶黃「O」字，並戴上帶黃色條紋的面紗。

在聚居區存在的三百年間，這些彩色的象徵變過幾次，猶太人被允許進出的時間也有過變化，不過傍晚五點和早上七點，通常是關、開的時間。

大門口的看守和那些划著小船到處巡遊的警衛們的薪資，來自於向猶太人徵取的一種特別稅。據稱，這全是為了仁慈的治安保護目的，是由熱愛敵人的好心人想出來的，這可是為那些滿懷怨恨使用它們的人做好事。

不能為聚居區的存在，想出站得住腳的論點之人，大都缺乏想像力。

吉本是個自然神論信仰者和一神論者，真心喜愛猶太人。他宣稱，君士坦丁大帝[120]（Constantine the Great）沒有信奉猶太教卻信奉了基督教，這是基督教徒的幸運。因為，要是他信奉了猶太教，猶太人就會像基督教徒對待猶太人一樣對待他們。當然，沒有人聲稱基督教就是耶穌基督的宗教 —— 它是異教徒羅馬的宗教統治，把猶太人的耶穌基督當作便利的標籤。基督教徒為什麼要信仰一個猶太人[121]、向一個猶太女人[122]頂禮膜拜，卻蔑視猶太人，這是一個非常微妙的問題，沒有人做過解釋。吉本就

---

[119] 以斯拉為西元前五世紀的希伯來人大祭司。在猶太人被放逐到巴比倫以後，把他們領回耶路撒冷。

[120] 君士坦丁大帝：西元 288 ～ 337 年，羅馬皇帝。

[121] 指耶穌基督。

[122] 即聖母瑪莉亞。

這一點說道：「至少有一個不可辯駁的事實，猶太人是男人和女人，基督教徒也是男人和女人，大家都是人。」「身手敏捷不一定就能贏得比賽，力量強大不一定就能贏得戰爭」[123]。這完全有可能，但是時間和機會對他們來說是均等的。

吉本說基督教徒相當幸運，因為康士坦丁大帝沒有成為猶太教徒，我不知道他說得是否正確。被迫害並不完全是災難；而迫害別人，大自然肯定不會許以報酬。迫害者死去，被迫害者卻永生。

猶太人必須為了生存而奮鬥，這使得他們與眾不同，並使他們變得強大。那些最初的基督教徒 —— 原始基督教徒 —— 他們生活在保羅[124]至康士坦丁大帝之間的時代，是一些淳樸、直率、真摯和誠實的人 —— 無疑也固執己見，頑固專斷，可是他們卻有著永遠不可忽略或者遺忘的美德。他們節儉、勤勞，並充滿了友愛之情。他們對於謙卑有著非常好的自豪感，就像大多數修行者一樣。謙卑是一種能量，能另闢蹊徑地追求事物，而在動機方面，連其自身也未曾發覺。

原始基督教徒有著使中世紀猶太人與眾不同的所有特點 —— 這些特點容易招惹迫害，並在迫害之下變得更加強大。

人們確定信奉一種獨特、罕有的宗教時，貧困與迫害似乎是不可或缺的要素。迫害與貧困並沒有力量踩滅一種宗教 —— 它們所能做的是，讓信教者的內心更深地信仰它。數世紀的飢餓與壓迫，使愛爾蘭的宗教衝動加深了，這對猶太人來說也是如此。

---

[123]　在《獨立宣言》簽署之後，維吉尼亞州的政治家約翰‧佩齊曾寫信給湯瑪斯‧傑弗遜說：「我們知道，身手敏捷不一定就能贏得比賽，力量強大不一定就能贏得戰爭。難道這一切不都是上帝安排的嗎？」美國獨立戰爭中，美國以弱勝強，打敗了強大的大英帝國。

[124]　保羅：基督徒的使徒，他的生活和教導，記錄在他的書信和《使徒行傳》中。

猶太人在美國受到批評，是因為他們對於自己沒有壟斷的東西多管閒事、妄自尊大。然而，任何國家的暴發戶都同樣如此，他們除了錢包鼓鼓之外一無是處。

　　美國沒有本地的窮猶太人，但值得注意的是，我們最富有的公民並不是猶太人。美國出生的猶太人有足夠多的錢，這個國家窮困潦倒的猶太人來自俄羅斯、保加利亞和羅馬尼亞。而他們的孩子將會有錢可借貸，只要他們不拿去燒掉的話，因為他們具備獨特的德行，能把所有的好東西，都朝自己的方向召集過來。

　　美國是真正的猶太天國，這裡有將近二百萬猶太人，他們的宗教以健康的羅伊克洛夫特方式 [125] 迅速發展。

　　原始基督教徒的衰落，可以追溯到君是坦丁大帝接納它、把它發揚光大之時。繁榮是一種瓦解的方式 —— 就如水果的瓜熟蒂落。事物要取得成功，只有在它們可能衰退的情況下才能取得。每一個偉大宗教的存在，就是為了消亡，並因此滋潤其他宗教。猶太教比每一個對手都更長命，只不過是因為它從未取得過成功。文明社會現正在接納它，自由主義的猶太教，正在快速成為一個普遍性的宗教。事實上，各種宗教的傳教士、傳道士都在教授猶太教的宗旨，即使名義上沒有這樣說。猶太教的末日臨近了 —— 它已經不再是與眾不同的宗教了。

　　西元 1749 年，約翰・沃夫岡・馮・歌德出生於法蘭克福。歌德為我們非常生動地描述了他童年時代記憶中的法蘭克福。他將它描述為城中之城，堡中之堡。然後他告訴我們，在這個圍牆城市，有一個用牆隔起來的大圍場，他認為那是一個非常可怕的地方 —— 這就是隔離區，或猶太人

---

[125]　羅伊克洛夫特是本書作者創辦的社團式企業。

聚居區。

　　有一條「猶太街」，或稱「猶太人的街道」，穿過大圍場。這個地方滿是住房、走廊、小巷、人行道和擠滿孩子的門廊。歌德曾講述，他有時是如何透過聚居區的鐵門，偷偷往裡看的。但身為一個孩子，他從來不敢冒險進入。孩子們都相互轉告，在猶太教堂，是怎樣把人當祭祀品獻祭的，作為證據，亞伯拉罕[126]（Abraham）和以撒[127]（Isaac）的圖片被拿出來證明這一點。在聚居區，有好多人長得和亞伯拉罕一模一樣 —— 天啊！

　　西元1743年，在法蘭克福的猶太人聚居區，邁爾‧阿姆謝爾出生了，他就是後來的邁爾‧阿姆謝爾‧羅斯柴爾德。

　　歌德偷窺聚居區的時候，這個年輕人大約十二歲 —— 歌德六歲。四十年之後兩人見了面，以平等的身分見面。

　　邁爾‧阿姆謝爾的父親是阿姆謝爾‧摩西。他不能自誇有姓，因為猶太人從來都不是合法公民，只是異族人，不能使用姓。若是他們偶爾把姓加上，在位的公爵就會隨時把這個奢侈品剝奪掉，毫不理會他們有什麼感覺。

　　倘若一個人有兩個名，就說「阿姆謝爾‧摩西」吧！它的意思是說，他的名字是「阿姆謝爾」，而他是「摩西」的兒子。邁爾‧阿姆謝爾是阿姆謝爾的兒子。羅斯柴爾德的意思是「紅盾」，這是房子的區別象徵。所有住在這棟房子的人都是「紅盾」。房子有七層樓高，有一段時間裡面住了一百個人。

　　後來，當這個姓廣為人知的時候，所有那棟房子的人都自稱是「羅斯

---

[126]　亞伯拉罕：相傳為希伯來人的始祖。

[127]　以撒：在《舊約》中，指亞伯拉罕之子，被作為祭品獻給上帝。祭獻在最後一刻因神意的干預而被阻止。

柴爾德」。在歌德的時代，法蘭克福猶太人聚居區只有一百六十座房子，卻住著二千三百名猶太人。

歌德說，把猶太人圍在圍牆裡的做法，是為了促進稅收 —— 猶太人有幸被徵收基督徒納稅額的兩倍。有一段時間，納稅二百五十弗羅林[128]的猶太人都無需戴黃帽、在胸前佩帶黃「O」字。

每個地方都有許多私家大院建造圍繞四周的圍牆，而劃分一塊城區給每個民族，將不同的民族分開，這樣的計畫是很自然的選擇，每個地方都是這樣做的。邁爾·阿姆謝爾在成長過程中，從未想過他屬於「特殊的人」，也從未受到被迫害感的煩擾。特殊的人，是那些所做所想和我們不一樣的人。誰很特殊？噢，是別人，就是別人，那些其他人。

阿姆謝爾·摩西要照顧一個大家庭。所有人都充滿活力、身體強壯。摩西律法[129]沒有提到通風這件事，除了這個小小的缺陷之外，它是以家喻戶曉的保健法為基礎的。

有一樣東西，對於猶太孩子體質上的天資，產生了非常大的作用，幾乎彌補了聚居區孩子缺少樹林和田野的不足。這樣東西就是，他們航行在生命之海時，並非只接收到有限的愛，猶太孩子不會把自己的父親稱作「長官大人」，不會把老太太稱作「塞倫女巫」[130]，因為猶太人作為一個民族，對孩子的權利予以全面認可。

而孩子的首要權利，就是被愛的權利。

---

[128] 歐洲國家不同時代所用的金幣或銀幣。

[129] 由摩西所作的希伯來的古代法律，包括在《五經》中。

[130] 塞倫為美國麻薩諸塞州東北部城市。西元 1692 年賽倫鎮有許多青少年接二連三染上怪病，發病者絕大多數為小女孩。由於診斷不出到底罹患何種疾病，一位鎮上的醫生格瑞斯遂宣布他們是著魔、被女巫附身」。當地的法官也相信怪病是超自然力量引起，決定用極端的方武結束這場災厄。於是，不幸染病的人中，有 19 人被吊死在山頭上，有一名男孩被活活碾死，17 人被關進監獄。這就是有名的「西元 1692 年女巫審判事件」。

直到幾年前，在普通的基督教徒家裡，孩子在長大的過程中，感覺總是不斷地被強加給這樣的觀點：他們是篡奪者和闖入者。像「如果我不給你，你從哪裡能找到這些東西吃呢？」這樣的問題到處都能聽到，朝著牙牙學語的嬰兒們開火。經常能聽到「必須」、「應當」這樣的字眼，而沒有教孩子們，服從只是一種特權，而不是一種義務。所有父母都引用所羅門[131]（Solomon）有關棍棒好處的話。大家認為這就是事實：所有的孩子都是執拗、倔強、冥頑不靈的，破壞孩子的意願是非常必要的事情。

　　而猶太人在外面的世界找不到友愛之情，為了找到平衡，便在自己的家庭中增加愛的表達。英國最殘暴的計畫，是將幼年的孩子從父母身邊帶走，把他們放到由虎狼之輩管理的寄宿學校去，猶太人則從來不會這樣做。

　　透過威脅、訓誡和笞杖，對顫動的神經造成的恐懼、壓抑和震驚，已經固定成為基督徒中一整輪的「兒童病」，而無知的我們將此歸於「上帝的意願」。

　　就讓我們說說這個事實吧！那些被送到山邊救濟院的老人們，是咎由自取。而反過來看，那些到了晚年受到以禮相待、體貼、善意和尊敬的人，在年輕時就已播下愛與善意的種子。河水有多深，源泉最重要；有因必有果，有果必有因；害人反害己；作用與反作用是相等的；力量使運動開始，並沿一個方向不確定地繼續前行。愛的法則和潮水的法則一模一樣，有如潮水一般呻吟著、咆哮著，拍擊海岸，席捲整個世界。在惡臭的猶太聚居區出生並長大的一家人，十個孩子都身強體壯、健健康康。你會說，這不可能，可這就是事實，而且也不是什麼稀奇的例外。幸福是最好

---

[131]　所羅門：以色列國王，在位期間，發展貿易，以武力維持其統治，使猶太達到鼎盛，以智慧著稱。所羅門的箴言中有這麼一句話：「不打孩子，就會慣壞孩子。」

的預防藥，沒有什麼能像愛這樣清潔、衛生，即便它還帶著大蒜的味道。

邁爾·阿姆謝爾的父親是一名流動商販——可以把他稱為叫賣小販、猶太叫賣小販。他喜歡做這份工作。他到聚居區外面旅行，總能帶回一些有趣的冒險故事，講給家裡人和來串門的鄰居們聽。

並沒有太多猶太人敢貿然走出聚居區，去招惹侮辱、搶劫和暴力。然而，走出去就是成長的過程。這個人拿安全換取經驗，因此走了出去，成長起來。他顯然知道如何照顧好自己。他勇敢、謙恭、聰明、老練。他賺了錢，而且總是戴著黃帽子，在胸前別著黃 O 字。

「紅盾」通常至少有一名拉比 [132]。阿姆謝爾必須有一名兒子當拉比。小邁爾·阿姆謝爾的父母挑上他，準備讓他到猶太教堂去——他在背誦祈禱詞方面非常聰明，在應答時伶牙俐齒。而且他對於管理熱情高漲，孩子們在寬大、雜亂和神祕的「紅盾」玩希伯來捉迷藏遊戲時，他負責安排全部的遊戲。

父親第一次帶他外出時，小邁爾大約九歲。這是一次奇妙的旅行，他們出去了三天。回來後，男孩向整個猶太街講述他們出去看到的奇妙事物，講故事時稍微有一點添油加醋。

他學到一樣東西，那就是基督徒並非像他以前認為的那樣，酗酒、打架、奸詐和嗜殺——至少，他們並非全是壞人。他們沒有一次被侮辱或騷擾。

他們拜訪了伯爵的那座大房子，或者說是城堡，向僕人們兜售手帕、梳子和珠子，而且碰巧遇到了伯爵本人。伯爵是「紅盾」的主人，伯爵的代理人每個月會過來向每個人收取租金。「伯爵」這個詞乾脆就意味著

---

[132] 拉比即猶太的法學博士。在猶太法律、儀式及傳統方面受過訓練的人，並被任命主持猶太教集會。尤指在猶太教堂中作為主要神職的人員。

「房東」，這個詞甚至在美國還在用，不過美國當然沒有爵爺，只有「惡房東」。

伯爵邀請阿姆謝爾·摩西到藏書室去，參觀他收集的奇妙硬幣，邁爾·阿姆謝爾當然也溜了進去。要描繪這座大院的奇妙，至少也可以寫一本像《摩西五經》[133]（Torah）這麼厚的書——我是這樣認為的！

伯爵有一個兒子，年齡十一歲，快到十二歲了，他的名字是威廉。威廉沒有邁爾那麼高大，不過，小一歲的邁爾沒有威廉那麼成熟，即使到十二歲時也不會有他成熟。

孩子們對於社會階層知之甚少。階層是成人的毛病，是「自我」裡像尿酸一樣的廢棄物的引起的。孩子們相見時，是以平等身分相見的，很自然地做出回應，無須多想是否應該相互友愛。

威廉很快就和邁爾混熟了，他拿起一個大大的、帶斑點的彈球，未說一句話，出於突然的友愛衝動，就將彈球送給了小男孩。伯爵還在向阿姆謝爾展示他的寶貝，而阿姆謝爾自己也是個小小的收藏家，此時兩個男孩溜出門去，威廉帶著邁爾去看馬棚。

「那是幹什麼的？」威廉問，指著緊緊地縫在邁爾夾克胸前的黃色布片。

「這個啊？」邁爾自豪地回答說，「噢，那說明我是個猶太人，我住在聚居區！」

威廉小小地吃了一驚。他看了看這個年輕人，臉色棕黑，身體強壯，非常坦誠地瞪著眼睛。他說：「你不可能是猶太人，因為猶太人會吃小孩的！」

---

[133]《希伯來聖經》最初的五部經典。

「我是猶太人 —— 我父親是猶太人 —— 我們所有的親人都是猶太人 —— 猶太人是上帝的子民！」

小邁爾緩慢而充滿感情地說道。

「上帝的子民？」威廉重複說。

「是的！」

他們看了看馬，邁爾驚奇地盯著牠們。在聚居區沒有馬，只有手推車和獨輪車。威廉患有臀部僵痛病，或是其他的病，因此除非有保姆帶著，或是和他的家庭教師坐在馬車裡，否則他從不離家到城裡去。男孩們回到房裡，而伯爵還在向阿姆謝爾·摩西解釋，所有這些硬幣都是亞述人[134]鑄造的，是手工鑄造的，而不是用沖模切割出來的，就像希臘人一樣。

他們沒有去管男孩們。「我能不能也要一個那樣的東西，別在我的大衣上？」威廉問道，拉著父親的袖口，並指著邁爾夾克上的那個黃布片。

「要一個什麼，兒子？」伯爵很認真地問道。

「一個那樣的黃徽章！」

伯爵看了看邁爾的黃布片，接著不由自主地看了看男孩父親佩帶的那塊徽章。

伯爵漂亮的臉蛋變成了深紅色。他的目光和阿姆謝爾·摩西堅定、果斷的目光相遇了。

他們相互都明白了。除了兩個男孩外，旁邊沒有別人。他們是以平等的身分相見，就像人們在草原或沙漠見面一樣。「這完全是一個錯誤 —— 愚蠢的錯誤，阿姆謝爾。將來有一天，我們會拋棄它的。人就是人！」

---

[134]　亞述為亞洲西部底格里斯河流域北部一帝國和文明古國。西元前 9 世紀至 7 世紀，在它的強盛時期，亞述帝國的疆域從地中海跨越阿拉伯和亞美尼亞地區。

他伸出了手，猶太人緊緊地握住它，兩人都微笑著，這是友誼與理解的微笑。

　　當猶太人和兒子動身離開的時候，伯爵送了小邁爾一個大大的銅便士，並讓他將來再過來和威廉玩。

　　這樣，猶太人阿姆謝爾‧摩西收拾好留在僕人住房的貨物，拉著小邁爾‧阿姆謝爾的手，走出了城堡的院子，沿著蜿蜒的樹林走到大路上。

　　後來，邁爾‧阿姆謝爾接過父親的生意，就像小鳥開始飛向天空一樣。他從販賣小飾品開始，經營珠寶、舊錢幣、古玩和繪畫。他挑選顧客，並知道每個顧客的弱點——為專門的人賣專門的東西。

　　成為一名拉比的想法已經被放棄了——他想要現世的能力，而不是精神上的。金錢對於聰明的猶太人來說，是獨立能力的象徵。很可能有人熱愛金錢本身，不過可以肯定，邁爾並不是這樣。他在使用錢的時候非常大膽——他有著冒險的勇氣。他的追求，是對能力的追求。

　　大約二十歲的時候，他旅行到遙遠的漢諾威去看一名親戚，並在那裡的一家銀行工作了幾個月。他的頭腦就像那些旅行吸收知識的日本人一樣，不浪費時間與錯誤糾纏。

　　回到法蘭克福之後，他將父親的小商店變成一家銀行，在窗戶上堆滿了真正的錢幣。鄰居們看到後都非常高興、非常驚奇。他從漢諾成帶回了一套珍稀錢幣的收藏品。由他父親做起來的生意，逐漸變成了全球性的生意。「紅盾」房成為整個猶太街的一個貿易中心。

　　而與伯爵父子的友誼一直維繫著。他們給邁爾佣金，讓他去買一些錢幣和繪畫。

　　最後他被委託去收「紅盾」的租金。他做得一絲不苟，完成得相當出

色，彙報非常及時。最後他被任命為財產管理人，並把其他一些財產交給他管理。

猶太人前來請求他的意見，基督徒也來諮詢他對借款的看法。

邁爾·阿姆謝爾成了有名的「誠實猶太人」，我們希望，這個頭銜並不反映他是名「信奉同一宗教的人」。有一些人可以獲得享有「誠實的約翰」[135] 頭銜的榮譽 —— 這樣的人少之又少。大家可以回想一下，賭徒的話語，要比他們的合約還更有價值。有一些騎師 —— 你也可以把他們稱作賭徒 —— 他們對於道德準則很少尊重，卻從來不會辜負信任。

邁爾·阿姆謝爾有著出色賭徒的冷靜與勇敢 —— 在生意上他總是隨時支持自己的觀點。他可以花五百泰勒 [136] 買一件珠寶，按他出的價格付錢給賣主，然後不出聲地把寶石拿走，而那些還價者、吹毛求疵者，鼓足勇氣才敢出價一百泰勒。可是有一樣不同 —— 邁爾·阿姆謝爾知道怎樣處理這件珠寶。他腦子裡已經想好了一名顧客。他了解這個顧客，了解這件珠寶，更了解自己的想法。

伯爵越來越依賴「紅盾」的邁爾·阿姆謝爾，並任命他為「宮廷猶太人」，或者說是公國的正式司庫。下任命的同時給予他「行走城市的自由」，而身為自由人 —— 從技術上講，不再是個猶太人了 —— 他有了姓，他選的姓是「羅斯柴爾德」，也就是「紅盾」，邁爾·阿姆謝爾·羅斯柴爾德。

他不用佩帶被蔑視的種族的黃徽章，不過他拒絕離開聚居區。紅盾房是他的出生地 —— 父母在這裡生活、去世，他也將在這裡生活、去世。他還是一個猶太人，認真、熱心地維持「律法」，是主管人，或者說是猶

---

[135]　指「誠實人」、「老實人」。
[136]　德國 15 ～ 19 世紀的銀幣。

太教堂的負責人。

他與萊提幾亞幸福地結婚了 —— 她沒有其他的名字，而他們的孩子以驚人的頻率來到人間。

他和妻子生了五個兒子和五個女兒。紅盾現在是他自己的財產，他買下了這塊不動產 —— 他獲得「行走城市的自由」之後才能做這件事。

這樣我們就發現了邁爾‧阿姆謝爾所處的奇怪處境，他負責監管整座城市的市政事務；而他的兒子們長大成人之後，仍然要帶著黃徽章，在特定的時候被迫留在聚居區裡面，否則就會遭到重罰。

值得指出的是，邁爾‧阿姆謝爾在維持聚居區的律法時，沒有給自己提供比其他猶太人更多的東西，除了他不用佩帶徽章之外。除此之外，他是名猶太人，他的自尊不允許他成為其他東西。然而，他帶著純潔的目的和無私精神為基督教大眾服務，這為他贏得了誠實的名聲，這是他終生享有的榮譽。在他的影響之下，聚居區擴大了，幾條街道拓寬了，還對所有的房子都進行衛生檢查。

他建立了一個義務免費上學的制度，並在聚居區建立藝廊，讓它成為整個地區的教育中心。

當藝廊開放時，歌德來了，並發表祝賀詞。他是紅盾的客人。那之後，羅斯柴爾德回訪歌德，並在威瑪 [137] 和這位偉大的詩人住了幾天，此後他們的關係一直非常友好。

伯爵的兒子成為黑森－卡塞爾伯爵 [138]，後來他成為選帝侯 [139]，也被

---

[137]　德國中部萊比錫西南的一座城市。有關它的記載最早是在西元 975 年，西元 1547 年成為薩克森‧威瑪公爵領地的首府。西元 1775 年歌德到達後，它逐漸發展成為德國最重要的文化中心。

[138]　黑森－卡塞爾，德國中部一地區，從前為大公爵領地。

[139]　有權參加選舉神聖羅馬帝國皇帝的日爾曼王侯。

稱為威廉九世。他熱愛書籍、喜歡收藏錢幣徽章。是一位有著諸多高貴美德的紳士。我只知道，他的官方身分有過一個汙點，這個汙點非常之嚴重，有一段時間給他的政治前程帶來了障礙。在這件事上，羅斯柴爾德是共謀者。

羅斯柴爾德是「宮廷猶太人」，毫無疑問，他參與了所有的細節工作。

美國獨立戰爭期間，威廉九世借了一千二百名士兵給英國的喬治三世，前去和美國殖民地作戰，這些士兵占了他軍隊的相當一部分。這是德國人第一次、也是唯一一次拿起武器與美國人戰鬥。這些黑森人是十分出色、強壯的士兵，若是為了保衛家鄉而戰，他們一定會戰無不勝，可是在美國他們只是半心半意。

這些可憐傢伙的屍骨被撒在紐澤西和賓夕法尼亞。康沃利斯[140]（Charles Cornwallis）將自己的劍遞給華盛頓被拒絕之後，大部分倖存下來的人都定居下來，變成了快樂的「德裔賓州人」。

在雷丁和蘭開斯特有一些可敬的革命之女，她們的憑證就是，她們的祖先曾與華盛頓作戰。事實上，以上提到的「祖先」來自黑森，總督在急需現金的時候把她們賣了，賣的時候按人頭出售，都沒有稱一下重量。不管怎樣，婦女總歸是婦女。

黑森-卡塞爾伯爵借出一千二百名士兵後，從英國政府收到總額為六十萬泰勒的錢；一個泰勒只相當於大約七十五美分，那時一泰勒的價值相當於現在一美元的價值。

這六十萬泰勒是一筆直接的獎金，因為英國政府同意支付黑森士兵和英國士兵一樣多的錢，並在其他方面享受和英國士兵一樣的待遇。

---

[140] 康沃利斯：西元 1738～1805 年，美國革命中指揮北卡羅來納州士兵的英國軍事和政治領導人。西元 1781 年在約克郡投降，象徵著英國的最終失敗。

黑森伯爵後來又提供了總共四千名的第二批士兵，因此獲得二十萬泰勒。

他們向士兵們描繪了燒殺搶劫的動人故事，他們也有著教育方面的優勢，這有點像西元 1913 年招兵海報的風格一樣，這一年的招兵海報，試圖引導和吸引身強力壯的美國青年報名參戰。

當然，普通人對於黑森與英國的這次交易細節一無所知。美國人被描繪為斗膽反抗主人的野人，而且正在殘殺男人、女人和小孩。

而阻止這場屠殺，被認為是為全人類利益而戰的義務。我們就這樣說吧！這些黑森士兵被派到美國去，並非違背他們的意願。

他們以團為單位投票，決定由誰參加保衛英國親戚的戰鬥 —— 所有的軍官都獲得了額外一個月的薪資作為獎金，這無疑更增加了他們的熱情。

這些士兵要戰鬥到戰爭結束，據稱，一年內或是更短時間就可以結束。

錢來得這麼容易，黑森伯爵因此在西元 1794 年，又向英國人提供了第三支四千人的隊伍，這一次是和法國人作戰。

在戰爭時期，販賣人口的條款並不總是能讓別人知道，而這次特別交易的細節卻廣為人知。黑森軍官們不記帳，他們不做紀錄，也不寫信。調查委員會毫無權力。這些生意是由私人信使進行交易的，他們前往倫敦，口頭上就達成了交易，然後再在以後把金幣帶回。聰明的人很少寫信，你又會怎麼做呢？不過，在針線街[141]上發生的事情，無法祕密進行。

英國有一套極好的簿記和官僚制度 —— 有著檢查又複查的制度，查

---

[141]　英格蘭銀行在該街上。

完了又複查，因此從英格蘭銀行偷竊一筆鉅資的行為，到目前為止從未成功過。

英國在這場交易上，並沒有什麼見不得人的地方—— 也就是說，購買人並沒有像出售人那樣壞。它所做的只不過是類似僱傭「破壞罷工者」[142] 的行為。英國政治家們一般把此事當作必要的戰時便利行為，倘若造反的殖民地可以透過僱傭更多的一些士兵鎮壓下去，那麼就僱傭他們啊，當然要這樣。

可是埃德蒙·伯克[143]（Edmund Burke）說不能這樣做！他出乎意料地將此事公諸於眾，並譴責黑森人為「受雇的兇手」。他預言說，美國人不會依從文明戰爭的規則對待這些僱傭兵，而是將「用沾滿鮮血的雙手，迎送他們到好客的墳墓去」—— 這個句子用得非常好，多年以後，湯姆·科文[144] 在提到對墨西哥的征服時，引用了這個句子。

查爾斯·福克斯[145]（Charles James Fox）對此情況也有著類似的觀點。他與伯克使「黑森人」這個詞走到了美國，給它打上深深的烙印，經過一個世紀的使用之後，還未能褪色。

下議院的抗議並不直接管用，但大家懷疑，對於一件大錯事的明智抗議，從來都不會消失在空曠的空氣中。伯克對於實物交易的指責，響徹整個歐洲，並激起了對美國的同情，特別是在法國。班傑明·富蘭克林、

---

[142] 在罷工中，向雇主提供工人或在罷工中工作的人。

[143] 埃德蒙·伯克：西元 1729 ～ 1797 年，愛爾蘭裔的英國政治家和作家，以其演講而著名，他為國會中的美國殖民者辯護，並且發展了政黨責任這一名詞的解釋，在國會中與皇室對立。主要作品《對法國大革命的反思》（*Reflections on the Revolution in France*），表達了他對法國經歷的暴行的反對立場。

[144] 湯姆·科文：西元 1794 ～ 1865 年，美國政治家，曾任俄亥俄州長、美國財政部長、美國駐墨西哥公使，他因反對美國與墨西哥的戰爭，而受到墨西哥大眾的好評。

[145] 查爾斯·福克斯：西元 1749 ～ 1806 年，英國政治家，支持美國獨立和法國大革命。

湯瑪斯‧潘恩和西拉‧迪恩[146]利用這個機會，重複著「受雇的凶手」的話語，並因此幫助我們借到了錢，與所謂的凶手們戰鬥。關於這個「補償法則」，就說到這裡為止。

至於伯爵，在保險箱裡有著一百萬閃亮的金條。他微笑著聳聳肩，平靜地解釋說，那個叛賊喬治‧華盛頓和印第安人一起勾結，正在屠殺美國的所有忠誠的英國國民，派一些好德國人去挽救英國，幫助鎮壓叛亂，這是基督徒的行為。再說，「這不關別人的事，只是他們自己的事。」他認為這樣就解決問題了，但事情並未就此結束。

西元 1808 年，皇帝發布了一條聖諭，大意如下：「鑑於黑森－卡塞爾家族，數年來一直堅持將其屬民出賣於英國皇家。在與吾等毫無關聯之戰爭中拿起武器，並透過該手段積聚了大量不義之財。因而，此等令人憎惡之貪婪，如今帶來了其自身之懲罰。自即日起，黑森－卡塞爾伯爵領地不復存在，併入威斯特法利亞王國[147]。」

我們都聽說過「福無雙至，禍不單行」，選帝侯威廉對此深信不疑。

皇帝大筆一揮就免掉了他的官職，他擁有的錢財被依法扣押，其合法產權須待法庭裁決。

法律訴訟本來會相當漫長、乏味，幸運的是，並未如此。拿破崙帶著他的征服軍正在橫掃歐洲。這位科西嘉人正在接近法蘭克福。謠言說，這座城市將被毀得一乾二淨。拿破崙仇視黑森人 —— 他完全清楚，他們受雇出國與美國作戰。是的！居然還和法國人打仗！

黑森人必須受到懲罰，必須繩之以法！前任黑森-卡塞爾帝選侯現在

---

[146] 西拉‧迪恩：西元 1737 ～ 1789 年，美國外交官，曾勸說法國為美國的獨立革命事業，提供財政和軍事援助。

[147] 德國中西部一歷史地區和前公國，位於萊茵河以東。

只是一個普通公民，但他的紀錄就是他的罪行。有人捎話給他：拿破崙說，抓到他以後要把他絞死。實際上，這根本不可能發生——拿破崙一定私下裡非常羨慕這筆成功的交易，從英國的國庫中拿走這麼一大筆錢。在這一次相同的旅程中，拿破崙在歌德家裡安排了一位警衛，以保護詩人不受到任何傷害。「如果我不是拿破崙，我希望自己是約翰‧沃夫岡‧馮‧歌德。」這位矮個子見到文學之王時坦率地說道，他豎著的帽子沒有拿下來，這樣也對他的原型亞歷山大大帝作了個注腳[148]。歌德送給他一本最新的書。「還缺少一樣東西——你的親筆簽名！」這位忙著征服世界的人說道。歌德作為一名作家已經期待、預料到這事的發生，也如願以償了。

法蘭克福被洗劫一空，但並未被燒毀。金錢、珠寶和可以帶走的財富，這些都是法國人想要的。城堡被當作馬棚。繪畫和雕像或為嬉笑打鬧的士兵們的目標，他們將酒窖搶個精光。傳說中帝選侯擁有的巨大數額的金幣不見了——保險箱是空的。士兵們開始滿院子挖掘尋找寶藏的痕跡，卻什麼也沒發現。帝選侯及其家人都分散了，就像那些傳說中的珍稀寶物一樣，沒有人知道他們去了哪裡！

法國人也來到猶太人聚居區，不過在拿破崙的命令下，士兵們對猶太人並沒有做出什麼嚴重的事。猶太人與政治無關，或者說關係不大。拿破崙帶著一貫的漠然說道：「他們遭受的痛苦夠多了！」拿破崙稱自己為「受壓迫者的保護人」，偶爾也會努力達到自封頭銜的要求。

「紅盾」也有客人到訪，而邁爾‧羅斯柴爾德親自把鑰匙交給軍官。房

---

[148] 來自這樣一則典故：亞歷山大大帝去看望哲學家第歐根尼（Diogenes），後者正在一個木桶裡曬日光浴。皇帝過來問候他，第歐根尼說：「請你不要擋住我的陽光。」這位哲學家連皇帝過來也不買帳。亞歷山大覺得這位哲學家很神奇，深受觸動，便說：「如果我不是亞歷山大，我希望自己是第歐根尼。」

子被搜了一遍，總額達一萬泰勒的現金被拿走了，軍官交給羅斯柴爾德一張這一金額的收據，並向羅斯柴爾德保證，這只是借款。他感謝羅斯柴爾德的熱情接待，他們一起喝了一瓶紅酒後，法國人帶著深深的歉意告辭，因為有緊急要務去辦，臨走前還真誠地跟他握了握手。法國人相信，帝選侯威廉逃走時，將錢一起帶走了。如果說他把錢委託給別人，特別是給一名猶太人，這聽起來似乎太荒唐了。

　　然而這就是事實。威廉扮成一名土木工程師逃走了，他的馬車上裝著一套測量儀器。他所有的錢都轉給了邁爾·阿姆謝爾·羅斯柴爾德。許多傳記作家認為，總額為一百萬至五百萬美元。實際上，似乎是比二百萬少一點點。甚至連一張收據都沒給，因為這樣的收據會導致金子被找到。帝選侯數都沒有數一下，他說：「要是我回不來了，錢是你的 —— 你幫我獲得了這些。要是我回來了，你是個誠實的人，事情就是這樣。」猶太人感動得熱淚盈眶。這一義務，對錢來說充滿了巨大風險，也對他本人也充滿了巨大風險。但要做的事情只有一件 —— 承擔起責任。

　　羅斯柴爾德手裡拿到了這一大筆錢，沒有人對此否認。至於他是如何把錢藏起來不讓法國人發現，有人非常孩子氣地解釋說，他把錢埋在房子花園的後面。可是，首先，聚居區沒有花園。其次，把錢埋在花園裡不會有好的回報，而且不能永遠地留在那裡不被發現。此時，英國正變成猶太人的麥加，因為不管科西嘉人說他如何尊重猶太人，猶太人並不尊重他。他代表戰爭與暴力，而他的士兵通常並不知道主人對猶太人的仁慈。面對不斷向前推進的、因歡慶勝利而痛飲狂醉的部隊，那些銀行、金庫及珠寶商店，很少有機會能倖免於難。

　　許多猶太人，不論貧富都逃往英國。羅斯柴爾德有一些聽從他指揮的特別船隻，他利用它們向同胞們出售通道。甚至在帝選侯的財產到他手裡

之前，他就暗中計劃好運輸之路了。英國那時是歐洲最安全的國家，是唯一沒有受到革命嚴重威脅的國家。另外，它也是唯一有理由不受法國威脅的國家。

羅斯柴爾德將自己所有閒散現金轉移到倫敦，對於英國的信任被證明是正確的。而他頭腦裡想的目標是，將帝選侯威廉的財寶轉移到英國去。但是怎麼轉移啊！你可以派一些武裝警衛送財寶過去，不過這樣的話，便是在為自己的所作所為打廣告，招搖過市並引來襲擊。或者，也可以把錢分開，放到貧窮的旅行者那裡，然後在不同的時期派人出去，這樣就可以減少風險。羅斯柴爾德已經在委託猶太人——貧窮的猶太人——把錢轉移到倫敦。而現在他挑好了移民，並信任他們。

他是個誠實的人——「誠實的猶太人」這個頭銜是他的神聖權利。為他服務被看成是一種稀罕的特權。而此時，幾乎每一個逃往倫敦、追求自由的大家庭的母親，都在她寬厚的腰上綁一條金子。她和她的家人一到倫敦，金子就會交給邁爾·羅斯柴爾德的兒子南森·羅斯柴爾德，南森已經在倫敦以一名銀行家的身分定居下來。

羅斯柴爾德信任窮人和底層的人，而這樣做，就我們所知，他的信任從未放錯地方。猶太人根本不知道他們帶的錢是誰的，更不知道有數百個其他猶太人，也以同一方式獲得信任。他們所知道的只是，邁爾·阿姆謝爾找上他們，請他們幫個忙，身為朋友，幫他帶這塊金條，交給他在英國的、親愛的兒子南森。當然，羅斯柴爾德的信任並未放錯地方。幾年之後，全歐洲都用羅斯柴爾德運輸財寶的方式分散運東西。也就是說，一百個貧窮的猶太人在不同的時間把東西運過去，然後運的東西加在一起就是財寶。誠實的人可以安全地信任別人——通常，誠實的人和惡棍打交道也是安全的。這是一個非常有效的精神法則——這一點，可以去問問

班‧林賽[149]（Ben B‧Lindsey）！

就這樣，原本來自英國的財產，找到了返回英國的路。它被存在不同的銀行和銀行家那裡，是羅斯柴爾德家族的個人信貸，收百分之五的利息。

與此同時，邁爾‧阿姆謝爾留在法蘭克福，住在「紅盾」，料理他父親曾經營過的小店。他抽著大煙管，微笑著，參加祈禱，然後等待著。當法國士兵將他的保險箱都掏空時，他嘆了口氣，聳了聳肩說道：「這是上帝的意願 —— 他因愛你而懲戒你。頌揚上帝之名。」又繼續等待著。

羅斯柴爾德把孩子們帶大的過程中，教會他們節約時間和金錢，更教會他們發揮出自己的作用。

他們所有人在童年的時候，就開始在那間小銀行當職員和助手 —— 包括女孩們。

他們是天生的銀行家，又經過後天的教育。這個家族的金融本能非常強，連三個女孩都嫁給了後來成為銀行家的丈夫。很可能是在婚姻的影響之下，被引導著走向了金融之路。因此，他們很自然被吸收到羅斯柴爾德大家族之中。為了推進伯爵的生意，羅斯柴爾德派他第三個兒子南森到漢諾威設立一家銀行，伯爵在那裡有相當多的財產。南森這個男孩是家族中的金融天才，是五個男孩當中唯一在創新方面超過父親的。這樣說有點過分，因為其他四個男孩也非常優秀、非常能幹。阿姆謝爾，最大的男孩，接過父親的工作，成為法蘭克福銀行的負責人；所羅門管理維也納的支行；南森在漢諾威設立支行，並將它移交給妹夫，然後去了倫敦；卡爾在巴黎

---

[149] 班‧林賽：西元 1869～1943 年，美國法官和社會改革家。在科羅拉多州的丹佛，他創建並擔任美國首屆青少年法庭的庭長。

做得不錯；而詹姆斯則待在那不勒斯[150]和羅馬。除了這六家主要的銀行之外，羅斯柴爾德家族還在四十多個不同的歐洲城市設立代理處。

帝選侯威廉於西元 1806 年將錢移交給羅斯柴爾德，之後他躲藏了四年。法國人因他把軍隊賣給英國人、與法國人作戰而懸賞他的人頭。他沒有和羅斯柴爾德連繫 —— 因為擔心會連累他。

然後，看啊！就像晴空中的一道霹靂，傳來了拿破崙的赦免命令，「赦免所有被指控的罪行」，並為黑森—卡塞爾家族官復原職。這整個程序完全是拿破崙式的。這位科西嘉人既殺人也親吻人，要看他處於什麼樣的情緒之中。拿破崙憎恨免除伯爵職位的腓特烈二世（Friedrich II），作為對這個皇帝的侮辱或是譴責，他尋找這個人的敵人，並提升他們的地位。

威廉不再躲藏，回到法蘭克福，人們張開手臂歡迎他回來。他找到了羅斯柴爾德，他就在猶太人聚居區的猶太街上的辦公室。銀行家非常有禮貌地接待了他，但沒有帶什麼感情。

「我的錢 —— 我的財寶，邁爾·阿姆謝爾，法國人從你那裡奪走了，我知道。」威廉說。「別跟我說那些細節了，我來找你，只是想借錢 —— 你不要拒絕我 —— 我們還是男孩時就在一起，邁爾·阿姆謝爾，我們還是男孩時就是好朋友。我愛你。命運狠狠地痛擊了我，不過現在我的頭銜回來了，我必須從頭收拾破碎的家園。借錢 —— 你不會拒絕我吧？」銀行家輕輕地咳了一聲，微笑著回答，「我很遺憾，現在我沒有錢借給你，但你存放在我這裡的資金是安全的。你現在只需要這麼一點點現款，我能幫你做的是，在倫敦把錢兌給你。我一直在等著你回來，這是時間表。本金加上百分之五的利息，我現在欠你兩百萬泰勒多一點點。我兒子南森在

---

[150] 義大利西南部港市。

倫敦，他把錢放在由你支配的支票上。」

　　威廉凝視著他，大吃一驚，緊緊地抓住小窗戶的欄杆讓自己站穩，禁不住老淚縱橫。

　　他被帶到房子的居住區，萊提幾亞送來茶和清潔可食的猶太食品給他。威廉冷靜下來後宣布：「邁爾，我永遠都不會再碰本金。不管怎麼說，我不知道拿它們做什麼。支付百分之二的利息給我，這就是我的全部要求。」一切都按照威廉的要求安排了。值得讚揚的是，可以說，這些錢他後來用得既明智又出色：他為了國家的經濟發展及思維發展，做了許多工作。

　　邁爾‧阿姆謝爾死於西元1812年，享年六十九歲。早在他去世之前，他已經在孩子們的頭腦中，培養了忠於家族利益的智慧。「一家銀行可能會倒閉，可若有五家相互忠誠的銀行，分布在不同的國家，就永遠不會倒閉。」他說道。南森憑藉神聖的權利，成為公司的負責人。在遇到疑問時，所有人都請他拿主意。

　　南森‧羅斯柴爾德做了一件值得稱道的金融創舉，使羅斯柴爾德家族的地位發生了根本性的提高，遠離了競爭。

　　那是在西元1815年春天。拿破崙被流放到厄爾巴島[151]，後又回來了，就像一位征服四方的英雄。他富有魔力的名字輾平了面前的種種阻撓，就像太陽驅散烏雲一樣。歐洲重新陷入恐懼的混亂之中！

　　拿破崙是否會像以前一樣做事——把城市踐踏在那粗暴的腳下，然後將人民和土地分給他的親信？

---

[151]　義大利的一個島嶼，位於第勒尼安海，在義大利半島和科西嘉島之間，拿破崙‧波拿巴的第一次放逐地。

整個英國人心惶惶，「這一次，英國不會不受懲罰而逃脫了。」這位科西嘉人宣布。

商業完全癱瘓了。銀行不願借出一分錢；許多銀行倒閉，拒絕支付儲戶的支票。有錢的人都在貯藏錢。英國試圖籌集資金加強國防，裝備更好的作戰武器給軍隊，卻根本籌不到錢。國債貶值到六五折，而新一輪的百分之七利息的國債，只有一點點人購買。

這就是西元 1815 年 6 月 1 日的形勢。盟軍的部隊加緊調兵遣將，準備做最後的戰鬥。還有一些人聲稱，要是拿破崙走出來，走到這支軍隊的某些師面前，穿著他那小下士的制服，不用帶武器，只要稱呼士兵為「兄弟們」，他們就會扔下武器，高喊「快來指揮我們吧！」

南森·羅斯柴爾德此時在倫敦，他制定一項計畫。對他來說，想到就要做到。已經沒有時間與兄弟和母親商量了，就像以往遇到重大事項時所做的那樣。他把出納員叫過來，下了迅速而決定性的命令給他：「我馬上要到大陸去。我去看看拿破崙的垮臺——或是他的勝利。如果拿破崙垮臺了，我會寄一張裝在信封裡的白紙過來，寄給我自己。若你收到這個，就快買英國國債，但要派十幾個不同的人買，這樣才不會驚動市場。我們有一百萬鎊英國金幣，把所有的錢花掉。如果有必要，以高於標準價百分之五的價格買。」

他騎著馬走了。一路上每隔四十英里就留下一個人，帶著一匹強壯而快速的馬，從倫敦到多佛[152]，再從加來[153]到布魯塞爾。一艘快速行駛的快艇在加來等著，倘若拿到一封發給南森·羅斯柴爾德的特殊信後，船長能在四小時之內橫跨海峽，將拿到一百幾尼的報酬。假使騎手能在不到四

---

[152]　英國東南部的港口。
[153]　法國北部的一座城市，位於多佛海峽，與英格蘭多佛相對。

小時跑完四十英里的話，也會有十分豐厚的報酬。

羅斯柴爾德看著六月十七日的夜晚慢慢過去，不安地在布魯塞爾的前哨地繞圈圈。

他看到了滑鐵盧戰爭 —— 或者說，看到了清楚可見的瘋狂混亂。他看到法國士兵們往前衝進那條開闊的壕溝，看到了「老近衛軍」[154] 的最後一戰。

拿破崙是否被打敗了，誰也不敢說。「他明天又會帶著援軍回來的。」許多人說。南森‧羅斯柴爾德則不這樣想。

夜幕降臨時，他把馬鞍的帶子再扣緊了兩個孔，扔掉手槍、大衣和帽子，然後騎馬離開，急促而輕快地拍馬前行。走了兩英里之後，加速變成了急速飛馳。他了解他的馬 —— 只要五分鐘就可以跑完一英里。他在五小時內跑了六十英里，用了三匹馬。他把鞍囊扔給信使，信使沒有問任何問題，跳上馬，衝進夜色中消失了。羅斯柴爾德的人收到消息的時間，要比正常的郵件快了二十四小時。

當倫敦得知威靈頓 [155]（The Duke of Wellington）贏得戰爭的消息時，羅斯柴爾德銀行已經沒有現金了，但它的保險箱裡塞滿了英國債券。

南森‧羅斯柴爾德悠閒地回到了倫敦。返回倫敦之後，他發現自己更富有了，比他騎馬離開時多了超過五十萬英鎊的錢。

西元 1822 年，奧地利皇帝授予邁爾‧阿姆謝爾‧羅斯柴爾德的兒子們男爵的爵位。

這是歷史上第一次、也是唯一的一次，五兄弟同時被授予這樣的榮譽。

---

[154]　拿破崙的御林軍。

[155]　威靈頓：英國將軍和政治家。在半島戰爭中任英軍指揮官，在滑鐵盧戰役中打敗拿破崙，從而結束了拿破崙戰爭。

某些喜歡譏諷的人指出，事實上，這個批發式的授勛，是在羅斯柴爾德銀行剛剛向皇帝陛下發放一筆相當大額、風險極大的借貸之後做出的。這樣說不切題、不合理，與此事本身毫無關聯。整整半個世紀，羅斯柴爾德銀行和它的分支機構，對於歐洲的錢袋掌握了「芝麻開門」般的祕訣。

　　需要借錢的國家向羅斯柴爾德家族提出申請。羅斯柴爾德家族不會借款給他們 —— 他們只是關照借款的細節，向出借人擔保，不會收不到利息。他們遍布各地的代理處和投資者保持著密切連繫。

　　貴族們非常膽怯 —— 他們喜歡把辛苦賺得的錢，投資在管轄範圍之外的地方 —— 誰知道會發生什麼事！

　　羅斯柴爾德家族不會輕易貸款，除非他們能夠確保財產沒有被抵押。除此之外，到處都在謠傳他們獲得了「約翰牛」[156] 的支持，而且「約翰牛」是一個關係密切的收藏人。

　　羅斯柴爾德家族使政府債券變得廣受歡迎 —— 在此之前，國王大部分是透過強徵來獲取現金的。

　　羅斯柴爾德家族對於他們的服務，只收取非常低額的費用 —— 低得有點荒唐 —— 只有百分之一的十六分之一，或者大約這個數額。

　　可以有把握地說，世界上只有一個政府，沒有在西元 1815 ～ 1870 年之間的某個時間，帶著「意圖」向羅斯柴爾德家族獻股勤。

　　美國從未完全忘記、或者原諒黑森事件，山姆大叔從未請羅斯柴爾德家族幫過忙。

　　羅斯柴爾德家族出了四代非常能幹的人。這打破了「富不過三代」的

---

[156] 指英國或英國人。蘇格蘭醫生及作家阿巴思諾特（John Arbuthnot）在西元 1712 年寫了一本《約翰牛傳》，主張英、法和平相處。書中主角的名字就叫做約翰牛，作者用他來代表英國。從此以後，約翰牛成了英國和典型英國人的代名詞。

紀錄，可是最終只超過紀錄一代。羅斯柴爾德家族在法蘭克福的銀行於西元 1910 年解體，倫敦的公司則繼續營運。有人跟我說，羅斯柴爾德家族雖然從歷史的角度上講，依然是個有趣的現象，卻不再被當作有世界影響的實體了。

　　萊提幾亞，十個孩子的母親，我在這裡只能以有限的篇幅寫她，不過她值得以更多的文字來描繪。有一些人說，她是羅斯柴爾德銀行的真正創立者。她去世時正好一百歲，是在「紅盾」離開人世的，她在這裡結婚，生下所有的孩子。

　　她在拿破崙垮臺後活了整整四十年。對她那些王侯般的兒子們，她充滿著極大的、值得理解的自豪。

　　政治和世界問題總是使她感興趣。直到最後一刻，她一直神志清楚、判斷正確、幸福而快樂。

第五章
菲力浦·D·阿木爾

　　菲力浦·D·阿木爾（Philip D·Armour，西元 1832 ～ 1901 年），美國實業家。在肉類加工業頗有影響，被譽為「食品包裝業之父」。二十四歲時，從淘金熱中脫身回到家鄉，懷揣數千美元，投身到肉類加工業。美國內戰近結束時期，他賺得近二百萬美元。阿木爾探索冷藏車廂運輸肉類的方式，取得了巨大的成功。

　　除就地屠宰生豬以節省運費之外，他還將豬廢料用於製造膠水、肥皂、肥料等產品。阿木爾還幫助整頓糧食及肉類市場秩序，於西元 1879 年解除了豬肉賣空浪潮的危機，並阻止了西元 1897 ～ 1898 年的小麥壟斷行為。他耗費鉅資為工人建造低廉住房，建立了阿木爾技術學院及一所預備科學院。

每個人都可以降價，但要生產出更好的商品則須大費腦筋。

—— 菲力浦・D・阿木爾

西元 1832 年 5 月 16 日，菲力浦・D・阿木爾出生於紐約州的斯托克布里奇小村莊，西元 1901 年在芝加哥去世。他父親擁有的農莊正好在麥迪森縣和奧奈達縣[157]的縣界線上。男孩們經常在路上畫一條線，向麥迪森的男孩提出挑戰，挑戰他們敢不敢跨進奧奈達縣。

阿木爾家的農莊挨著著名的奧奈達公社，它是文明史上嘗試過的、最著名的社會實踐之一。不過，阿木爾一家也組成了自己的小「公社」，並且從未想過放棄家庭生活、去追求群居生活。

即使如此，丹福斯・阿木爾對於約翰・漢弗雷・諾伊斯[158]（John Humphrey Noyes）還是滿懷敬意。不過他見解深刻，知道只要過一代人，就會結束這個試驗。因為年輕人最終會放棄這種與眾不同的生活方式，然後像有史以來的青年男女那樣，成雙成對地生活[159]。「奧奈達適合那些夢想尚未實現的人 —— 而我心願已償。」他說。

斯托克布里奇的阿木爾家族，從家譜上可追溯到埃爾[160]的瓊・阿木爾，她是博比・伯恩斯[161]（Robert Burns）心愛的人。她的褐色皮膚如漿果一般圓潤，面若桃花，芳年二十，甜美可愛，青春活潑。

菲力浦的父親叫丹福斯・阿木爾，祖父叫詹姆斯・阿木爾。詹姆斯是

---

[157] 位於紐約州中部。

[158] 約翰・漢弗雷・諾伊斯：西元 1811 ～ 1886 年，美國宗教領袖，根據其至善主義和公社生活的信念，西元 1848 年在奧奈達建立了一個試驗性的社團。

[159] 奧奈達公社實行群婚制，與普通的婚姻制度不同。

[160] 埃爾：蘇格蘭西南部地區，為一旅遊勝地和漁港。

[161] 指勞勃・伯恩斯，「博比」為「勞勃」的暱稱，伯恩斯為著名蘇格蘭詩人。他用方言寫成的、充滿幽默感的歌謠，歌頌了愛情、愛國主義和樸實的生活。

從北愛爾蘭移民過來的清教徒，他定居於康乃狄克州。蘇格蘭人與愛爾蘭人的優點得到充分發揮，並與新英格蘭人的天性進行了有機的結合。他勇於面對困難、勤儉節約、信仰堅定。他的祖父曾與奧利弗‧克倫威爾（Oliver Cromwell）並肩作戰，並與這位勇敢的英雄齊唱「天國之歌」進入戰場。他是個天生的公理會教友。我這裡不需要解釋，對自由的熱愛是如何在公理會成型的，這種教會體制不需要教宗，不需要主教，一個教區不需要聽從別的教區的命令或指揮。每一個教區本身是完整的，或者說被認為是完整的。

對自由的熱愛，是從詹姆斯‧阿木爾那裡直接遺傳下來的。他傳給丹福斯‧阿木爾，再傳給菲力浦‧丹福斯‧阿木爾。所有這些人對於祖先都有著非常堅定的自豪感，同時還滿懷謙遜。他們經常重申，「噢，家譜沒什麼的 —— 全都在男人身上。你做了什麼，或者你沒做什麼。縫妳們的被子去，女孩們 —— 縫妳們的被子去！」

命運垂青於丹福斯，他愛上了南茜‧布魯克斯。美國第一批女教師是在康乃狄克州出現的。布魯克斯小姐是一名女教師，是一位農夫的女兒，丹福斯‧阿木爾在她家當雇工。

丹福斯有時喜歡吹吹牛，說他的祖先曾經和奧利弗‧克倫威爾是鄰居，那時，也只有那時，英國是一個共和國[162]。

布魯克斯小姐不喜歡這些話，並盯著他的紅頭髮，直截了當地告訴了他。布魯克斯家族也是蘇格蘭人，但他們站在王室的一邊作戰。他們從來不當叛亂分子 —— 他們忠於國王 —— 絕對是這樣！

這樣，有兩類蘇格蘭人 —— 正與邪 —— 高地人與低地人 —— 貴族

---

[162] 克倫威爾及其兒子之後，英國又回到了君主統治時期。

與農民。布魯克斯很「神」，她成功地說服了這位長著雀斑、棕紅頭髮的年輕人，他是叛亂分子的後代，而叛亂分子的統治是短暫的 ── 閣下，像女人的愛一樣轉瞬即逝。

之後，他們就女人的愛是否短暫爭辯起來。

此時，他們進入了危險的境地。大自然是個魔術師，它張開了大網，用它習慣用的綠色枝條，將這位高地女孩和低地年輕人捆在一起。這樣，他們在一位公理會「牧師」的主持下結了婚，並動身前往西部度蜜月，從此邁向了名利之路。

「西部」那時指的是紐約州，「遠西」則是俄亥俄州。他們抵達紐約州的奧奈達縣後，停下來休息，打算過幾天繼續往邊疆推進。這個地方非常美麗，位置優越。他們借宿在一個農夫家裡，這位精力充沛的農夫想把東西都賣光。

當晚，這對年輕夫婦商量了一整夜。他們有數千美元的積蓄，縫在一條腰帶和胸衣裡。他們把錢取出來，重新數了一遍。次日早上，他們告訴房東自己有多少錢，並提出把所有的錢給他，購買他的農莊。他得把一對公牛、一頭奶牛、一頭豬和六頭羊留給他們。

他接受了出價，錢款付清、簽好了轉讓合約後，這個人就離開了，把農莊留給了這對新婚燕爾的伉儷。

在這裡，他們生活了一輩子；在這裡辛勤耕耘、精打細算、熱切憧憬、繁榮昌盛；在這裡生兒育女；在下面那個小小的村莊墓地裡，肩並肩一起長眠。生前從未分開，死後永遠相伴。

赫伯特・史賓賽[163]（Herbert Spencer）說：「教育中首先必不可少的一

---

[163]　赫伯特・史賓賽：西元 1820 ～ 1903 年，英國哲學家，他試圖在其系列論著《合成哲學》中，

點是，人應該成為善良的動物。」

菲力浦・D・阿木爾滿足了這項要求。

他天生精力充沛，充滿力量，為他那活躍好動的頭腦提供了足夠的能量，並為自己製造了一臺長期運行的能量發動機，運行了六十九年 —— 要是最後的歲月能多一點關照，本來可以運行九十年也不會過熱。

他過去常說：「如果由希臘的哲學家和遺傳學專家幫我挑選祖先，他們無法做到更好。我想像不到有比我母親更好的女人，我的童年是完美的，上帝並沒有忽視我。」

這個幸福、健康、活力充沛的人說，自己的父親和童年的環境是「完美的」，他說得真不錯。

這一家人有六個男孩、三個女孩，在美麗的山腰農莊裡長大。陽光照耀著大地，農莊風景如畫，寧靜安詳，明媚可愛。在小溪對面有一百英畝的低窪地，在丹福斯・阿木爾的精心耕耘之下，總能笑迎豐收。然而，銷售剩餘產品的市場太遠了，因此奢侈與悠閒根本不可能。

不過幹活也並不是件苦差事。樹林、山坡、歡快奔騰的小溪、鋸木廠與磨粉廠、穿越草地的小徑、寬闊的大路、奇妙的四季美景、低矮的糖槭樹叢[164]、不羈地把小橋衝垮的洪水；從腐木南面的積雪下偷偷露出小臉的、那春天第一枝綻放的花朵、競相吐綠的樹木、晶瑩雪白、開滿山坡的野櫻桃花和山楂花、男孩們可以捕魚的週六之夜、古老的游泳潭、小傢伙們洗澡的小溪流、低窪地裡茁壯成長的莊稼、神奇的蜂樹[165]和野花蜜、月光下的獵浣熊、鹽鹼旁的尋鹿、翠綠玉米地的笨熊、豐收季節、

將進化論運用於哲學及倫理學。

[164] 糖槭，製作槭糖漿或槭糖的原料。
[165] 類似於椴樹的一種樹。其花具有豐富的花蜜，特別吸引蜜蜂。

宰豬盛宴、南瓜上結的白霜、堆成垛的草料、空曠地裡疾行的野火雞、奮興會 [166]、拼字比賽、校園辯論、斯托克布里奇木房子的學校、建穀倉會 [167]、新穀倉裡的舞會、縫被子比賽、待宰的公牛、可騎的小馬、蘋果醬、軟肥皂、鹽漬豬腿、煙燻火腿、臘肥肉、帶殼的胡桃、穀倉門上掛著的浣熊皮、冬天和那第一場雪、需要上油的靴子、待修的馬鞍、大木頭堆、山核桃、蘋果酒、一些書，還有所有那些鄉村生活中奇妙而迷人的其他東西，帶給男孩女孩們無窮無盡的快樂。他們的誕生之地，雨滴唱著歌，歡快地敲打著屋頂。而到了晚上，慈愛母親的雙手會將他們擁入那溫暖親切的臂彎！

這位母親替世界養育了六個兒子，其中五個長成了受人尊敬的人。並證明自己是能幹之人。其中一個女孩，瑪麗埃塔，是一名有著非凡個性的婦女，就像菲力浦‧阿木爾本人一樣，非同一般地勇敢。

這位母親從未僱傭過女僕、洗衣婦或是鞋匠。指甲師和美容師那時還在醞釀階段，還沒有人料到將來會有這些職業。

每週日，阿木爾一家大小坐滿馬車，前去斯托克布里奇的公理會教堂。讓我們想像一下，但願馬車是黃色的，馬是灰色的。

請不要想像這樣一個家庭是寂寞的。有持續不斷的事要做；白天的任務排得滿滿的，伴隨著夜晚到來的、值得感恩的休憩。沒有時間發脾氣或生悶氣，也沒有空閒反省你的品德。沒有哪一條思路，會吸引到足夠的注意，打亂事物的平衡。忙得「忘記一切」，這是非常幸運的。假使孩子能在玩樂與責任、工作與自由、愛與管教的快樂結合中成長，可以肯定，上帝沒有忽視這個孩子。

---

[166] 一種宗教氣氛極濃的信仰復興集會。
[167] 社區成員幫助建造新穀倉的社交活動。

「教育的問題」只對那些聰明絕頂、超級偉大的人來說才是問題。對普通人而言，不成問題。只有我們對之操心不已的事情，它們才變得複雜。

因此，教育孩子的最佳祕訣是：教育你自己。

菲力浦十九歲的時候，家裡顯得太擁擠了。

更小的弟弟們都慢慢長大，能幹活了，而少一個的話，「少一個搶飯吃。」他對母親說。加利福尼亞的金礦正在殷勤地向他呼喚。母親非常明智、慈愛，她不會讓兒子逃跑 —— 如果他要走的話，必須帶著她的祝福一起走，她湊齊了一百美元的現金給他。帶著這些錢，背上包，菲力浦開始步行，前往黃金之國。總共有四個人一起走，都來自奧奈達縣。

他徒步一直往前走，經過六個月的旅行之後，按時抵達了。菲力浦是同伴當中，唯一沒有生病或累倒的。其中一人死了，另外兩人調頭回去，只有菲力浦 —— 直跋涉向前。接近金礦區的時候，同行的隊伍似乎越來越壯大。

抵達加州之後，這位非常有判斷力的鄉下男孩明白，採礦是一種賭博。少數人變得富有，更多的是貧困潦倒的人。大多數賺到一點錢的人，都花在找尋更大的礦藏上，很快又變得身無分文。他決定，除了自己的能力之外，他不想在任何事情上賭博。他沒有去開採金礦，而是開始幫擁有礦產但沒有水的人挖掘水溝。

挖掘水溝完全是力氣活，沒有興奮、機會或者魔力。你預先知道你能賺到多少錢。菲力浦身體強壯，又有耐力；他可以從日出做到日落。

他一天能賺五美元。接著他簽下了挖掘水溝的合約，有時一天能賺十美元。有一些「破產」的傢伙希望借錢，他給他們工作，讓他們幹活，幹

活賺了多少錢就給多少錢，不會多給一分半毛，這完全是數學的問題。五年之後，菲力浦‧阿木爾存下了八千美元，足夠購買奧奈達最好的農莊了，這就是他想要的東西。那邊有一個女孩曾嘲笑他，刺激他離開家鄉發財致富。他們離開時發生了爭吵 —— 她就這樣把他打發了。

其實，還有一個人捲入其中，但菲力浦太天真了，並不知情。紐約州寧靜的山坡引誘著他，向他招手致意。他回應了這個呼喚，準備動身回家。回家只花了去程一半的時間，他終於到家了。可是，哎呀，山坡變小了。曾經穿過斯托克布里奇的大河變成了一條小溪。

而那個女孩 —— 那個女孩和另外一個人結婚了 —— 一位有錢的馬醫。菲力浦去拜訪她，她臉色蠟黃，疲憊不堪，生了兩個漂亮的嬰兒。她很高興見到老朋友菲力浦，但對她來說，過去就像現在一樣死了，在她的握手中感覺不到任何激動。她曾經到處尋找他的音訊；不久之後，菲力浦的悲傷讓步於感激，感激她和那位馬醫結婚了。

他把祝福送給他們。然後菲力浦開始到處尋找農莊 —— 有幾個農莊在出售，不過沒有一個適合他的。

在從加州返回的路上，他途經五大湖區，在密爾瓦基逗留了兩天。這是一座相當不錯的城市 —— 一個發展中的地方，西部的大門，而且是個市場，船隻在這裡滿載後駛往東部。

密爾瓦基有一個競爭對手 —— 芝加哥，在南邊八十五英里處。

然而，芝加哥位於低矮、平坦的沼澤地。當然，它一直是一座城市，因為它是航行的終點，但密爾瓦基向那些前往西部的人提供食物和原料。因此菲力浦‧阿木爾去了密爾瓦基，決定到那裡去試一下自己在貿易方面的運氣。他獲得了機會，於西元 1850 年 3 月 1 日和佛瑞德‧B‧邁爾斯合

夥，投身於產品及委託貿易的生意之中。每個人投資了五百美元，生意很快興旺起來。肉用鹽醃好、燻好，然後把它們帶到城裡，同時還把毛皮、獸皮和一袋一袋的麥子帶過去。

所有前往西部而流入密爾瓦基的人潮，都買鹽漬或煙燻的肉，這些肉便於貯存，並且可以隨時帶在身邊。

這些肉都是冬天包裝的。最大的包裝商是約翰·普蘭金頓，他是名成功的商人。約翰慧眼識人，他讓菲力浦·阿木爾當他的次要合夥人，設立了名稱為「普蘭金頓和阿木爾」的公司。之後，生意扶搖直上。他們每天凌晨四點鐘就到工廠，他們發現了如何使一頭豬生產出四條火腿的辦法。由於士兵需要火腿和桶裝豬肉，因此很快就有更多的豬肉上市。戰爭結束之後，新公司變得更強大，滿是醃豬肉的訂單，以戰時的價格預售。他們完成了訂單，成本要低得多，財務收入方面令人滿意。

他們的猜測是對的，他們開始興旺發達起來。

同時，芝加哥市發展得比密爾瓦基更快。芝加哥南部有著非常富裕的鄉村，西部也有，這些是菲力浦·阿木爾以前沒有想到的。

芝加哥在鹽漬肉和鹹牛肉方面，有著比密爾瓦基更好的市場，因為在那裡，有更多的船滿載待發，而且有更多的移民登陸，準備前去認購政府的土地。

阿木爾的一位兄弟，喬，在芝加哥做包裝商。另一個兄弟 H·O 在那邊做委託貿易生意。喬的身體看來非常糟糕，因此西元 1870 年，菲力浦·阿木爾來到芝加哥，阿木爾公司很快就成立了 —— H·O·阿木爾來到紐約，料理東部的貿易和財務。那時，分公司還默默無聞，包裝產品由批發商處理。

菲力浦‧丹福斯‧阿木爾是食品包裝業之父。包裝廠的業務是收集美國的食物產品，然後分銷到全世界。

　　我們在這裡說一個事實，自從西元前 450 年，希羅多德（Herodotus）削尖筆頭、開始寫作歷史之後到現在，世界的吃飯問題已經好多了。就食物而言，危險在於過度消費，而不在於缺乏。

　　阿木爾公司的業務是向生產者購買產品，然後分銷給顧客。因此阿木爾公司必須使兩類人滿意 ── 生產者和消費者。他得公平地對待他們，而這兩類人都完全有權利發牢騷。

　　被迫購物的買家通常是一個抱怨者，他們向賣方發牢騷，是因為賣方離得近，就像有人踢到了貓，然後拿妻子出氣，或者母親責備孩子一樣。

　　對農夫們，阿木爾經常告訴他們一個絕對的真相，「你們生產的東西，現在可以賣到更高的價格，不過在我出現之前，價格要低得多；而且你們能準時拿到錢，不需要爭價或質問，我為你們提供了一個立即兌現的市場。」

　　對消費者，他說：「我提供的產品非常正規，價格和品質都比你們當地的屠戶更有優勢，我的利潤來自以前被人扔掉的東西。至於衛生，去你村裡的屠宰場看看，然後過來看看我是怎樣做的！」

　　厄普頓‧辛克萊 [168]（Upton Sinclair）在談到帕金鎮及魔鬼老闆時，在兩大點上發揮了作用。這兩點是：首先，魔鬼老闆僱傭人們，付錢給他們宰殺動物。其次，這些被殺死的動物，被魔鬼老闆及其手下分銷掉，動物屍體被男人、女人和孩子們吃掉。這是個令人噁心的真相。甚至觸動了一

---

[168]　厄普頓‧辛克萊：西元 1878 ～ 1968 年，美國作家及改革家，他在小說《屠場》（*The Jungle*）裡仔細地描寫肉食品加工廠的骯髒環境，從而促使狄奧多‧羅斯福（Theodore Roosevelt）總統進行改革，簽署了《純淨食品及藥物管理法》和《肉類檢查法》兩部重要法案。

個總統的神經，而這名總統是世界上殺戮最厲害的人，他在美國找不到足夠多的東西可殺，就跑到非洲去殺戮[169]。

「你們以死者為食。」戴著黃色頭巾的東方學者責備美國人，美國人剛剛要了一份火腿三明治。「而你們以活者為食。」美國人說道，並把一個小小的手持顯微鏡交給學者，請他看看正吃著的乾無花果餐。學者透過顯微鏡看了看無花果，看到它們蓋滿了爬行、擺動、蠕動的活生生的生命！這個從東方來的人把顯微鏡扔到窗戶外，然後說道：「現在這些無花果上沒有蟲子了。」

如果我們看得太近，就容易反感。若將視線集中於生活中某一種功能時，整個事情都會變得令人噁心，當我們思考別人生存的細節時，尤其這樣。

當然，就我們自己個人而言，我們的思想和行動都是美好的、健康的，但是說到別人時，就會用噢，啊，呸，喲，哎唷，或者帶有那個意思的其他詞來形容！

關於村裡的屠宰場，阿木爾說得很中肯。要是有劣質肉，那便是從這些祕密的地方生產出來的，由一個或兩個人以自己的方式生產。他們的工作沒有人檢驗，他們自己就是唯一的裁判。倘若他們沒有循規蹈矩，甚至沒有員工看見或是以此勒索他們。他們買來牛，晚上趕牛進去，把牠們殺死。他們根本就不會試圖處理好血水或者內臟，而這些腐爛東西的味道，幾英里外都可以聞到。野狗和屠宰場做伴，所有村民都知道，因此來客有非常充分的各種理由，不去看當地的屠戶表演他那可愛的技藝。

---

[169] 完成第二個總統任期後不久，羅斯福於西元 1909 年 3 月前往非洲探險。他們捕獲了 11,397 種動物，小到昆蟲，大到河馬和大象。其中 512 次屬於狩獵，262 種動物被食用。他們甚至捕捉了珍貴的白犀。大量動物被製成標本後運往華盛頓。標本的數量巨大，光是裝貨就用了一年時間。

芝加哥的首批屠宰場，就像每個村莊的屠宰場一樣，他們供應當地的市場。

剛開始，動物內臟被簡單地扔成一堆。接著，因為鄰居們抱怨，就在空地挖洞，把這些副產品埋起來。大約在西元 1882 年，處理方法上有了決定性的變化。首先是把血、骨幹和肉屑弄乾，將它們賣作肥料。然後科學地處理這些廢料，用於做膠和其他產品。大家耐心而謙恭地聽取化學家的意見。

有一天，阿木爾招手把 C・H・麥克道爾叫進自己的私人辦公室：「我說，麥克，如果有人拜訪，看起來又像天才，又像白痴，留著長髮、鬍鬚，戴著眼鏡，要友善地對待他 —— 他是德國人，他的腦袋除了頭皮屑之外，可能還是有點東西。」

麥克道爾是阿木爾手下的大人物之一。他是個速記員，就像我在布賴恩特和斯特拉頓學校 [170] 的老友科特柳一樣，事實上，他和科特柳在很多方面都相像。「麥克」是阿木爾肥料廠的負責人，他感到十分沮喪，因為他不能利用好廢料 —— 太多的能源消失無蹤了。他的任務是要把廢物變成資本。

這個地方有一個玩笑，說若是一個德國化學家到了，所有生意都要癱瘓，直到他的祕密被人了解。耶拿、格廷根和海德爾堡這些德國名字，成了變魔法的名字。從骨頭中生產出紐扣，從蹄子中生產出膠，從角中生產出梳子和裝飾品，從尾巴中生產出卷髮，從毛中生產出氈製品，毛髮用來製造膏藥。而阿木爾肥料廠慢慢站穩了腳跟，它是立足於科學基礎的，人們可以從廠裡獲得值得信賴的建議，來種植棉花、稻子、山藥、土豆、玫

---

[170]　美國最早開設會計科目和有關學科的商業學校。

瑰或者紫羅蘭。

「肉」是農夫的產品，是人們消費的產品。我們一半的人口是農夫，所有農夫都養牛、羊、家禽和豬。

做生意，什麼最省力就採用什麼辦法；由當地的屠夫宰殺，提供給他的鄰居們，這是最自然的事。為什麼東奧羅拉[171]的人有時會買阿木爾提供的肉，只有一個原因，那是因為他提供的肉比他們生產的肉更便宜、更好。要是阿木爾的價格比當地屠夫的更高，他們會買當地人的。是當地的屠夫定下價格，不是阿木爾，而當地的農夫為當地的屠夫定價格。阿木爾總是要一直面對當地的競爭。

「我和農夫是夥伴關係。」菲力浦‧阿木爾過去常說。「他們的利益就是我的利益，我必須博得他們的信任和友善，否則我就會一敗塗地。」

資本的成功在於照顧好人們，而不是榨取他們的利益。每一個成功的商業機構都是建立於互惠、互利和合作的基石之上。那一句拉丁語法律箴言，「購者自慎」是一種法律虛擬[172]。應該這樣說：「賣者自慎。」因為賣者的目的若是推銷大家根本不想要的東西，或是銷售的價格超過實際價值，他們留在這一行業的時間就會像比洛西克[173]那個著名的雪球[174]逗留的時間一樣短暫。

除了包裝業之父外，菲力浦‧阿木爾還是名言警句的生產者和經銷者。

他充滿智慧的頭腦先接受原始的建議，然後以警句、成語、教義和象

---

[171] 美國紐約州西部一村，在布法羅東南 19 公里處。本書作者創辦的羅伊克洛夫特工場所在地。
[172] 指法律事務上為權宜之計，在無真實依據情況下所作的假定。
[173] 美國密西西比州東南部一座城市，位於墨西哥灣的比洛西克灣與密西西比海峽之間的半島上。
[174] 比洛西克很少下雪。

徵等形式吐出成品。只要抓住這位富翁桌子上掉落的真理碎片，就可以使許多窮文人逃脫精神上的貪婪。有一個人真的把這些碎片掃成了一本書，而這本書一點也不支離破碎。這個人就是喬治‧賀瑞斯‧羅瑞邁爾，他的書名叫做《一位白手起家的商人寫給兒子的信》羅瑞邁爾是阿木爾的一名部門經理，看來他花了大量的時間記下一些隻言片語，或者說生意的副產品。

阿木爾總是相當真誠，難得嚴肅。阿木爾的人有著許多無聲的快樂，當大人物們每天集中開會的時候，他們總是相互挖苦。羅瑞邁爾拿了一大堆的便條給我看，他打算將來某一天用它們幫前老闆寫傳記。順便提一下，他要求我永遠不要提及此事，但祕密總是要暴露出來，我在這裡談到這個事實，是為了促成一位善良而勤勞的年輕人，他是浸信會教士喬治‧C‧羅瑞邁爾博士之子。

「堅持下去 —— 別洩氣，邁爾維爾 —— 傳教士的兒子通常會超過祖先的。」菲力浦‧D‧阿木爾對邁爾維爾‧斯通說道，他出生於伊利諾州麥克林縣的哈德遜，是一位監督長老的兒子。

「我不擔心。」這位斯通家族的人說道：「你和我都在小木屋出生，這把我們直接放到了通往總統寶座的位置。」[175]「你說得對，邁爾維爾，因為小木屋是建在地上，不是建在雲層上的。」接著阿木爾想起了一句話，他忍不住說了出來：「年輕人們，所有能真正屹立不搖的建築物，都是從地面往上建起來的，而不是從雲層往下建的。」

沒有哪個活著的人，比菲力浦‧阿木爾提供更多的免費建議。他是芝加哥最偉大的傳教士。在每一次交易中，他透過談話送出贈品。他喜歡做

---

[175]　美國總統林肯（Abraham Lincoln）出生於小木屋。

生意的熙來攘往，在做生意時，他碰撞出許多名言警句——有益的、愉快的、友好的、慈父般的談話。經常有人懷疑，他說話與拳擊手爭取時間，是出於同一個目的。「喂，羅賓斯，將這個電報發出去。請記住，雖然滾石不生苔，可至少能滾出一些光亮來的。」

「我說，尤里翁，當我的律師要當得成功，你必須親力親為。你要親自到現場，這就像將被絞死的人一樣，你不能派個替身去。」

他對卡姆斯說——他現任阿木爾公司祕書——「我猜，如果我叫你跳進湖裡，你會馬上就跳進去。動動你的腦子，年輕人——用一下你的想像力！」

之後他就這樣做了。這種說教式的習慣從來都不顯迂腐、僵化或太過正統——它就像摩西（Moses）用杖擊打岩石之後噴湧而出的水[176]一樣流淌出來。阿木爾稱呼別人時都直呼其名，好像他們屬於他的家族一樣，而他們確實是屬於他的家族，對他來說，所有人都屬於一個家庭。他心中裝了數百萬人，而其他一些偉人裝的是數萬人，普通人則只裝了幾十人。

「海勒姆，」他有一次對海勒姆·W·湯瑪斯說——他遇到你的時候，你會認為他一直在找你，想告訴你什麼事情——「海勒姆，我喜歡聽你布道，因為你總是在深思熟慮，當你說話的時候，我就跟自己打賭，看你要說哪十幾件事情。你為我帶來了許多快樂，在你說到『第一點』之前，我已經可以周遊世界了。」

對於所有的傳教士，他都有著巨大的吸引力，並不僅僅是因為他是個富人。他不僅能言善辯，更具備諷刺幽默的本事。大多數人都會裝出一副虔誠的樣子，當有傳教士加入談話時，裝得虛偽、一本正經，但菲力浦·

---

[176] 取自《聖經》中的內容：耶和華曉諭摩西說：「你拿著杖去，和你的哥哥亞倫招聚會眾，在他們眼前吩咐磐石發出水來，水就從磐石流出，給會眾和他們的牲畜喝」。

阿木爾不是這樣的人。倘若他要使用語氣強烈的詞語，或是使用未經掩飾的比喻，就在這樣的場合使用。他們喜歡這樣。

「阿木爾先生，在不景氣的時候，你可以用你的一些語言當肥料。」羅伯特‧科勒爾有一次說。他回答道：「羅伯特，我現在正在幫你的休耕地添加肥料呢！下週日他們去聽你的布道時就會發現，如果他們認識我的話。」

曾有一個由四名傳教士組成的委員會，從一個離芝加哥幾英里遠的鄉鎮過來找他，請他幫忙支付他們教堂的債務。看來，他們聽說過阿木爾做的善事，打算在太歲頭上動土。他傾聽了他們的請求，然後在一張便箋上算出債務的數目，總額是一千五百美元。傳教士們深受鼓舞 —— 隨時準備喊出「願上帝保佑你」，但阿木爾說道：「先生們，你們那麼小的鄉鎮竟然有四個教堂，太多了。聽著，如若你們合併為一個教堂，其中三個人辭職去種田，我就立即把債還清。」這個建議沒有被採納。

阿木爾曾被請求捐贈一千美元給一個基金，用以建造一座禮堂並把斯文教授[177]留在芝加哥，斯文剛剛因為被指控為異教徒而受到審判。他說：「芝加哥不能沒有斯文 —— 我們需要他。假使我有他的一些品德，而他有一些我的品德，芝加哥今天就會有兩個更好的人。是的，我們必須留下斯文，把我的一千元寫下來吧！我不是總能明白斯文說的是什麼意思，不過這可能是我的錯。我說，如果你們覺得需要從我這裡拿五千美元，就告訴我，這些錢就是你們的了。」

試圖神化菲力浦‧阿木爾是沒有用的：他是個真正的男子漢。「我會犯錯 —— 可我不會一錯再錯。」他過去常說。有一個人告訴他，已經花了

---

[177]　斯文教授：美國傳教士，西元 1874 年 4 月，他因為被指控為異教徒而被芝加哥長老會審判。

五千美元教育兒子，阿木爾安慰他說：「噢，沒關係的，他會沒事的——我的教育每週都要花掉我那麼多錢。」

阿木爾手下的大人物中，有一個叫「不在現場的湯姆」的人物——時間已經馴服了「不在現場」，但當他二十二歲的時候——噢，他就是二十二歲的樣子。

菲力浦·阿木爾每天起得很早，七點鐘的時候，他就進入辦公室，準備做事，辦公室八點才開門。有時他甚至來得更早，倘若他看到有職員在八點前工作，他會帶著輕鬆的清晨散步興頭，走過去給這些傢伙一張五美元的鈔票。

「不在現場」從來都沒拿過這樣的五美元鈔票，因為他總是在門神剛要關門時進來。有幾次，他受到了訓斥。一次，阿木爾先生說：「湯姆，你再遲到一次，就要請你出門了。」不久之後，有一個晚上，「不在現場的湯姆」要招待六、七個畜牧業者，他們去了胡利酒吧、薩姆·T·傑克劇院，之後又去運動俱樂部，然後又拜訪了欣基·丁基客棧、約翰澡堂，聞名的庫克縣文學之光。還去了哪些其他地方，他們都記不得了。

此時大約是凌晨三點，湯姆突然想到，若是他現在回家上床睡覺，肯定又要遲到，很可能工作都要丟了。

於是他建議痛痛快快地玩一晚上，畜牧業者也非常願意。他們直奔牲畜圍欄，沿路拜訪一些名人們。五點鐘的時候，他們到達阿木爾工廠，湯姆在一個友好的守夜人幫助下，送走了朋友們。然後他立即洗了個澡，按摩一下，喝了兩杯咖啡，走進自己的辦公室。此時正好是六點三十分，因為是冬天，還是一片漆黑。他只打了兩個哈欠，伸了一次懶腰，想著自己是否能堅持到中午，突然，他聽到了「老頭」急促的腳步聲。湯姆蜷縮在

他的工作堆裡裝忙，就像一隻大章魚吞食獵物一樣，連頭都沒有抬一下，畢竟他現在可忙著呢！

阿木爾先生停下了腳步，盯著看了看，又走近一點 —— 沒錯，就是湯姆，老是遲到的「不在現場的湯姆」，老犯毛病的湯姆。

「好，好，好，湯姆，讓我們讚美上帝吧！你終於推了自己一把 —— 拿著這個！」然後阿木爾把一張嶄新的五元大鈔遞給他。

湯姆此時下了個賭注，由他自己決定是否成功、滅亡或者逃走。他決定做出一番成績。第二個月他的薪資漲了二十五美元，自此以後，他的薪資每年都往上爬升一點點。

菲力浦‧阿木爾此人，精神和物質上都蘊藏著巨大的財富，頭腦發達，活力四射，勇於創新，同時也謹慎前行。

他有著兩個獨特的特點 —— 第一個特點是，他拒絕擁有超過他需要使用的土地。第二個特點是，他唯一的刺激物是茶。要是有特別重大的問題需要做出決定，他會減少食物，增加喝茶量。茶是他的烈酒，它打開他頭腦中的氣孔，給他廣闊無邊的知覺。阿木爾的個性如此之強，魅力如此之大，因此在他的行業裡鮮有對手。納爾遜‧莫里斯是他少數的對手之一。

阿木爾從未見過莫里斯這樣的人。莫里斯是猶太人、巴伐利亞人，喜歡音樂、美術和哲學。莫里斯個子矮小，臉上光滑，哼著巴哈（Johann Sebastian Bach）的曲子，引用叔本華（Arthur Schopenhauer）的句子，在芝加哥牲畜圍欄購買豬，然後把豬殺掉，供基督徒作為美食享用，他是一個多才多藝的猶太天才。

《摩西律法》禁止猶太人吃豬肉，但並沒有禁止他們經營豬肉生意。

納爾遜‧莫里斯凌晨四點鐘買豬，或者天一亮就去。阿木爾到了之後，發現他已經在忙忙碌碌，而菲力浦‧阿木爾通常是做這一行到得最早的人。

不過阿木爾並不懼怕莫里斯 —— 這個猶太人只是讓他感到困惑。有一天，阿木爾對祕書麥克道爾說道：「我說，麥克，納爾遜不需要保護神！」

這位猶太人讓阿木爾有點不安 —— 只有一點點。

阿木爾與他的競爭對手總是友好相處。事實上，他和所有人都友好相處 —— 他不會心懷不滿，從來不亂發脾氣。

在社交方面，他的魅力不可阻擋。他容易跟別人產生親近感、獲得別人的信任、交上朋友並保持友誼。阿木爾會跟所有人說話，他已經超越嫉妒、超越仇恨；不過到了攤牌的時候，他會猛烈地攻擊，以迅雷不及掩耳之勢。只不過在商業場合襲擊出招時，仍然面帶微笑。

當沙利文 [178] 在新奧爾良遇到科貝特 [179]，吉姆紳士用他的右拳給了拳王可怕的一擊，他甜甜地笑了笑說：「約翰，想想你大老遠地從波士頓趕過來，就是為了得到這個，還有這個。」接著他用左拳給了另外一擊。一天早上，天剛亮，莫里斯趕到牲畜圍場時，他發現所有圍欄裡都是空的。

阿木爾和他負責買豬的人，打著燈籠整個晚上都在找貨主，買空市場。「想想，」阿木爾對莫里斯說，「想想你從巴伐利亞大老遠地趕過來，希望小小地嚇我一跳！」兩個人都平靜地笑了笑。第二週，整火車車廂的豬運到了芝加哥，是賣給納爾遜‧莫里斯的。他派代理人直接從農夫那邊買豬。不久之後，阿木爾碰巧遇到了莫里斯，直接提議當天一起吃午餐，

---

[178] 沙利文：西元 1858～1918 年，美國職業拳擊運動員，他是西元 1882～1892 年的重量級拳王。
[179] 科貝特：西元 1866～1933 年，美國重量級拳擊冠軍，以其文雅的拳擊方式著稱，被稱為「吉姆紳士」。

猶太人微笑著同意了。他得了一分 —— 阿木爾終於注意到他了。

這樣，他們一起吃一頓午餐，猶太人吃得相當少。兩人交談著，但沒談什麼東西，他們都在等待著什麼。猶太人吃得不多，卻喝了三杯茶。

阿木爾堅持付了飯錢 —— 有點突兀地告辭離開，匆忙趕到辦公室。他派人去找他的副手們。他們很快就來了，阿木爾說：「年輕人們，我剛剛和納爾遜・莫里斯一起吃午餐。我覺得我們最好就一些事情和他達成共識，哪些是我們要做的，哪些是我們不做的 —— 他除了茶之外什麼都不喝。」

在發明冷藏車廂之前，食品包裝商的做法是：加工處理鹽漬肉，包裝好運輸。除此之外，還供應新鮮肉給當地市場。

一直到 1880 年代早期，新鮮肉除了仲冬之外，都不會運到遠一點的地方去，而仲冬時節是以凍肉的形式運過去。過剩的西部活牛運到東部，要受到巨大風險、貶值和成本的影響。活畜重量的大約百分之五十是可加工食用的肉，另一半是不可食用的廢料，因此可食用部分運費等於加了一倍。這個運費能節省下來嗎？

此時，底特律的哈蒙德把冰櫃放到車輪上，裝滿了可食用肉運到紐約，肉運抵時的狀況，讓這一行業的每個人都滿意，除了當地的屠宰商之外。

冷藏車廂十分粗糙，但達到了預期的目的 —— 一個新的時代到來了。「玉米帶」[180] 是自己形成的。「玉米就是王」，而食用牛作為接班人變得非常明顯。

---

[180] 玉米帶：美國中部的一個農業區，主要在愛荷華州和伊利諾州，也包括印第安那州，明尼蘇達州、南達科他州、內布拉斯加州、堪薩斯州和俄亥俄州的部分地區。此區的主要產品是玉米和食玉米的家禽。

菲力浦‧阿木爾明白這一點。只支付要食用部分的運費,把廢料留下。從牲畜那裡賺到比競爭對手更多的錢,以更高的價格買入,以更低的價格將肉賣出,增長業務量。之後他開始忙於使冷藏車變得更完美。

阿木爾召集鐵路公司的人,將計畫講給他們聽。他們提出反對意見,比如說,從芝加哥發往紐約的冷藏車廂一路上要加好幾次冰,否則可能損失整批貨物。一車的牛肉價值一千五百美元,而運費為二百美元或是更少。鐵路公司的人驚恐地舉起手。除了運輸貨物之外,他們還得聯絡保險公司。阿木爾仍堅持,他們能夠、也應該為客戶提供合適的火車車廂。

鐵路公司的人接著回覆這句話:「你製造你自己的車廂,我們負責拖運這些車廂,條件是你只能要求我們負運輸的一般責任。」阿木爾接受了這項挑戰,也只能這樣做。他製造了一節車廂,接著又造了二十個。

新鮮的肉從芝加哥運到紐約,到達時狀況非常理想。他知道,長距離地運輸牲畜是不明智的。這時,他宣布說,奧馬哈、坎薩斯城、聖保羅和其他幾個西部的城市,有著巨大的屠宰場,那裡在很快的時間內就可以運到牲畜。產品可以接著透過冷藏車廂運輸過來,冰的成本不會像卸運及餵養牲畜那樣高。而最重要的是,產品更衛生得多。

阿木爾開始生產冷藏車廂。他提出把它們賣給鐵路公司,一些鐵路公司購買了車廂,幾個月之後又提議賣回給阿木爾 —— 因為經營車廂需要太多的維護與保養。

如果不能保證重新加冰,不能保證在特定的時間內到達目的地,運輸商就不同意運輸。

到了秋天,新鮮的桃子從密西根穿過湖泊運到芝加哥。若是一夜之間能把桃子運到,桃子將非常新鮮。

這使阿木爾有了一個主意，他把幾節冷藏車廂送到聖約瑟夫[181]，裡面裝滿新鮮的桃子，然後運到波士頓。

他隨車派了一個人，親自負責幫車廂加冰，就像我們以前派人在乘務車廂照顧活畜一樣。桃子到了波士頓，涼爽而新鮮，一個小時之內就銷售一空，並且獲得很好的利潤。密西根立即對冷藏車廂有了需要：這一新的方式為水果和蔬菜的生產商，打開了美國的市場。

冷藏車廂頓時需求非常旺盛。

鐵路公司無法承擔自己購買冷藏車廂，原因是每一個地方的水果或漿果的季節非常短。比如說，伊利湖葡萄區的葡萄產期為六個星期；密西根桃子的上限是一個月；南伊利諾州的草莓在兩三個星期就沒了。

因此，為了更方便地處理車廂，鐵路公司發現最好租用它們，或者簡單地按里程拖運它們。這一行業本身非常專業，需要最精明的管理才能賺錢。二、三月分要把車廂送到阿拉巴馬，稍後要送到北卡羅萊納州去；接著要往西維吉尼亞去。這些同樣的車廂，秋天又接著要到密西根服務。很自然，大部分時間車廂都是以空車廂運行，少有人在計算噸位收益時，將這個事實考慮進去。現在，不再採用老方法派一個人負責，而是沿途設立一些冰站，這些冰站會澈底地處理、檢查車廂，就像婦女照顧嬰兒一樣維護好。為了把蘋果從猶他州運到科羅拉多州，把柳丁從加州運到亞利桑那州，必須耗費鉅資在沙漠上建造冰屋。而在這種氣候下，霜凍都從未有過。

為了創造現代工業的奇蹟，需要來自德國的戴眼鏡科學家，也需要藝術家、詩人、畫家、水管工人、醫生、律師的大隊伍，還有木工和金屬匠人。

---

[181]　美國密蘇里州西北部城市，位於堪薩斯城西北偏北密蘇里河畔。

這是一項創舉，而且是一個行善的創舉。

它為農夫、園丁和畜牧業者打開了巨大的疆域，在此之前，在這些地方，仙人掌和山艾樹曾稱王稱霸，草原土撥鼠和牠的祕友響尾蛇曾自由自在地扭來扭去。

而對世界財富而言，增加了數不清的巨額財產，更不用提人們在健康、衛生和幸福方面的收穫了。

蘇格蘭加愛爾蘭的血液裝載了一種威力巨大的、不屈不撓的細胞。正是這種血液成就了威靈頓公爵（Duke of Wellington）、「鮑勃爵爺」、富爾頓、詹姆斯·奧利弗、詹姆斯·J·希爾、塞盧斯·霍爾·麥考密克（Cyrus Hall McCormick）和湯瑪斯·A·愛迪生（Thomas Alva Edison）。它成就了戰士、發明家和創造家 —— 這些鍥而不捨、頑固執著的人 —— 沒有人知道他們什麼時候被征服過。他們不需要什麼也能活下去，對任何想法都窮追不捨。他們嘲笑困難，面對阻力變得更加心寬體胖，障礙只能激勵他們做出新的努力。

他們在戰鬥時是光明正大的，在這貨真價實的一類人當中，有著一種微妙的個人榮譽感，只有強者才會有這種感覺。菲力浦·D·阿木爾言出必行。他從不食言，甚至他最持久的敵人，也從未指責他兩面三刀。他戰鬥的時候，是光明正大地戰鬥，並且戰鬥到底。然後，當他的對手喊叫：「夠了！」的時候，他會把敵人抱在自己懷裡，放到一個安全的地方，為他包紮傷口。若能合適地接近他，你會發現他的心像女孩的心一樣溫柔。

在商業上，他不惜把最後一分錢花完，並希望其他人也這樣做。

對於昏昏欲睡的職員，出賣勞動卻偷懶、打折扣的開小差者，他毫不同情；但對於病倒或者落難的，他的心和錢包永遠是敞開的。

他享受工作，不能理解為什麼其他人不能也從中獲得樂趣。

他的一生都保持農夫般的作息時間，晚上九點上床睡覺，早上五點起床。

他非常珍視睡眠 —— 上帝偉大的睡眠禮物 —— 並經常引用桑科・潘桑[182]的話，「上帝保佑第一次發明睡眠的人」。

可是，他睡眠是為了早起和工作。身體良好、健康、強壯和快樂，對他來說不僅是一種特權，更是一種義務。他從來不在上班時間抽菸。他非常憎惡烈性酒，認為它們一無是處，除了可能用作藥物之外。而且他相信，只要正確地生活，沒有人需要藥。

菲力浦・阿木爾預見到西部和西北可能發生的事情，他與亞歷山大・米切爾（Alexander Mitchell Palmer）、「鑽石喬」雷諾、弗瑞德・雷通、約翰・普蘭金頓和其他人交往，並對於國家的建設有著巨大自豪感。他擁有非常活躍的想像力，從更大、更廣的意義上講，他是個夢想家。

他在每一個行動、每一個想法方面，都是實幹家。他非常喜歡孩子，不管手頭上在做什麼事，都會停下來和一個小男孩或小女孩說話。他在辦公桌裡裝了好多小小的瑞士手錶，準備送給他的小客人們。他的最大愛好是，送一套衣服給他的手下，只要他們提出不同尋常的建議，或是做了其他值得讚揚的事情。幾乎所有與他關係親密的人，都收到過他送的金錶。

在西元 1870 年代晚期，阿木爾先生和官員們正在視察聖保羅鐵路。有人散布謠言說，阿木爾公司有金融危機，並向他提出警告。他的回應非常迅速，有人暗示他一定是收到電報了。他非常生氣，首先質問的是，是誰散布這個謠言的？

---

[182]　桑科・潘桑：《唐吉訶德》（*Don Quixote*）小說中的人物，唐吉訶德的僕人。

芝加哥的一家銀行行長，借了十萬美元給阿木爾公司，九十天之後到期。出於只有他自己才知道的原因，他要求出納員提前六十天左右還款，很自然地，由於阿木爾先生不在，他沒有拿到錢。

　　埃弗雷特·威爾遜那時是奧格登划船俱樂部的會員，和上面提到的那位行長的一個兒子關係非常好。這個年輕人告訴威爾遜先生，他前一天很為自己的父親感到難過，這一輩子他從未為別人這樣難受過。他說，菲力浦·阿木爾來到銀行，把他父親堵在辦公室，凶狠地追著他──以各種方式堵住他──從天上罵到地下，他父親被罵得狼狽不堪，只能慌慌張張地不停道歉。最後，阿木爾先生把十萬美元現金劈頭扔在這位先生臉上，這次拜訪才結束。年輕人說，他從未見過像阿木爾先生這樣義憤填膺、慷慨激昂的人，並說這給他留下了不可磨滅的印象。

　　菲力浦·阿木爾有著非常崇高的商業理想。售價高於本身價值的商品，或者在品質方面以任何方式欺騙買方，他都認為是不幸事件。他喜歡這個想法：和他做生意的人，都是他的朋友。他的發達，促進生產產品的西部繁榮，也給消費產品的東部帶來好處，這使他感到特別高興。對於個人的批評，阿木爾很少回應，他覺得人的一生自會為自己辯護，解釋、藉口或是道歉對一個人來說是毫無價值的，如果他在努力透過幫助別人來幫助自己的話。儘管他對誹謗不在乎，他的壽命卻被筆桿刺短了幾年──也正是筆桿殺死了濟慈[183]（John Keats）──一位威廉·達利醫生（不久後就自殺了）發起了有關「用防腐藥物保存牛肉」的瘋狂言論，並把公眾的注意力從「政府沒有準備」完全轉到「要關照志願部隊的健康」。

　　身為食品包裝業之父，阿木爾先生對產品品質及包裝商的誠實方面的

---

[183] 濟慈：西元 1795～1821 年，英國最偉大的詩人之一，他的作品音調優美，古典意象豐富，包括〈聖愛格妮斯之前夜〉、〈希臘古甕頌〉（*Ode on a Grecian Urn*）和〈秋頌〉。

誹謗特別敏感。一個由軍官組成的委員會，澈底地調查了指控，他們宣布這些指控毫無根據。

戰時的醜聞和誹謗非常危急；文字上的惡臭彈和敵人的立德炸藥[184]有同樣大的破壞力。狂熱、嫉妒、惡意和殺人的舌頭，在黑暗中發動襲擊，在毒霧中退縮。菲力浦‧阿木爾像菲力浦‧錫德尼爵士那樣清白、可敬，他無法與這些惡勢力鬥爭，因為他找不到它們。

大約與此同時，來了位約瑟夫‧萊特，他試圖囤積全世界的小麥。芝加哥指望阿木爾懲罰這個自以為是的傢伙。因此，已經背負重擔的阿木爾保持麥基諾海峽在仲冬開放，運送了數百萬蒲式耳[185]的現麥換取現錢，以應對那位一意孤行的萊特的詭計。阿木爾這樣做，也是為芝加哥而戰，如果可能的話，這可以恢復它在全國人民心目中的好名聲。

最後阿木爾贏了。不過這就像布蘭恩[186]的最後一擊，發出最後一擊後，他自己也倒下了。菲力浦‧阿木爾滑倒在山谷裡，昏倒在陰影裡，但他毫不畏懼。就像西哈諾‧德‧貝熱拉克[187]（Cyrano de Bergerac）說的那樣，「我要死了，但我並沒有被擊敗，也不沮喪！」就這樣，他們把他那疲憊的、操勞過度的遺體，安置在沒有窗戶的休息室裡。

---

[184] 一種主要成分為苦味酸的強力炸藥。

[185] 英國法定體積或容量單位，用於度量乾燥固體和液體。1 蒲式耳等於 2219.36 立方英寸或 36.37 升。

[186] 西元 1898 年 4 月，布蘭恩和大衛斯在街上進行決鬥，兩人相繼死亡。

[187] 西哈諾‧德‧貝熱拉克：西元 1619 ～ 1655 年，法國諷刺作家和決鬥者，他不僅是英勇無敵的劍客，還是才華洋溢的詩人，可以邊決鬥邊作詩。

第六章
約翰·J·阿斯特

約翰·雅各·阿斯特 (John Jacob Astor, 西元 1763 ～ 1848 年)，德裔美國皮毛商與資本家。離世前他是美國當時最富有的人。最初他在一個皮毛商那裡當職員，很快就開始自己創業。他用美國的皮毛交換歐洲的火器與樂器，到了 1820 年代，他成為美國最大的皮毛貿易商。當政府請求它最富有的公民為西元 1812 年戰爭融資時，他發揮了巨大的作用，並從中獲利 —— 他購買了價值兩百萬美元的政府債券。每美元只付八十八美分。當皮毛業開始衰退時，他冷靜地退出這一行業，將精力放到已經興旺起來的房地產投資上，購買曼哈頓北邊的荒地，取得巨額收益。

　　一個人如果養成了九點鐘上床睡覺的習慣，通常容易致富，而且始終值得信賴。當然，上床睡覺並不能使他致富 —— 我的意思只是說，這樣的一個人很可能在早上起得很早，可以做一整天的事，他疲憊的身體會催促他早點上床睡覺。無賴們在晚上幹活，誠實的人則在白天幹活，這完全是習慣問題。在美國，好的習慣可以使任何人致富。財富很大程度上是習慣的結果。

—— 約翰‧J‧阿斯特

　　維克多‧雨果（Victor Hugo）曾說過：「你開辦一所學校，就關閉了一座監獄。」

　　這個可能需要一點點解釋。維克多‧雨果腦子裡想的不是一所神學院，也不是女子學院，不是英國的寄宿學校，也不是軍事學校，更不可能是教區學校。

　　他腦海裡想的是，在這樣一所學校，男女老少被教會自尊、自立，學會以最有效的方式照顧自己，幫助背負世間的重擔，透過為別人增添快樂來幫助自己。

　　維克多‧雨果充分認識到，唯一有效的教育，是增進人類效率的教育，而不是降低效率。那些追求榮譽、悠閒、獎章、學位、頭銜和地位 —— 豁免權 —— 的教育，容易使人更以自我為中心，從而促使一個民族變得衰弱。這種教育整體而言，它的收穫將會是零。

　　人只有透過給予才能變富。為他人提供服務，才能獲得巨大的回報。作用與反作用是相等的，行星的輻射力量與吸力相平衡。你保留了多少愛，你就送出了多少愛。

　　一個傲慢的混血兒歪戴著一頂蓋住一隻眼睛的帽子，嘴裡叼著一根指

向西北方向的雪茄，走進一家五金店，說：「讓我瞧瞧你們的刮鬍刀。」

店員愉快地微笑著，問道：「你想買一把刮鬍刀刮鬍子嗎？」「不，」混血兒說道，「要用於社交目的。」

用於社交目的的教育，並不比購買用於類似用途的刮鬍刀更有用。若是教育的目的只是使人學會以社會為獵物，偶爾還會對社會大肆攻擊，這樣只能為培養出掠奪式的人物做準備，枯守毫無意義的生活。這根本不會使監獄關閉，反而是又打開了一所監獄，至少會有一個罪犯。

真正能創造自由的教育，是關注人類效率的教育。教會孩子們用功、玩耍、歡笑、琢磨、學習、思考，然後再工作，這樣我們將夷平所有的監獄。

只有一個監獄，它的名字就叫無效率。在這所監獄的堡壘中，守衛著驕傲、偽裝、貪婪、暴食與自私。增進人類的效率，你就可以把囚犯釋放出來。

「日爾曼人征服了世界，因為他們效率高。」萊基[188]說。接著，他又說，自己是一個凱爾特人[189]。這兩句話放在一起就能反映出，萊基是一個不帶偏見的人。當愛爾蘭人講述荷蘭人的真相時 —— 太平盛世就要來臨了。

假使有吹毛求疵者站出來說，荷蘭人不是德國人，我會回答說，沒錯，但德國人是荷蘭人 —— 至少他們有荷蘭血統。

德國人之所以偉大，只是因為他們有著樸素而不可或缺的美德：謹慎、耐心和勤勞。這些品格並沒有版權。

---

[188]　萊基：西元 1838 ～ 1903 年，愛爾蘭史學家，著有《歐洲理性主義史》和《民主與自由》。

[189]　凱爾特人：印歐民族的一支，最初分布在中歐，在前羅馬帝國時期遍及歐洲西部、不列顛群島和加拉提亞東南部。尤指不列顛人或高盧人。

　　上帝可以做許多事情，可是就目前而言，他從未製造一個強大的民族，然後將製造的配方丟棄。

　　身為一個國家，荷蘭首先開發了這些美德，讓它們成為整個民族的品德。正是荷蘭人緩慢、穩步地向南流動，使德國走向了文明。音樂作為一種學問，是在荷蘭誕生的。貝多芬（Ludwig van Beethoven）的祖父是一名荷蘭人；谷騰堡的祖先是從荷蘭過來的。當荷蘭人橫穿德國，然後又越過義大利，再經威尼斯回到家鄉時，他們擊打精神資源的磐石，令智慧之水噴湧而出。

　　自從林布蘭（Rembrandt）[190] 二百五十年前，讓肖像畫法達到完美境界以來，荷蘭一直是藝術家的樂土，甚至直到今天仍是如此。

　　約翰·雅各·阿斯特出生於一個荷蘭家庭，這個家庭是從安特衛普市移民到海德堡 [191] 的。

　　由於某種奇異的返祖現象，男孩的父親重操祖先的舊業，差不多可以說是一個石器時代的穴居人。他的職業是屠夫，在離海頓堡幾英里遠的小鎮沃爾多夫幹活。

　　那時，屠夫的工作就是到處在大街小巷裡遊走，幫那些心腸軟，不敢下手的主人殺豬、羊或奶牛。屠夫是一種賤民，是一種非官方的、工業化的絞刑吏。同時他差不多是個天才，因為他能爬上尖塔、挖掘水井，做所有需要做、而又沒人願意做的事。謹小慎微的人見到屠夫，就像見到沒洗過的、髒兮兮的羊毛一樣躲得遠遠的。

　　有一個人 —— 一個德國人 —— 也住在東奧羅拉。

---

[190]　林布蘭：西元 1609 ～ 1669 年，荷蘭畫家。
[191]　德國西南部一座城市。

前幾天，我和他一起沿著鄉間小路散步。他胳膊上挽了一個籃子，平靜地抽著一根荷蘭式煙管。我們談起了音樂，他哀嘆欣賞巴哈的人少了，這時他碰巧把籃子換到另外一個胳膊上。

「你在裡面裝了什麼？」我問道。

回答是：「噢，沒什麼 —— 只是炸藥。我要到山上去，炸掉一些木樁。」然後我突然想起，還要在村裡辦一件事。

約翰‧雅各‧阿斯特是四兄弟中年齡最小的，還有四個姊妹。哥哥們很小的時候就逃走了，前去航海或者參軍。其中一個男孩去了美國，重操父親的舊業，當一名屠夫。

雅各‧阿斯特是約翰‧雅各的快樂父親，他經常帶兒子一起參加殺豬的遠征，原因有二：一是讓這年輕人學會一門手藝；二是確保男孩不會逃走。

只是父母想強行留住孩子，通常很難成功。當地的路德教會[192]牧師可憐男孩，對他父親的職業深為厭惡，便雇他在花園幹活、跑跑腿。年輕人的聰明和機警，使他看起來很像是當傳教士的料。

他學會了閱讀，並被理所當然地看作是教會的成員。在好心的村莊牧師關照下，約翰‧雅各身心都得到發展 —— 他的時運很快就要來到了。十七歲的時候，他的父親前來正式要求他工作，年輕人必須接過父親的屠夫工作。那天晚上，約翰就著微弱的月光走出沃爾多夫，前往安特衛普。他帶著一塊大大的紅色圍巾，裡面包著自己的所有財產，他的心中帶著路德教會牧師的祝福。牧師陪他走了半英里路，並在分別時為他祈禱。

---

[192] 路德教會：德國神學家、歐洲宗教改革運動的領袖馬丁‧路德（Martin Luther）建立的教會。他反對教會階層的富有和腐敗，認為只要在信仰的基礎上即可獲得超渡，而不須借助於教會的典籍。這些觀點使他於西元1521年與天主教會脫離。

　　有了青春年華、高遠的希望、正確的目標、健康體魄和一大塊紅色圍巾，就容易好運連連。約翰‧雅各第二天就找到了在運木船上做划槳手的工作。

　　一週之後，他抵達安特衛普，然後在碼頭上當一名工人。第二天，他被提升為核算員。一艘船上的船長請他去倫敦，沿途計算出載貨量。他答應了。船長將他推薦給倫敦的一家公司，男孩很快就以每月一個畿尼的速度累積財富。西元 1783 年 9 月，倫敦傳來消息說，戰爭結束了。無論如何，和平已經到來：康沃利斯發布了命令，美國人已停止戰鬥。

　　不久之後，有消息傳出，說英國已經放棄美洲的殖民地，它們自由了。約翰‧雅各‧阿斯特憑直覺覺得「新世界」適合他。他花五英鎊購買一張開往巴爾的摩的帆船船票，然後把五英鎊繫在腰帶上，寄了兩英鎊給父親，附了一封表達自己愛心的信，再用剩下的錢買十幾支德國笛子。

　　他已經會嫻熟地演奏這種樂器，他認為，音樂家和樂器在美國有發展機會。

　　約翰‧雅各那時將近二十歲。

　　帆船十一月啟航，直到次年三月中旬才到巴爾的摩，眼看就要到切薩皮克[193]時，由於暴風雨只好後退。然後又花了一個月尋找切薩皮克。就這樣，吹笛子和制定計畫的時間就非常充裕。上船後他遇到一位德國人，比他大二十歲，那人是一名毛皮貿易商，回家探親。

　　約翰‧雅各吹起笛子，而德國朋友講起了在印第安人當中進行毛皮貿易的故事。年輕的阿斯特的好奇心被激發起來，阿斯特在沃爾夫多制定的吹笛計畫已經被遺忘，他打算以毛皮貿易為生。

---

[193]　美國維吉尼亞州東南部城市。

動物的習慣、毛皮的價值、毛皮的加工、它們的最終市場，這些內容被複習了一遍又一遍。在海上多出的兩個月，讓他獲得了對一個大市場的洞察力，而他有時間將自己的想法細嚼慢嚥。他不停地思考著，並把想法寫在日記本上，因為他還處在寫日記的年齡。狼、熊、獺、貂和麝鼠充斥著他的夢想。

到了巴爾的摩之後，他失望地發現，這裡沒有毛皮貿易商，於是便動身前往紐約。抵達後，在一位教友派信徒羅伯特・邦恩那裡找到一份工作。邦恩既賣毛皮，也買毛皮。年輕的阿斯特全心全意地投入學習──學會這一行業的每一部分內容。老闆早上帶著一把大鑰匙來到倉庫打開大門時，他總是已經坐在大門邊的路沿上。

晚上他是最後一個離開的人。阿斯特用一根棍子敲打毛皮，用鹽醃上，將它們分類，然後送到製革商那裡，最後再取回來。他努力工作著，邊做邊學。

要獲得某個人的絕對信任，就要絕對服從他。只有這樣，他才會把武器放下，不論是敵是友。任何笨蛋都會享受服務、被人侍候。但服侍別人，則需要判斷力、技能、技巧、耐心與勤奮。

要使一位年輕人成為一個好僕人，是成為一個主人的基本條件。阿斯特的機警、主動、忠誠，以及聽從命令的能力，打動了他的主人。羅伯特・邦恩，這位好心的老教友派信徒，堅持讓雅各稱呼他「羅伯特」；剛開始，年輕人住在附近一位戰爭造成的寡婦家裡，她提供廉價的住房。後來邦恩把阿斯特帶回自己家，並把薪資從每週兩美元提高到每週六美元。

多年來，邦恩每年都會到蒙特利爾去，蒙特利爾是毛皮的中心城市。邦恩親自前往蒙特利爾，因為他還沒發現誰值得他信任，可以去送「加西

亞的信」。那些了解毛皮，有判斷力的人不誠實；而那些誠實的人並不了解毛皮。

就實際的用途而言，誠實的笨蛋真的不比流氓強多少。邦恩曾經找到一個既誠實又了解毛皮的人，但是，哎呀！他嗜酒如命，沒有人能預言他的「發作期」是什麼時候，除非他真的發作。

年輕的阿斯特只和邦恩待了一年。他的英語說得不是很好，可是他既不喝酒，也不賭博，他了解毛皮，而且又誠實。邦恩就派他前往加拿大，腰裡別著一條滿是金子的腰帶；他唯一的武器是一支拿在手裡的德國笛子。邦恩是一名教友派信徒，他不相信槍。笛子也不太對他的胃口，但他更喜歡笛子，更不喜歡燧發槍。

約翰・雅各・阿斯特從哈德遜河走到奧爾巴尼[194]，背上背著包，單身一人往北走，穿過森林，來到尚普蘭湖[195]。當他到達印第安人定居地的時候，他開始演奏笛子，當地的土著沒有攻擊他的意向。他雇了印第安人划船帶他到加拿大邊界，之後抵達蒙特利爾。

這裡的毛皮貿易商知道，邦恩是一個非常精明的買主，因此當他接近時，就格外警惕。但年輕的阿斯特看起來似乎無關緊要，他的舉止謙恭而從容。他和那些人關係相當親近，以非常公平的價格挑選毛皮。他把所有的錢都花光了，甚至賒帳買了些東西，因為有一些人總是能享有信用。

年輕的阿斯特發現，印第安人的天性非常率真。野人也是人，謙恭、溫和及相當好聽的笛聲，撫慰了他們狂野的心。阿斯特帶來了珠子、毯子、笛子和微笑。

---

[194] 美國紐約州的首府。
[195] 美國紐約東北部的湖泊，位於加拿大魁北克省南部佛蒙特州西北。是法國與印第安人的戰爭、美國獨立戰爭、1812 年戰爭等一系列重大戰爭的遺址。該地區有許多風景名勝。

不斷有印第安人前來購買他的貨物，然後有口皆碑地傳頌他的品格，轉告別的印第安人。最後他回到了紐約，既沒丟失一塊毛皮，也沒丟掉一絲熱誠。

邦恩很高興。而對年輕的阿斯特來說，這沒有什麼。

他的血液裡有著成功的血球。他完全可以留在邦恩那裡，成為企業的合夥人，不過邦恩有著商業方面的局限，而阿斯特沒有。因此，經過三年的學徒生涯之後，阿斯特對所有邦恩了解的東西已爛熟於心。除此之外，還了解了所有自己可以想像的東西，於是他辭職了。

西元 1786 年，約翰‧雅各‧阿斯特在紐約水街的一家小商店裡，開始做起自己的生意，有一個房間和地下室。他已經積攢了數百美元，他當屠夫的哥哥借了幾百美元給他，羅伯特‧邦恩則送給他一大包的毛皮，「你隨便定價，隨便什麼時候給錢。」

阿斯特從哈德遜河到奧爾巴尼交到了一些印第安好朋友，他們為他擔任推銷代理人。他說，曾教會一名印第安人吹笛子，這樣說可能有點吹牛，但不管怎樣，他把笛子賣給了野人，換了一包海狸皮，外加一張熊皮。它既是樂器，又是商品。

收集到價值數千美元的毛皮之後，他將它們運到倫敦，並以乘客的身分坐在最低票價的船艙裡。這一次的旅行使他明白，銷售的能力與購買的能力一樣必不可少 —— 儘管邦恩精明過人，也從未明白這個道理。

毛皮在倫敦已經成為一種時尚。阿斯特仔細挑選出客戶，就像對待毛皮一樣。他穿著一套毛皮衣服，證明自己做廣告的能力。並精挑細選自己的顧客，收取這一行業的最高價。透過提供樣品，接受王公貴族及各類身分高貴之人的訂單，由此減去了中間人的環節。他從毛皮生意賺到的錢，

全都投資於「印第安人商品」──彩布、珠子、毯子、刀子、斧子和樂器。他的商店是紐約第一家滿是樂器的商店。他把這些商品賣給土著，同時也提供這一類商品中最好的東西，給不容易激動的荷蘭人，包括從吹吹牛皮，到史特拉第瓦里[196]家族製作的小提琴之類。

返回紐約之後，他立即出發到荒野，去購買印第安人的毛皮，而且採取了更好的方式，使他們有興趣帶毛皮過來找他。

他知道交易中友誼的重要性，當時沒有其他人知道這些。他穿過了伊利湖，來到尼亞加拉瀑布，然後穿過奧奈達湖到達尚普拉湖，接著往南到哈德遜河。他預見了布法羅這個偉大的城市，也預見了羅徹斯特[197]，只不過他說羅徹斯特很可能會直接坐落於湖畔。但傑納西瀑布的水力有著比湖畔更強的吸引力。他預測說，沿著尼亞加拉瀑布的兩岸將建成世界上最大的製造業城市。當時，那裡有著麵粉廠和鋸木廠。首批用於建造布法羅市的木材就是從「瀑布」旁邊的鋸木廠運過來的。

當然，那時電力還是件未能料到的事物，可阿斯特預見了伊利運河，並做出了準確的猜測，認為沿線將出現繁華的城市。

西元 1790 年，約翰・雅各・阿斯特和莎拉・陶德結婚了。她的母親是布熱瓦特家族的人。她過來找阿斯特購買毛皮，給自己做一件外衣，事情就是這樣發生的。她對毛皮的判斷能力和製作才能，贏得了毛皮商的心。這椿婚姻把年輕的阿斯特帶進了「荷蘭頂尖人物紐約協會」──那時，這個協會和現在一樣非常排外。

這椿婚姻既是商業合夥，也是夫妻結合，在每個方面都證明是個成功

---

[196]　義大利著名小提琴製作商。
[197]　美國紐約州西部的城市，位於布法羅東北偏東，且瀕臨安大略湖附近的紐約州駁船運河。始建於西元 1812 年，隨著伊利運河的通航而迅速發展。

的。莎拉是個做事的人，有著古老荷蘭人的優良品格：耐心、堅韌、勤奮、節約。當丈夫出門的時候，她負責看店。她是他唯一能絕對相信的合夥人，信任乃成功的第一要素。

庫克船長[198]（James Cook）沿著太平洋海岸航行，從開普頓航行到阿拉斯加，讓毛皮經銷商和毛皮服裝界，注意到了北太平洋的海獺。他同時從心理上預測到陰險的洗劫海獺皮行動。

西元1790年，一艘從太平洋開過來的船，把一百張海獺皮帶到紐約。毛皮很快就賣給了倫敦買主，價格極為昂貴。

貴族們想要海獺，或者「皇家美國貂」，他們就是這樣稱呼的。貨物稀少使價格高昂。船隻很快就裝備完畢出發了。前往捕鯨場的船隻被改道，新貝德福德[199]怒火中燒。阿斯特鼓勵這些尋找毛皮的探險，剛開始時卻拒絕投資任何一毛錢，因為他認為這樣做「極端危險」——他不是個投機商。

阿斯特住在水街店鋪的上面。直到西元1800年，他搬到了百老匯大街[200]樸素而簡潔的住房，位於老阿斯特公司原址。在這裡，他生活了二十五年。

毛皮生意很簡單，又非常賺錢。阿斯特此時只限於做海狸皮的生意。他付給印第安人或者捕獸者的價格定在一美元；加工及運輸毛皮到倫敦要花五十美分；而在倫敦銷售毛皮的價格是五到十美元。

所有從毛皮生意賺得的錢，那時都投資在英國的商品當中。這些商

---

[198] 庫克船長：西元1728～1779年，英國航海家和探險家，曾三次率領地理發現大航行，為太平洋中許多島嶼繪圖並命名。他還曾沿北美洲海岸向北航行直至白令海峽。

[199] 麻薩諸塞州的一個城市，19世紀是著名的捕鯨港。

[200] 美國紐約的一條大街，世界上最長的街道。從曼哈頓南端起向北延伸約241公里至奧爾巴尼。

品在紐約銷售，可獲得豐厚的利潤。西元 1800 年，阿斯特已擁有了三艘船，這樣就可以絕對控制自己的貿易。

他了解到，倫敦的經銷商正把毛皮轉運到中國。於是在這個世紀初，他就派一艘船直接前往東方，船上裝滿毛皮，同時寫下非常清晰的指示給船長，告訴他銷售這些貨物的用途：這些錢要用於投資茶葉和絲綢。輪船駛遠了，銷聲匿跡了整整一年，沒有它的任何消息。突然一個信使帶來了消息，說船到海灣了。我們可以想像到阿斯特先生和夫人是多麼地關心此事，他們鎖好店鋪，跑到炮臺公園口 [201]。沒有錯，這就是他們的船！伴隨潮水輕柔地起伏漂蕩，就像它離開時那樣舒適、結實、安全。

此次航行的利潤是七萬美元。到西元 1810 年，約翰・雅各・阿斯特身價兩百萬美元。他開始把所有剩餘的錢投資於紐約房地產，他先買下堅尼街附近的地產，接著又買下里士滿山，它是阿龍・伯爾 [202]（Aaron Burr）的地產。

這一塊地產就在二十三號大街的上面，一共有一百六十英畝，每一英畝花了他一千美元，大家都說阿斯特瘋了。十年後，他開始賣掉里士滿山的地，每一英畝的價格是五千美元。

幸運的是，他並沒有以這個價格賣掉大部分地，因為正是這一塊地，成了後來知名的、廣闊的「阿斯特地產」。

美國獨立戰爭期間，紐約普特南縣的羅傑・莫里斯犯下了錯誤，站在親英分子那邊。

---

[201]　曼哈頓島南端的公園，位於紐約東南部的紐約灣北端。西元 1808 年為保護港口而建，早期荷蘭和英國的防禦工事及克林頓城堡就在此地。

[202]　艾倫・伯爾：西元 1756 ～ 1836 年，美國政治家。在選舉團形成的僵局被眾議院擊垮後，做了湯瑪斯・傑弗遜（Thomas Jefferson）的副手，而成為美國副總統。

一群暴民聚集起來，莫里斯及其家人逃走了，坐船去了英國。離開之前，莫里斯宣稱，只要「暴亂被平息」，就馬上回來。然而，羅傑．莫里斯再也沒回來過。

羅傑．莫里斯在歷史上因和瑪麗．菲力浦斯結婚而聞名。而這位女士在歷史上出名，是因為她有幸被喬治．華盛頓求過婚。喬治本人在日記裡描述過這件事情，你知道，喬治從來不撒謊的。喬治那時二十五歲，他在前往波士頓的路上，在菲力浦斯家受到款待，那時廣場還沒有建起來。瑪麗時年芳齡二十，粉面含春，身手敏捷輕快。晚餐之後，喬治發現自己單獨和女孩待在客廳的時候，立即向她提出求婚。他是個機會主義者。

女士請求給她時間考慮，但「美國國父」拒絕給她時間。他是位戰士，要求立即投降。之後發生了小小的爭吵，接著喬治跨上馬鞍，馳馬奔向名利之路。瑪麗認為他還會回來，可是喬治從不向同一位女士求婚兩次。

然則他對瑪麗還是抱有好感，原諒了她的行為。他在日記中寫道：「我覺得這位女士當時心情不好。」

與丘比特較量這一回合之後的二十年，喬治．華盛頓將軍，大陸軍的總司令，占領了羅傑．莫里斯宅邸作為總部，而其所有者已經逃之夭夭。

華盛頓有著一種淘氣的幽默感。在搬進大宅時，對他的助手艾倫．伯爾上校說：「我搬到這裡是因為情感上的原因——我對這個地方有著小小的、間接的要求權。」

後來華盛頓正式宣布沒收這項財產，並將它作為戰時違禁品轉交給紐約州政府。莫里斯大約五萬英畝的地產，被紐約州政府分配後賣給定居者。然而，羅傑．莫里斯似乎對這塊地產擁有終身財產所有權，這是一個

非常重要的法律要點，卻在沒收的歡樂當中完全被忽視了。華盛頓是一名偉大的戰士，卻是個漫不經心的律師。

約翰‧雅各‧阿斯特碰巧了解這些事實。他相信，繼承人不能因承租人的行為剝奪掉自己的權利，這些地產從法律上講，還是屬於羅傑‧莫里斯的。阿斯特本人是一個非常優秀的房地產律師，他把這一觀點講給他能找到的最好的律師聽，他們都同意他的觀點。他接著找到繼承人，用十萬美元買下他們的權利。

之後他通知購買土地的各方，他們依次向州政府尋找保護權。

經過多次法律協商後，此案件根據有關規定開審了，紐約州政府直接作為被告，而阿斯特和所有者為原告。

丹尼爾‧韋伯斯特[203]（Daniel Webster）和馬丁‧范布倫[204]（Martin Van Buren）代表州政府辯護，而另外一群沒那麼出名的法律界名人，擔任阿斯特的律師。

案件逐漸縮小到了一個簡單、樸素的要點上：羅傑‧莫里斯不是地產的合法主人，但合法的繼承人不應當為別人的「叛國、叛逆和犯法」而遭受痛苦。阿斯特贏了，作為妥協，州政府給了他二十年的債券，附帶百分之六的利息，淨額為五十萬美元 —— 並不是阿斯特非常需要這些錢，而是融資對他來說是一場遊戲，他贏了這場遊戲。

在第一家Ａ‧Ｔ‧斯圖爾特[205]商店前面，經常有一名老婦人在賣蘋果。

---

[203]　丹尼爾‧韋伯斯特：西元 1782～1852 年，美國政治家。他是著名的演講家，曾支持保存聯邦政府。曾兩度出任國務卿。

[204]　馬丁‧范布倫：西元 1782～1862 年，美國第八任總統，是一名來自紐約的、強而有力的民主黨人。

[205]　斯圖爾特：西元 1803～1876 年，在紐約市的零售業、批發業和製造業中，取得巨大成功而被譽為「商場王子」。

不管天氣如何，她都坐在那裡，對著行人喃喃自語，兜售她的商品。她是乞丐和商人的混合體，有著糊塗的聰明、伶牙俐齒，與滿嘴不宜公開的詞彙。

她有著經商天賦，這可以從一個事實中看出來：她有著一位慷慨大方的客戶——亞歷山大‧Ｔ‧斯圖爾特（Alexander Turney Stewart）。斯圖爾特逐漸對她產生了信任，並將她當作自己的幸運之星。有一次，斯圖爾特商店正在進行商務談判，老婦人不在路邊的位置上，這位「商場王子」急忙派馬車去將她接過來，「怕有什麼得罪的地方」。而這一天最終太平無事。

最先的商場被放棄，建立了斯圖爾特「王宮」之後，賣蘋果的老婦人帶著她的箱子、籃子和傘，也被非常友善地請了過來。

約翰‧雅各‧阿斯特並不像Ａ‧Ｔ‧斯圖爾特那樣，相信幸運先兆、異兆或是吉兆。對他來說，成功是一種順序——一種結果——完全是因果關係。Ａ‧Ｔ‧斯圖爾特也並不完全相信運氣，因為他也會精心策劃和設計。不過凱爾特人和日爾曼人頭腦的不同在於，斯圖爾特希望成功，而阿斯特知道自己能成功。一個有一點擔心；另一個則是惱人地平靜。

阿斯特對於路易斯和克拉克探險隊[206]十分感興趣。他跑到華盛頓去拜訪路易斯，並詳細地詢問他有關西北部的情況。

有傳言說，他給了這位勇敢的發現者一千美元，這是他送出的一筆非常大的數額。

曾經有一個委員會帶著一張捐贈清單前來拜訪，要他捐款給某個很有

---

[206] 梅里韋瑟‧路易斯：西元 1774 ～ 1809 年，美國軍人和探險家。曾率領路易斯和克拉克探險隊從聖路易斯出發，橫貫大陸，抵達哥倫比亞河口。曾於西元 1806 ～ 1809 年期間，任路易斯安那州州長。

意義的慈善事業。阿斯特捐了五十美元。一位失望的委員說道：「噢，阿斯特先生，你兒子威廉可是給了我們一百美元呢！」「是啊，」老人說道，「但你得記住，威廉有一個有錢的老爸。」

華盛頓‧歐文（Washington Irving）曾經詳細講述過阿斯托里亞[207]的故事。這是約翰‧雅各‧阿斯特進行的一次金融冒險。儘管它失敗了，整個事件卻可以充分說明阿斯特具有預見性的頭腦。

「這個國家將看到一系列的不斷發展、興旺發達的城市，直接從紐約到奧勒岡州的阿斯托里亞那裡。」這位先生在回答一個有疑慮的詢問者時說道。

他把自己的計畫提交國會討論，呼籲從蘇必略湖的最西端到太平洋，建立一系列軍事基地，每個軍事基地之間間隔四十英里。

「這些堡壘或軍事基地將演變成為城市。」阿斯特拜訪當時的美國總統湯瑪斯‧傑弗遜時說道。傑弗遜很感興趣，但沒有明確表示意見。阿斯特展示了五大湖區及延伸到這個國家其他地方的地圖。他堅持認為，蘇必略湖的最西端，將會發展成為一個偉大的城市，而其他當時活著的人，沒有哪個能有這樣的先見之明。

西元 1876 年，普羅克特‧諾特用刻薄的口氣譏諷德盧斯[208]：「木材砍伐完後，德盧斯將變成什麼樣？」阿斯特接著回答說，密西根湖的南端將有另外一個偉大的城市發展起來。傑弗遜任下的陸軍部長迪爾伯恩將軍[209]（Henry Dearborn），在現在芝加哥的位置建立了迪爾伯恩堡。阿斯

---

[207]　美國奧勒岡州西北部的城市，位於哥倫比亞河入海口附近。

[208]　美國明尼蘇達州東北部港市，在蘇必略畔。

[209]　迪爾伯恩將軍：西元 1751 ～ 1829 年，美國軍人和政治家，曾參加美國獨立革命戰爭，後代表緬因州在美國國會任職。

特對此發表了評論，並說：「從一個堡壘，你可以建成一個交易站；從一個交易站，你將得到一座城市。」

他在地圖上指著聖安東尼瀑布的位置，對傑弗遜說：「將來某一天，可以在這裡建一座堡壘，因為只要是有水力的地方，就會發展起碾磨穀物的工廠，還會有鋸木廠。這個有水力的地方必須受到保護，因此將堡壘建在此地，最終將發展成一座城市。」但斯耐林堡過了將近五十年後才出現，而聖保羅和明尼阿波利斯這兩個城市，當時還沒人夢想過。

傑弗遜花時間想了想，然後寫信給阿斯特說：「在西部海岸開設一座城市的想法，是一個偉大的收穫。我期盼有這麼一天，我們的人口將沿著整個太平洋前方擴展發展。這些地方目前除了血液的關聯和共同的利益之外，和我們沒有關聯。屆時，他們也能像我們一樣，享受到政府自治的權利。」

清教徒祖先們認為，遠離大海的內陸土地毫無價值，森林是一個不可逾越的堡壘。後來，到了喬治·華盛頓的年代，亞利加尼山脈被認為是一道天然屏障。

派翠克·亨利[210]（Patrick Henry）把亞利加尼山脈·比作分開義大利與德國的阿爾卑斯山脈，他說：「山脈是上帝設好的、將一個民族和另外一個民族隔開的分水嶺。」

後來，政治家們以同樣的口氣談起海洋，以此證明，在國際資本下，所有國家的聯盟永遠不可能存在。

即使是像傑弗遜這樣偉大的人，也只把路易斯和克拉克探險隊的成

---

[210] 派翠克·亨利：西元 1736 ～ 1799 年，美國革命領袖，演講家。曾為維吉尼亞議會議員及大陸會議議員。他的宣言「不自由、毋寧死」推動了弗吉亞民兵的創立。他曾任維吉尼亞州州長。

就，當作是一項壯舉，而不是一個榜樣。他把洛磯山脈[211]看作是把「除了血液的關聯和共同的利益之外，沒有關聯」的不同人群分開的天然屏障。透過隧道穿越這些巨大的山脈，人類的聲音在穿越它們中間時發出低聲細語，這樣的情景當然只是奇蹟，無人能預見到。可是阿斯特閉上眼睛就能看到：巨大的、馱運貨物的動物行列，滿載毛皮的騾子，在這些山間蜿蜒而行，來到阿斯托里亞的潮水邊。在那裡，他的船正在碼頭邊停泊著，準備駛往遠東。而詹姆斯·J·希爾以後才會出現。

　　一家公司成立了，派了兩支探險隊出發，前往哥倫比亞河口。一支經陸地，一支經海洋。

　　經陸地進行的探險隊，基本上沒有成功穿越；這是一次危險的征程，洪水和田野的事故連綿不斷，還要直接面對致命的裂口。但經海洋進行的探險，證明是可行的。

　　一個城鎮建立了，很快就變成了一個商業中心。如果阿斯特在現場親自負責的話，五十年前就會在太平洋出現像西雅圖一樣繁榮、興旺的城市。

　　但是阿斯托里亞的權利被幾個小人物瓜分。他們疲於奔命，只是為了爭得榮譽，只是想看看誰能在天堂的王國裡稱王稱霸。約翰·雅各·阿斯特離得太遠了，不能發一束電流穿透他們的頭腦真空，用理智點亮他們的昏暗角落，使他們震醒，恢復正常。像大多數詹姆士城的第一批定居者一樣，阿斯托里亞的先驅們只看到了前方的失敗。我們所擔心的，都是我們自己引起的。在一塊新大陸定居一批人，這就像大自然企圖在岩石的

---

[211]　北美洲西部從美國阿拉斯加州西北部延伸 4,827 公里至墨西哥邊境的主要山系。它包括眾多的山脈，且形成北美洲大陸的分水嶺。其最高峰是位於科羅拉多州中部海拔 4,402.1 公尺的埃爾伯特峰。

表面形成土壤一樣困難。人們強取豪奪阿斯托里亞，「人各為己，遲者遭殃」──最後一哄而散。

制度和秩序完全被丟棄。像往常一樣，最強者偷了最多東西，不過所有人都得到了一點。而英國在公民方面的收穫，正是我們的損失。

阿斯特在此次探險中損失了一百萬美元，他心平氣和地笑著說：「計畫是對的，是我的人太弱了──僅此而已。通往中國的大門將從西北部打開，我的計畫是正確的。時間將證明，我的推斷是正確的。」

在百老匯大街上，被維西大街和巴克萊大街圍著的街區，簡單的兩層住房被清除，準備建造阿斯特宮酒店。這時一些聰明人都搖著頭說：「這離住宅區太遠了。」

但是，可以通達所有船隻的免費巴士解決了難題，這還給了全世界的旅店業者提供了啟示。客滿的飯店是一個金庫。人餓了就要吃飯，飯店業最棒的一點是，客人第二天又餓了──同時也渴了。

阿斯特身價一千萬，他喜歡坐在阿斯特宮酒店的大廳，看著美元滾入這個由他的頭腦策劃出來的王宮裡，獨自享受這一快樂。產生一個想法後──看著這個想法逐漸成形──然後實現它，看到它在具體的物質中展現出來，這就是他的快樂。當時阿斯特宮酒店的規模，要比現在的華爾道夫酒店[212]還要大。

阿斯特個子高，身材瘦削，外表威風凜凜。他只有一個錯覺，就是覺得自己英語說得不錯。他三十歲時擁有的口音一直伴隨著他，一直到他八十五歲還帶著原汁原味的光彩。「莫（沒）有人知道我斯（是）德國因（人），對不對？」他常說。他會說法語，會說一點西班牙語，還能使用喬

[212] 位於紐約曼哈頓中城的一處豪華酒店。

克托語[213]、奧塔瓦語[214]、莫霍克語[215]和休倫語[216]進行會談。不過，對於能說幾種語言的人，不能指望他可以把其中的任何一種語言說好。

　　然而，當約翰·雅各寫東西的時候，他的英語完美無缺。在所有的交易當中，他尤為可敬、誠實、正直。他付給別人錢，也讓別人付錢給他，他做到了言行一致。就不分青紅皂白地把錢送出而言，他不是慷慨施捨的一類。「如果給予毫無用處，就會使給予者變得稀少。」這是一句他非常喜歡講的話。別人常說，這種態度保護了一個吝嗇的靈魂，但事實並不完全是這樣。晚年時，他隨身攜帶一本帳簿，裡面記載他的財產。這是他的「每日祈禱書」。他對於這本帳簿有著一種可以理解的快樂，他經常去查看某項財產，然後翻閱帳簿，看看十年或二十年前花了多少錢。看到自己的預測是正確的，這對他來說是一種巨大的快樂源泉。

　　他的生活習慣無可挑剔。晚上九點上床睡覺，早上六點前起床，七點就到了辦公室。他完全知道，要吃得節儉，要經常散步，因此他從來不生病。

　　百萬富翁們通常都非常可悲地無知。錢財到了一定數額後，無知的程度也隨之增長。然後，他們的精神開始萎縮，對財富的擔憂是一種懲罰。我建議各位讀者在累積起一千萬的身家之前要三思。約翰·雅各·阿斯特是個例外，他既愛財，也愛書。對歷史他可以脫口而出，地理他可以玩於股掌之中。菲茨格林·哈勒克[217]（Fitz-Greene Halleck）是他的私人祕書，

---

[213]　居住在美國密西西比州中部和南部，以及阿拉巴馬州西南部的美洲土著喬克托部落的語言。

[214]　美洲土著民族奧塔瓦人的語言。奧塔瓦人原先居住在休倫湖的北岸，後來散布於五大湖北部地方。

[215]　美國土著民族莫霍克人的語言。

[216]　美國土著民族休倫人的語言。

[217]　菲茨格林·哈勒克：西元 1790 ～ 1867 年，美國詩人，他的拜倫式的作品包括《不祥之音》和《馬科·博紮裡斯》。

主要依據文學友誼而僱傭的。華盛頓·歐文也是他的密友，歐文第一次穿越大西洋，就是拿著阿斯特的通行證。他信賴歐文的天才，借錢給他往來及購買房子。

在阿斯特的遺囑中，歐文的名字出現在阿斯特圖書館基金會信託人的名單中，而歐文透過寫作《阿斯托利亞》（*Astoria*）還清了所有的人情債。

阿斯特去世時八十六歲。死於自然死亡，這是很少發生的事。機器突然一下子停止了運轉。他意識到，自己缺乏書本方面的優勢，因此在遺囑中留下四十萬美元，建立了阿斯特圖書館，為的是讓其他人從中受益，因為他自己當年沒有條件讀書。他還留下五萬美元給自己的家鄉沃爾夫多鎮，一部分錢用於在當地建立一座圖書館。上帝真的是用心良苦，若是百萬富翁們長生不老的話，他們的錢會帶來巨大的痛苦，膨脹的財富不僅將把人類逼到牆角，而且會逼進大海。死神是救助者，因為時間阻止了能量，為萬事萬物帶來平等，並給新的一代提供了機會。

阿斯特憎惡賭徒。他從來都不會把賭博這種獲得錢財的方式，等同於實際的生產。

他知道，賭博什麼也沒生產出來 —— 它只是轉移了財富，改變了主人。由於它涉及到時間與精力的流失 —— 它絕對是一種浪費的行為。

然而，購買土地，持有土地，從而押注其價值上揚，這也不是生產。不管怎麼說，對阿斯特來說，這樣做合法又合理。

亨利·喬治 [218]（Henry George）以前沒有涉及過這個問題，也沒有哪個經濟學家曾經寫過：獲得土地，持有土地而不使用，等待土地價格上

---

[218] 亨利·喬治：西元 1839～1897 年，美國記者和改革家，以其稅收理論聞名，作品包括《進步與貧窮》。

漲，是一種自私自利、不道德、只顧自己的行為。道德只是經度和時間的問題。

　　阿斯特是荷蘭歸正教會的教徒，不過他在有生之年，都對天啟教 [219] 不以為然，不怎麼相信。他對於生物學了解得比較多，知道宗教不是「啟示」而成的，是演變而成的。但他認可教會的價值，把它當成是一種社會要素。

　　對他來說，這是一種良好的員警系統。因此，如果能以合適的方式來要求，他會慢慢適度地付出，不管是什麼信仰或宗教。

　　追溯他的祖先，在幾代之前，有一個改變信仰的猶太人，他深愛一名基督徒女孩，因此改變了自己的信仰。當丘比特和牧師交鋒的時候，宗教受到了致命的一擊。約翰・雅各・阿斯特遺傳了這種自由血液的流注。

　　在經濟方面，約翰・雅各的兒子威廉・B・阿斯特在成長的過程中，朝著自己發展的方向前行。他勤學好問、有條不紊、小心謹慎，而且有著實現父親願望的良好意識。而他的兒子，約翰・雅各・阿斯特，非常像他，只不過更中性化一點。阿斯特家族出現另外一個天才的時機已經成熟了。

　　如果說威廉・B・阿斯特缺少他父親的勇氣和主動精神的話，他更有文化，而且他的英語不帶口音。約翰・雅各・阿斯特二世的兒子是威廉・沃爾多夫・阿斯特，他說的英語帶著英國口音，你知道。

　　約翰・雅各・阿斯特除了擁有美國第一家銷售樂器的商店之外，還組成了第一支超過十二名樂手的管弦樂隊。他從德國帶來一名指揮，對於新大陸對音樂的熱愛做了許多推動工作。每一個富有的文學、藝術資助者，

---

[219]　一種主要建立於上帝對人類啟示之上的宗教。

都會想像自己是一位偉大的畫家、作家、雕刻家或者音樂家，只是因為被物質的煩惱所牽絆，所以命運把這些煩惱加諸在自己的頭上。

　　約翰·雅各·阿斯特曾經告訴華盛頓·歐文說，是商業責任阻止自己成為一名小說家；在其他時候，他也曾宣稱，他打算處理完所有的證券之後，把音樂作為自己的職業。不管約翰·雅各是否實現了夢想，這些無疑使他增添了安寧、快樂和壽命。把自己的文學傑作留在墨水瓶裡，從而逃脫了評論家的批評，這樣的一個人，真是快樂無比。

第六章　約翰・J・阿斯特

第七章
彼得‧庫珀

　　彼得‧庫珀（Peter Cooper，西元 1791 ～ 1883 年），美國製造商、發明家與慈善家。他製造了第一臺美國機車，在紐約市創辦庫珀學院，被譽為「紐約市第一市民」。庫珀是個白手起家的百萬富翁，受過的正規教育不多，在多個行業工作過。西元 1828 年。他在巴爾的摩開辦一家鐵廠，在那裡設計製造出美國的第一輛蒸汽機車。他投資埋設第一條跨大西洋電纜的電報公司，甚至還發明了許多節省勞力的機器，例如洗衣機。庫珀熱心投入公共事務，曾擔任多項公職，積極為市民服務。

讓我們的學校傳授勞動的高貴、為人類服務的美麗，但永遠不要宣揚流傳多年的迷信！

—— 彼得・庫珀

西元 1791 年，彼得・庫珀出生於紐約市。他活到 92 歲，於西元 1883 年離開人世。

他先後當過工人、職員、技工、發明家、生產商、金融家、教師、慈善家和哲學家。

若說勞勃・歐文是世界上第一位現代商人的話，彼得・庫珀則是美國的第一位商人。他似乎是美國第一個拋棄「購者自慎！」這句法律格言的傑出人物。事實上，他為購者服務，在考慮自己的利益之前，先考慮其他人的利益。他實踐了這條金科玉律，並獲得回報，而我們大多數人，只把它當作是一種有趣的實驗。我曾針對城市長大的男孩及一般城市人，說過一些偏激的話，不過當我想起這位精力旺盛、不知疲倦、熱情洋溢、勇敢無畏、誠實可靠、富有男子漢氣概的彼得・庫珀時，我忍不住想向他們道歉，說幾句懺悔的話。

上星期，有一位紐約市的婦人，在我的壁爐架上看到一個漂亮的黃銅奧利弗犁具模型，她問我：「這是什麼樂器啊？」這證明，她不屬於彼得・庫珀這一類人。她是另外一類人 —— 這類人看到蝌蚪會說：「噢，多可愛啊 —— 它們下週就要變成蝴蝶了！」或者會問：「是哪一頭奶牛能擠出乳酪來的？」這個問題曾使南森・施特勞斯[220] 倒過來用手走路。

儘管彼得・庫珀在紐約市出生，而且一生大部分時間都在紐約市安

---

[220] 南森・施特勞斯：西元 1848 ～ 1931 年，德裔美國商人，與其兄弟伊斯都擁有紐約市的麥思百貨商店，並創立了相當數量的慈善機構。

家，但他熱愛鄉村。多年以來，星期天是他到森林和田野的日子，神聖不可侵犯。從最嚴格的意義來講，我們可以說，儘管彼得・庫珀出生於紐約市，像比爾・奈[221]一樣，兩歲的時候，他就說服父母搬家。一家人在當時的皮克斯基爾[222]小村莊安家，年輕人一直住在那裡，一直到十七歲。

彼得・庫珀是繼班傑明・富蘭克林之後，又一位接受全面教育的美國人。他完美的健康幫助他活到高壽 —— 他的一生心智健全、健康幸福。這些都證明，他深知健康的法則，而且有著遵守這些法則的願望。他從來都不願「退出做事」 —— 假使他退出某項工作，那只不過是因為他要接手另一件更難做的事情。

一直到去世的那一天，他都在戰鬥之中；他總把戰旗扛到最前線。

他是一名自由思想家，而在這個時代，擁有自己的思想會受人排斥。他不知疲倦的頭腦對於陳腐過時的神學嗤之以鼻，它就像不能跟上形勢的交通機制一樣。他的宗教和他的工作相結合，和他的生活融為一體。

他建造了美國第一個鐵路機車，是它的第一個機師，直到他教會別人怎麼操作。他滾動了鐵路上的第一批鐵輪、製造了用於建造防火建築物的第一根鐵柱。他是賽勒斯・韋斯特・菲爾德[223]（Cyrus West Field）極為親密的朋友和顧問，並把他的發明才能、天才和金錢，借給了大西洋電纜的鋪設工作；後來又擔任大西洋電纜公司的總裁十八年。

在設立及捐贈庫珀學院的過程中，他確定了一種造福人類的教育體制

---

[221] 比爾・奈：西元 1850 ～ 1896 年，美國幽默作家。他的許多關於美國生活的軼聞，首次發表在美國懷俄明州拉勒米的《飛去來器》上。

[222] 美國紐約東南部的城市，位於懷特普萊恩斯以北哈德遜河畔。它在美國獨立戰爭時期具有戰略意義，西元 1777 年曾被英軍焚毀。

[223] 賽勒斯・韋斯特・菲爾德：西元 1819 ～ 1892 年，美國商人及金融家。他設計並監督了於西元 1866 年完成的、橫貫大西洋的電纜鋪設工程。

的輪廓，它吸引了全世界有頭腦的人們的注意力。現在它甚至被當作一種模型，用於建造我們整個公共學校制度 —— 這種制度不是為了文化，不是為了一些不實在的目的而設立，它的目的是為了塑造個性和能力。雜七雜八的教育可能會讓人印象深刻，卻在實際使用時毫無價值。彼得‧庫珀的成就，使取得一般性成功的人望塵莫及。

世界需要更多像彼得‧庫珀這樣的人 —— 這樣的富翁，不是為慈善事業開出支票，就解除了自己的責任，而是為了人類的進步，奉獻出自己的生命。

讓我們趕上彼得‧庫珀的步伐吧！

彼得‧庫珀的父親約翰‧庫珀祖先是英格蘭人。西元 1776 年是他最難忘的一年，那一年他二十一歲。在聽到「拿起武器」的第一聲號召之後，他報名參軍，成為一名隨時應召民兵。他在戰爭中勇猛無比，在戰場上、在紐約市周圍的要塞裡作戰，打完自由之戰後身無分文，卻擁有了一個無價之寶 —— 他的妻子。

西元 1779 年，他和約翰‧坎貝爾將軍的女兒結婚，坎貝爾將軍是他的指揮官，當時駐紮在西點軍校。身為一名中士，做出這樣的事真的是「駭人聽聞」，我很抱歉地說，它絕對是一無上級命令，二無父母同意。新娘把它稱為「庫珀聯盟」。

坎貝爾一家完完全全是蘇格蘭人。蘇格蘭人有一個壞習慣，總覺得他們比英格蘭人好上那麼一點點。像愛爾蘭人一樣，他們對於英格蘭人總是要猜疑打量一番。蘇格蘭發誓說，他們從來就沒有被征服過，絕對不會被約翰牛征服。只要他們提出要什麼，約翰牛總是非常樂於拿出來。

到了談婚論嫁年齡的時候，庫珀中士忙於做一件可歌可泣的事情 ——

照顧坎貝爾先生的馬，另外，讓大家也知道一下，他還為坎貝爾一家照料花園。

在花園工作的時候，約翰・庫珀接受瑪格麗特・坎貝爾的直接指揮。

工作之餘，中士經常吹奏短笛，在吹完一些動聽的曲子之後，他演奏了一首名為「坎貝爾一家就要來了」的曲子。正是在這樣的笛聲飄揚之中，這對年輕人乾脆走出去，結了婚，證明了我一直持有的一個觀點，也就是：音樂是一種輔助的示愛方式。

接到這些情況的報告之後，坎貝爾將軍立即下令槍斃約翰・庫珀中士。在處決進行之前，判決改為關禁閉三十天。關了一天之後，在他妻子的請求之下，犯人被赦免了處罰。

一個月之後，他被提升為上尉，後來又變成中校。士兵的行業不是開發腦力資源的一類工作。士兵聽從命令進行戰鬥；創新、多產和節約，只會讓你的士兵們心不在焉。

完全可以這樣說，在戰爭中，約翰・庫珀失去了成為一位一流公民的能力。他很勤奮，但也很浪費；他賺到了錢，最後又失去了。他養成了放棄一些好的發明，而選擇更糟糕發明的習慣。有能力進行摒棄是不錯，可是在篩選想法的時候，若是讓我們只堅持那些可行的想法，命運最終會證明，確實還有更好的主意。

彼得・庫珀在全家九個孩子當中排行第五。蜜蜂知道性別的祕密，人類則不知道。彼得・庫珀的母親認為她的第五個孩子會是個女孩，直到這個男孩長大成人，證明他的本領之後，他的父母才記起為什麼替他起名叫「彼得」，並說：「在這塊石頭[224]上將建造起我們的家族。」

---

[224] 彼得是耶穌十二門徒的領導者，彼得是耶穌替他取的名字，這個名字不是當時慣用的姓名，只是一個諢名，是石頭的意思。

出生於父母不知如何過日子的家庭，而且出生於一個大家庭，這是一個非常大的福氣。對立的一面教會我們的東西，與命令、指令教給我們的東西一樣多。更主要的是，我們透過掙扎學會生存，而不是透過那個被稱為「完美成功」的真空而獲得免疫。

　　彼得・庫珀的童年充滿艱苦的勞作、無盡的辛苦。他只上了一年的學，他的一生中只上過這一年學，而且有一段時間每天只能上半天學。由於書本知識的缺乏，他急於了解知識，急於學習，因此，他的劣勢反而給了他大學往往未能給予的好東西，那就是學習習慣。他之所以能獲得它，是因為他想上學卻上不了。幸福快樂的彼得・庫珀！

　　然而，他從來都不知道，許多年輕人被送到學校讀書，被迫聆聽老學究們的絮絮叨叨，考試變成了噩夢，上大學最終變成了懲罰。因而多數大學畢業生對於讀完大學、站在「新的出發點」上後忍不住欣喜若狂 —— 他以後再也不想看書了。

　　對於這樣的一個人，我們可以非常肯定地說：「他從大學獲得了教育。」 —— 而全世界都知道，真正有點價值的教育，是我們從生活中接受的教育。

　　彼得・庫珀爬山的愛好，在早年就非常明顯，慢慢變成了習慣；後來，他的爬山愛好實現了從身體到精神上的昇華，他的一生都在堅持不懈地向上攀登。

　　他也讓別人和他一起攀登，因為沒有人會獨自一人登山。十二歲時，彼得・庫珀自豪地爬上家裡住房的屋梁上，小女孩們非常吃驚、崇拜，而男孩子們則非常嫉妒。孩子們氣喘吁吁地跑進家裡，向忙碌的母親報告這個消息，「彼得，他跑到屋子上面去了！」母親則回答說：「那麼他就不會

在哈德遜河淹死了！」

在另外的場合是這樣的話：「彼得，他正在橫穿河流！」這時，母親就安慰自己，想著男孩不會有馬上從屋頂溜下來、摔斷脖子的危險。有一次，小彼得爬到一棵高大的榆樹上，去掏一個懸在樹上的鳥窩，鳥窩掛在一條高高的、伸出來的枝條上，離樹幹很遠。

他毫不費力就掏到了這個「鳥窩」，只不過他的判斷並不正確，因為它毫無疑問是一個大黃蜂窩。

為了逃避大黃蜂們的憤怒攻擊，彼得「舉手過肩」地下了樹，解釋一下，意思就是他從樹上摔了下來，摔下時掛到樹枝上，減緩了下跌速度。最後摔落地面的距離大約有三十英尺。摔下來時，他並沒有受傷，但突然的停頓令他摔斷了鎖骨、摔掉了三顆牙齒，而且下巴還劃出了一道傷疤，這道傷疤伴隨了他一生。

生活是一種危險的遊戲，少有人能活著完成遊戲。生活是你用能力下注的結果 —— 取得成就 —— 實現願望 —— 攀登高峰 —— 獲得成功。倘若你把黃蜂窩誤以為是鳥窩，你要為你的錯誤遭受懲罰，只要犯錯，就要付出代價。只有那些敢做敢當的人，才是真正做事情的人。

如果什麼都不做，什麼都不說，也不想有什麼作為，當然能確保平安無事了。可是我們這裡說的是敢想敢做的人！

彼得‧庫珀認為，如果有什麼事情以前從未做過，並不意味著現在就不能去做。

儘管他出於無知捅了幾個黃蜂窩，卻透過親身經歷，對於鳥窩和黃蜂窩可以做出良好的判斷，這就是犯錯的優勢。但是，智慧在於，不能再犯同樣的錯誤。

彼得‧庫珀全身都是摔傷、抓傷、拉傷或是燒傷、炸傷的疤痕。若上帝不是查看我們的獎章和證書，而是以傷痕評定成就，彼得‧庫珀肯定能滿足這個要求。

十七歲時，他來到紐約，去一位名叫伍德沃德的馬車製造商那裡當學徒。他除了免費住宿、洗漱、縫縫補補之外，一年可以拿到二十五美元的薪資。這是一份四年的勞役、服務合約，把自己賣四年。頭兩年，他從薪資中存下二十美元。第三年，他的雇主主動付給他五十美元；第四年，加到了七十五美元。

簡而言之，年輕人已經學成手藝。

伍德沃德的店鋪位於百老匯大街和錢伯斯街的街角，當時那裡是這座城市的最北端。過去一點是一個很大的花園，由一個富裕而富有進取心的愛爾蘭人經營，他向船長們供應蔬菜。花園後來變成市政廳公園，並矗立起美國最漂亮的市政大樓。愛爾蘭人依然控制著這些地方。

紐約市的居民當時不到四萬。彼得‧庫珀親眼目睹城市人口發展到兩百萬。他在成年之後的七十一年，抱著積極而充滿智慧的興趣，投身於它的發展當中，用自己的夢想替這座城市染上最出色的思想和希望。

馬車製造當時是一個很大的產業。當時是公共馬車的時代，一輛好的馬車，無論在哪裡，都可以賣三百到一千美元。

這個工作透過使用一些小器具完成，老闆和徒弟們一年可以生產出三至四輛馬車。彼得‧庫珀的雄心壯志，就是製造全世界最好的馬車。

後來，為了獲得一些必要的資金，他受僱於一位長島亨普斯特德[225]的呢絨商，一天能賺到一點五美元。當時一天一美元就是很高的薪資了，

---

[225]　紐約東南的小村莊，位於長島以西。

但庫珀在使用機器方面有著發明才能。那時他已經發明了給馬車輪子接榫眼的機器，並獲得專利。

此時彼得·庫珀又完善了一臺修整呢絨的機器。由於這一發明是在工作時間之內、在他工作的工廠內完成的，所以他只能獲得三分之一的利益。

他回到皮克斯基爾的老家探親後，遇到了馬修·瓦薩[226]。瓦薩即將名垂青史，不是作為毛紡商，也不是作為一家非常好的釀酒廠廠主，而是作為一家專為女孩設立的學校創立者，學校經常被不正規地稱為「女子學院」。

彼得·庫珀將他的專利權轉讓給馬修·瓦薩，轉讓費是五百美元。彼得的父親在一生中從未在某個時候見過這麼多的錢。

西元 1812 年，戰爭正在進行當中，呢絨的需求量大，英國的供應已經被切斷了。

機遇與彼得相遇了，或者說彼得本人就是機遇之神？

有人告訴我們，結婚率與玉米的價格同步。依靠他那五百美元的優勢，彼得·庫珀登上了婚姻的海船，村莊的編輯們就是這樣說的。當彼得·庫珀和莎拉·貝德爾結婚時，這對於世界都是件非常幸運的事情。彼得·庫珀是一個注重實際的人，注重實際之人，真的是比天才還更好。注重實際的人，是一個這樣的人，只要別人認為他是什麼樣的人，他就不會做出不同於他這一類人做的事來。

他寧願真實地做個注重實際的人，而不是看起來像這樣的人！但是，

---

[226]　馬修·瓦薩：西元 1792～1868 年，美國商人和慈善家，他宣導讓婦女接受高等教育，並捐資設立了瓦薩大學。

注重實際的男人需要一個注重實際的女人來幫忙，幫他過一種注重實際的生活。庫珀夫人是一位注重實際的女人，她父母是胡格諾教徒[227]。

宗教迫害給了胡格諾教徒一種精神和道德上的堅韌，就像它賜福、造福於清教徒一樣。獨立思考的習慣已經滲入這些胡格諾教徒的血脈之中，他們在獨立戰爭中扮演了重要的角色。就像猶太人一樣，他們創造了出色的自由思想家。

他們自行推斷出一些東西，而不是盲目地崇拜前人。

彼得和莎拉並肩面對生活的戰鬥，一同戰鬥了五十七年。他透過向她解釋計畫，明晰了自己的想法，他們一起變得富有 —— 金錢方面的富有、知識方面的富有、經驗方面的富有和愛情方面的富有。

有一些人，並不滿足於把所有的蛋放進一個籃子，然後守著籃子看結果。

彼得‧庫珀渴望冒險的刺激。他的天性需要新的安排、新的計畫、新的方法，以切斷他頭腦的衝動。他的天才「信風」[228] 並不只朝一個方向持續吹送，要是他滿足於全心全意製造馬車，他會富得流油。事實上，他能夠製造和別人一樣好的馬車，但這一點只滿足了他天性的一小部分。

西元 1812 年戰爭結束之後，對於羊毛的需求大幅下降。彼得‧庫珀把自己持有的財產賣掉，買了一間雜貨店，只經營了很短的時間。他在再一次進貨的時候，就將它賣給一個比自己更想要它的人。

之後他開了一間家具廠，因為他是一個專業的木材工人。不過木工臺對他來說，只能用來唱配角戲。他做事的時候，思維在全世界漫遊。

---

[227]　16 ～ 17 世紀法國的新教徒。

[228]　又叫「貿易風」，占據大部分熱帶地區的穩定主導風系，構成了大氣總循環的主要成分，在北半球向東北方向刮，在南半球為東南方向。

他在製造家具的過程中使用膠水，而把膠水賣給他的人，在現在派克大街酒店位置的地方擁有一間小廠。

製造膠水的這個人不喜歡這個行業，他想做家具，就像喜劇演員總想扮演哈姆雷特一樣。彼得‧庫珀的家具廠位於一棟租來的大樓裡，膠水商的場地則是屬於自己的。彼得‧庫珀拿自己的家具店和膠水廠交換，並獲得了房產的地契。那時他三十三歲。

膠水廠是他財富的基礎，他製造的膠水，比美國任何一家膠水廠的膠水都要更好、更多。有頭腦的人很少會陷於膠水生意當中，畢竟膠水行業有許多不是那麼令人愉快的特點。然而，這一行業的艱難性恰好吸引了庫珀。他從來都不把它的膠水廠稱為化工實驗室，或者是工作室。他對自己的業務充滿自豪，他製造了美國的第一批魚膠[229]，並壟斷這一行業的生意好些年。

但是，只做一種生意對彼得‧庫珀來說遠遠不夠。膠水廠下屬有一間機械工廠，那裡是許多發明創造的現場。西元 1827 年和 1828 年，彼得‧庫珀在這裡設計並製造了一臺蒸汽機，他認為，這肯定是對瓦特在英國製造的機器的改進。

彼得‧庫珀這一臺特別的機器，它的設計是，把曲柄廢棄不用，將活塞的直線運動轉為旋轉運動。他計算出，這樣可以節約五分之二的蒸汽，他在專利申請上就是這麼寫的，而筆者面前就放著這樣一份申請書。

專利局當時由總統本人親自負責。彼得‧庫珀的專利是由總統約翰‧昆西‧亞當斯（John Quincy Adams）、國務卿亨利‧克萊及司法部長威廉‧維特簽名的。

---

[229]　一種從鱘魚或其他魚類的鰾中提取的、透明到幾乎純淨的明膠，用作黏合劑或淨化劑。

這個專利的時效是十四年，要是現在任何人想侵犯這個專利，都不會受到懲罰。

　　當時，並沒有受過培訓的專利檢查員，總統和國務卿不願因技術問題阻礙發明家，因此只要付了專利費，就可以給你專利權，所有有關優先權的問題，都交給法庭爭鬥。彼得申請這個專利的時候，美國發布的所有專利加起來，都不如授予給一個人──也就是湯瑪斯·A·愛迪生──的專利多。彼得親自來到華盛頓，向約翰·昆西·亞當斯和亨利·克萊解釋他的發明，而他們顯然非常樂意在專利書上簽名，並不想費腦筋去明白這個發明是怎麼回事。在申請書中，彼得·庫珀寫道：「這一發明可適用於拖拉陸地馬車的發動機。」

　　一年前，英國的史蒂芬森已經在曼徹斯特一條環型的、兩英里的鐵軌上，展示了他的機車「火箭號」。庫珀沒有見過「火箭號」，不過史蒂芬森的榜樣激發了他的頭腦，他在自己腦海中加速了系統的開發。

　　此時，彼得·庫珀三十六歲，他的膠水生意非常好。他將盈餘的幾千美元投資巴爾的摩附近的炭窯，並因此在這座城市的郊區進行土地投機買賣。他的合夥人最後放棄了這筆生意，留下他自己面對失敗的恥辱。

　　商業從巴爾的摩轉移到了費城和紐約，伊利運河已經開放，看來似乎這就是通往西部的路徑──從哈德遜河到奧爾巴尼，然後經由運河到布法羅，接著經過五大湖區通往希望之鄉。

　　賓夕法尼亞州有一整套的運河系統，一部分在使用當中，其他的還在建造，將在匹茲堡開闢一條通往俄亥俄河的路徑。工程師們查看過地形後，他們的看法是，巴爾的摩被一些不可逾越的困難所包圍。很快有人預言說，不久之後，根本不會再有船到巴爾的摩來。在這個低迷的商業氣氛

下，彼得・庫珀眼看自己在巴爾的摩的投資就要無影無蹤、消失殆盡。

此時，曼徹斯特和利物浦的鐵路已開始運行。鐵路用上了載客馬車和運貨馬車，只不過用了新的輪胎，上面帶著凸緣，以使車輪能停留在鐵軌上。結果發現，一群馬在鐵路上拉動的馬車載重量，要比平地上馬車的載重量多一倍。

消息傳到美國。首先試著用木軌，然後是在上面釘上綁帶鐵塊加固。這是個偉大的想法 —— 從巴爾的摩到俄亥俄河建造一條鐵路，這樣就可以和賓夕法尼亞通往俄亥俄的運河競爭了！

西元 1827 年，巴爾的摩及俄亥俄鐵路公司成立了，這是美國的第一條鐵路。彼得・庫珀傾其所有買下了股份。這是一場生死搏鬥，倘若鐵路成功，巴爾的摩獲救，彼得・庫珀將成為富人；否則他將面臨破產。史蒂芬森在英國的「火箭號」可以每小時十英里的速度拉三個或四個車廂。而一群馬在同樣的鐵軌上，只能以每小時六英里或七英里的速度拉一個車廂。

巴爾的摩市和馬里蘭州，被授權購買新運輸公司的股份。這樣，我們發現，第一條美國鐵路是由南政府控股的。市長和州長都聽過彼得・庫珀的機車，他曾說這可以用於拖拉「陸地馬車」，現在他們懇求他伸出援救之手。勞勃・富爾敦（Robert Fulton）已證明蒸汽船是可行的；但富爾敦對鐵路並不感興趣。他堅持說，幾乎每個人都這樣說，水路是唯一安全、穩妥、經濟的運輸方式。當要從奧爾巴尼到斯卡奈塔第建造鐵路的時候，剛開始的想法是用機車拖拉運河用的平底船。彼得・庫珀聽到了巴爾的摩的哀號，他說道：「我會在六週內敲打出一臺機車來，它能以每小時十英里

的速度拖拉車廂，可以打敗任何一艘船底有過藤壺[230]的運河船。」

　　彼得‧庫珀從巴爾的摩回到紐約，心裡忐忑不安，擔心自己誇下海口了。

　　真實的情況是，他在實際測試前就獲得了機車的專利權。他造出了機車，但必須再造出一個汽鍋，用來產生蒸汽，使輪子轉動。他造出了汽鍋，並親手釘上鉚釘。它豎起來的高度有他肩膀那麼高。

　　它的下面有一個爐子，沒有帶管子，原理是把它裝滿一半的水，然後把水燒開。

　　製造汽鍋花了三週的時間。汽鍋就像普通廚房裡的油桶那麼大，沒有水位表，也沒有蒸汽刻度表。機師必須對於他掌握的壓力大小做出判斷。

　　汽鍋做完之後，最大的困難是如何將蒸汽從汽鍋傳到機車。

　　那時美國沒有生產或銷售熟鐵管。庫珀找了幾支步槍，把槍管用作連接汽鍋和機車的管子。

　　這些東西全部適當地焊接到位。接著機車和汽鍋被放到一個小小的、平頂的車廂上面，用插銷固定。機車有一個輪子，從旁邊伸出來，有一條環形鏈條繞過車廂的輪軸。

　　彼得做了實驗，發現汽鍋裡的水只能堅持一個小時；然後就要把火引過來，將汽鍋冷卻再加水。他試過機車，它運轉良好，但沒有鐵路可以試試車廂，只能帶到巴爾的摩之後再試。於是他在車廂上套了一群馬，之後機車在三天之內運抵巴爾的摩。

　　彼得把車廂及凸緣放在軌道上，沿著鐵軌前後推了推，它和鐵軌接合得非常好。然後他和幫忙的兩個男孩回到酒店，男孩上床睡覺之後，他偷

---

[230]　藤壺：附著在水下船底或柱石上的貝屬動物。

偷地消失在黑暗之中，把汽鍋裝滿水，把頂部固定好，把火點著。

這是令人振奮的時刻，他發動了蒸汽 —— 輪子旋轉起來 —— 之後卡住了。

他有一根矛竿，就用這根竿子推了幾下。環形鏈轉了起來，機器發動了 —— 飛轉起來 —— 快得和人能跑的最快速度一樣快。然後彼得將機器弄回機器房，回到酒店，上床睡覺，他成功了。

第二天，他邀請鐵路公司的總裁和市長和他一起乘車。

機器在發動的時候，要用竿子捅一下或是推一下，證明原理是正確的。接下來，舉行了公眾展示，有四十名男人和一名婦女志願參加乘車。

他們坐在機車上及由機車拖拉的一個大車廂裡。他們將馬車頂蓋好，緊緊地抓住兩邊。十幾個人緊緊抓住馬車，用力一推，機車就開動了。鐵路只有十三英里長，這一距離花了一小時十二分鐘。

然後要把火引過來，重新替汽鍋加水。同樣也給所有的乘客們重新加「水」，因為威士忌全喝光了。

彼得・庫珀準備返程。他命令每個人都把自己的帽子抓牢，然後大家一起一推一拉，車子又發動了，他們返程只用了五十八分鐘。機車的成功雖然遠遠超過彼得的預想，卻也有一些急需解決的問題。其中之一是，在一邊推拉會使凸緣卡住另一邊的鐵軌。這一問題的解決方法是，在兩邊各放一個輪子，然後在兩個突出的輪軸各加一條鏈子。

用手推拉發動機車也受到批評。另外，大家也注意到，機車每隔一小時就要關掉。彼得・庫珀讓大家注意到這個事實，即便是一匹馬也要喝水，這樣就讓吹毛求疵者閉嘴。至於透過推拉發動機車這一點，乘客的職責是和機師一起合作。除此之外，乘客就像馬一樣，會渴、會餓，也會想

要一點點變化。

彼得・庫珀向批評家們保證，汽鍋加水的時候，人們可以喝點什麼，伸伸腿，彎彎腰。

有人經營了一條公共馬車線路，和巴爾的摩及俄亥俄鐵路平行，他們對於彼得・庫珀的「茶壺」開了一大堆的玩笑。

有一次，他們把一塊鐵軌弄鬆了，機車就跑到地溝裡去。有一段時間，這使交通大受打擊，還有其他一些人預測，再過幾年就離不開馬了。

最後，公共馬車線路的所有者，向鐵路公司提出挑戰，進行從瑞利酒館到巴爾的摩的比賽，路程是九英里。比賽是用一匹以速度及耐力出名的灰馬與「茶壺」進行較量，路程直接沿著車廂的路線行走。事實上，比賽只跑了鐵路的一部分，這是遭到反對的原因之一。比賽於西元 1830 年 9 月 18 日舉行，賭注達數千美元，從起點到終點擠滿了密密麻麻的人群。機車只拖拉一個車廂，只有一名乘客。灰馬套在一輛輕便馬車上，除了車夫外只有一名乘客。

機車領先跑了五英里，突然汽鍋漏水，停了下來，機師因為太緊張，加的壓力過大。馬贏了這場比賽，這對許多人來說，證明了一個事實，他們曾對此有所懷疑，並做過預測；也就是說，用於陸地馬車的蒸汽機只不過是個玩具。附近的農夫又振作起來，又開始把精力轉向養馬。

西元 1831 年，彼得・庫珀四十歲，身價五萬美元；四十五歲的時候，身價十萬美元；五十歲的時候，身價超過二十萬美元。他是紐約最富有的人之一，而且還是個有影響力的人。

如果他全心全意地投入賺錢，他可能會變成美國最富有的人。

彼得・庫珀卻跑去擔任行政職務，理由是這樣能為民服務，而不是為

某個黨派或他自己服務。在所有的協商機構中，實際工作只是由一些人做的。十幾個或是少於這個數目的人，在使國會運轉起來。

彼得‧庫珀為紐約市和州政府服務了四十年，總是因此遭受經濟上的損失。他親眼目睹了圍住印第安人的柵欄從曼哈頓島逐漸移去。當他被選為市政參事的時候，城市每晚都有巡夜人巡邏。他們到處巡視，報著時間，喊著：「平安無事嘍！」從午夜直到凌晨五點這五個小時。他們不斷地走著路，守著夜。每晚的酬勞是一美元，錢是從他們巡邏經過的街道的屋主那裡收來的，就像在一些鄉鎮，由屋主出錢，讓人在住房前的街道灑水一樣。

彼得‧庫珀創新地發明一種「公共安全」或員警保護的制度。他廢棄志願性質的消防隊，代之以收費的消防服務。他是第一個反對用水井當作發展中城市供水的人。

紐約最初使用的水管是鑽孔的木頭；他反對使用這些木管，最後說服城市使用鐵管。當時美國沒有生產鐵管，他便設立了一家生產鐵管的公司。很自然地，他要求使用鐵管的動機被人攻擊，但他堅守自己的立場，製造鐵管賣給城市，而不是說城市不需要它們。他足夠勇敢，只要有可能使人們的生活更好，他便敢把自己置於被人懷疑的處境。

西元 1830 年，為了抗議將學校基金分給宗教性的學校，他組織了「自由學校協會」。使用公共資金傳授任何形式的宗教，對他來說，都是令人深惡痛絕的事情。彼得‧庫珀被人譴責為一名異教徒及社會的公敵，但他一生清白，對於自認為是正確的事情都無私奉獻，這些是他的盾牌和防禦物。這場戰鬥從西元 1830 年一直打到西元 1853 年，最後以法令形式作了規定：「透過稅收籌集的資金，不應提供給或是用於支援任何宗教性的學

校，或者傳授、灌輸、實踐某種宗教性教義或原則的學校。」

　　自由學校協會隨後與學校委員會合併，不再作為一個獨立的機構存在。

　　合併的計畫暫時將彼得‧庫珀後來想出的不朽想法束之高閣。彼得‧庫珀完全明白，這場使學校免受迷信玷汙的戰鬥，並未取得全面的勝利。

　　在紐約學校委員會的長期服務中，彼得‧庫珀想出了一個理想的教育方法，卻無法讓同城同胞留下什麼印象。無疑，他們的漠然和反對，反而使他的想法變得更為清晰。

　　並不能說，彼得‧庫珀對於紐約的公共學校制度深惡痛絕，因為他比任何人都投入得更多，想讓它發展起來，帶著它從非常不足的開端往前邁步。民主是抵抗暴政的保障，可是它經常箍緊及阻礙真正的創新行動。如果西元 1850 年整個州的公共學校制度都委託給彼得‧庫珀負責，他身為唯一的一名委員，可以在教育方面為全世界做出榜樣。

　　迪斯雷利 [231]（Benjamin Disraeli）的論調認為，民主意味著最糟糕的統治，這有一定的真實基礎。彼得‧庫珀向委員會的同事們發出呼籲，但他們充耳不聞。因此他決定由自己來做這件事，做事的程度只受到他的財富限制。

　　庫珀學院將成為美國公立學校的典範。

　　彼得‧庫珀買下了以第三大街、第四大街與包厘街為界的街區，每次買一塊街區，頭腦裡想像著示範學校的樣子。當彼得‧庫珀於西元 1836 年買下第一塊地的時候，那一個地方位於城市的最北邊。後來，Ａ‧Ｔ‧斯

---

[231]　迪斯雷利：西元 1804 ～ 1881 年，英國政治家，曾任首相，為擴張大英帝國的權力和範圍發揮很大的推動作用。

圖爾特在近在咫尺的地方建起了他的商業王宮。

庫珀主動提出把這塊土地送給城市，完全免費，只要按照他的計畫建造一所學校。

他的提議被人笑著束之高閣。

西元 1854 年，彼得‧庫珀六十一歲，他開始自己建造示範學校。

他的業務非常興旺，除了膠水廠之外，還在紐澤西的林伍德和賓夕法尼亞的伯利恆生產鐵路用鐵。這些工廠按照我們現在的標準來看，都非常粗糙。

不過彼得‧庫珀相信，鐵的消費還將增加。當時，橋梁幾乎都是用木頭建造的。彼得‧庫珀用最初被稱作「軋製鋼板」的材料建橋，用多鉚釘釘在一起。但他發現這很難和木頭結構相競爭。

當他開始建造庫珀學院的時候，他發現手頭有大量賣不出去的橋梁用鐵的存貨。這時彼得‧庫珀突然想到，他可以把這些橋梁用鐵用於建造學校，這樣可以獲得一種絕對完美的耐火結構。彼得‧庫珀這種適應新環境，把失敗變成成功的能力，在這裡完全得到體現。

直到他累積了過量的橋梁用鐵存貨之後，他才想到把鐵用於建築物的框架結構上。

這是美國第一次把鐵用於框架結構，加強石頭和磚的作用。

庫珀學院建造了將近五年。一場金融危機襲來，商業處於停滯狀態。可是彼得並沒有降低對計畫的要求，從來沒有過放棄計畫的想法。

土地和建造花了他六十三萬美元，幾乎使他破產。但商業復甦後，他度過了難關，許多一直預言他會失敗的好人卻名譽掃地。值得讚揚的是，庫珀全家人都參與了他的夢想，並施以援手。彼得‧庫珀心目中的理想人

物是班傑明‧富蘭克林。他想幫助那個學徒 —— 窮男孩[232]。他看到不少年輕人把精力消耗在酒吧及無益的地方。若是他能提供這樣一個地方，這些年輕人能找到一個既能娛樂，又有機會增進頭腦的地方，這將是一個非常大的收穫。

彼得‧庫珀認為，我們因好奇心接受的教育，與透過讀書接受的教育一樣多。因此庫珀學院提供了一座蠟像博物館，還有許多奇怪的、博物學的標本。還有一間藝廊，一組又一組的地圖和雕像，在大樓的地下室設置了一個講演廳。彼得‧庫珀曾經目睹位於二樓的大廳發生騷亂，人們成堆地倒在樓梯上。他說，騷亂在上樓梯時不大可能發生。這個大廳是一個非常漂亮、效果良好的會議廳，甚至到現在還是如此。它能容納一千九百個人，觀眾圍著演講者而坐，在圍坐的場面下，這個巨大的講演廳看起來不像真實的它那麼大。

庫珀學院一直是自由演講之家。從歷史的角度來講，它是僅次於法納爾大廳[233]的最著名的講演廳。

威廉‧卡倫‧布賴恩特（William Cullen Bryant）、愛德華‧艾瑞特（Edward Everett）、亨利‧沃德‧比徹（Henry Ward Beecher）、溫德爾‧菲力浦斯（Wendell Phillips），當時每一位偉大的演講家，都曾在這裡發表演講。彼得‧庫珀允許維多利亞‧伍德哈爾[234]（Victoria Woodhull）使用這個平臺發表她獨特的觀點，導致流言蜚語飛向彼得‧庫珀的頭上。彼得‧庫珀勇敢地面對這些批評，邀請她回來，再發表演講。維多利亞‧伍德

---

[232]　指富蘭克林著作《窮理查年鑑》中的「窮理查」。

[233]　美國商人彼得‧法納爾於西元 1742 年在波士頓建造法納爾大廳並捐給該城。這座建築物是革命年代愛國者們聚會的地方。

[234]　維多利亞‧伍德哈爾：西元 1838～1927 年，美國改革家。婦女選舉權和自由戀愛的直言不諱的宣導者，她是第一個競選美國總統的婦女。

哈爾回來了，希歐多爾·提爾頓[235]為她做介紹。林肯也來到了這裡，瘦削、樸實，在就任總統前在這裡發表演講。他的〈庫珀學院演講〉是一份值得紀念的重大文獻，儘管當時沒有引起注意，後來林肯才將它寫出來，而林肯對於竟然有人會去讀它感到驚奇。

羅伯特·英格索爾[236]（Robert Green Ingersoll）在庫珀學院發表的演講，讓他在一日之間從一位西部律師提升到全國知名的地位。其他人以前也批評過基督教，但那時在美國，沒有哪個有影響力的人敢在公共講臺如此表達對它的憎惡與蔑視。他在皮奧里亞市[237]及芝加哥發表過演講，然後他大膽地請求彼得·庫珀，允許他使用這個具有歷史意義的講演廳。庫珀對此做出了熱情的回應。暴民們議論紛紛，報紙上將它稱作「異端的演講」。

吉祥之夜終於到來，彼得·庫珀親自介紹了講演者。他在演講的過程中坐在講臺上，不斷熱烈地鼓掌。這是一個新時代，而彼得·庫珀就是製造這個新時代的人。庫珀學院現在正沿著創立者確立的方向前進、發展。

這是一個自由的學院，奉獻給了人民。每年有超過三千五百名的學生入學。

美國只有三所學院超過它的人數。它的課程設計覆蓋了現實、忙碌的人們的需要。藝術、建築、工程、商務和化學是它的主要特色。它的漂亮閱覽室和圖書館，每年吸引一百萬名訪客，大廳幾乎在一年四季的每個晚上都在使用。請記住，這種情景延續了五十年之久。

---

[235] 希歐多爾·提爾頓：美國反奴分子、報紙編輯和詩人。
[236] 羅伯特·英格索爾：西元 1833～1899 年，美國法學家，雄辯家，講演家，律師。不可知論的宣導者。
[237] 美國伊利諾州中部偏西北的城市。

當大樓建成時，紐約或是其他地方都沒有載客電梯。彼得‧庫珀具有機械天分的頭腦看出，高樓需要機械電梯，因此他提供了一種特別的電梯垂直升降機井。他目睹了自己的預言成為事實，而現在，在他留下的升降機井的位置有了電梯。如今，對這棟大樓的需要，遠遠超過了它的承受力。

　　隨著外國人不斷湧入紐約市，對庫珀學院的需求比五十年前更為迫切。因此正在建造新的大樓，多位富有而高尚的人士不斷增加資金，庫珀學院獲得了新生，煥發出新的光彩，得到新的運用。而在所有這些工作當中，離不開彼得‧庫珀的無私奉獻、耐心及不知疲倦的精神，離不開這位學徒、技工、發明家、商人、金融家、哲學家及人類的好朋友！

第八章
安德魯‧卡內基

安德魯‧卡內基（Andrew Carnegie，西元 1835～1919 年），蘇格蘭裔美國工業家與慈善家，靠鋼鐵工業聚積了大量財富，並為公共福利捐款數百萬美元。西元 1848 年，十三歲的卡內基和貧困潦倒的家人，一起從蘇格蘭移民到美國。剛開始時，他在賓夕法尼亞鐵路擔任電報員；內戰期間，升職為美國鐵路與電報協會的督辦。之後，他將精力集中於鋼鐵業，並建立一個鋼鐵王國。到二十世紀初，他工廠裡的鋼鐵產量比全英國的都多。退休後，他成為一名超級慈善家，將大部分財產捐贈出來，用於建造圖書館，並建立多個基金會及教育、研究機構。

　　我祝賀那些貧窮的年輕人，他們與生俱來即獲得了那個古老而可敬的「學位」，這將促使他們致力於艱苦的勞動之中。

—— 安德魯‧卡內基

　　安德魯‧卡內基是一名蘇格蘭人，這個事實到目前為止，還從未被人反駁或否認過。蘇格蘭是一個偉大的國家，是一個出產人才之處。

　　當這個人類的產品被移植到陽光更為充沛的土壤裡時，我們就可以得到世上無與匹敵的人才。

　　蘇格蘭是個好地方，既適宜出生，亦適宜出走，而時不時地回來探訪一下也很愜意。

　　我曾經參加過倫敦為詹姆斯‧巴里 [238]（J. M. Barrie）而設的宴會。會上，有一位演講者突然談起一個老掉牙的笑話，說蘇格蘭人離開蘇格蘭後，是如何一去不復返的。這時，巴里站起來回應，他說：「也許這是真的，蘇格蘭人離開祖國之後，很少再回來。」

　　若是情況屬實，肯定還有其他的先例。事實上大家都知道，英格蘭人前往蘇格蘭也是一去不復返。從前曾有成群結隊的英格蘭人前去蘇格蘭，之後便如那黃鶴騎白雲，一去總不歸。

　　他們去的地方是班諾克本。在文學上，蘇格蘭已經遠遠超過了它應貢獻的份額。從亞當‧史斯密（Adam Smith）和他那不朽的《國富論》（*The Wealth of Nations*），到憤怒的巨人「塔馬斯」 [239] 和他的《法國革命》，到博

---

[238]　詹姆斯‧巴里：西元 1860 ～ 1937 年，英國作家，作品內容怪異，富於幻想，著有戲劇《彼得潘》（*Peter Pan*）。

[239]　「塔馬斯」：指英國歷史學家和散文作家湯瑪斯‧卡萊爾（Thomas Carlyle），西元 1795 ～ 1881 年。其著作，如《法國革命》，以對社會和政治的犀利批評和複雜的文風為特色。

比・彭斯，再到深受人們喜愛的羅伯特・路易斯 [240]（Robert Louis Stevenson）。自從約翰・諾克斯 [241]（John Knox）向蘇格蘭的瑪麗女王發出牧師聲明，並從她的寶座後面看到魔鬼的尾巴後，我們就有了一個能說會道、又積極努力的民族。。

詹森博士 [242]（Samuel Johnson）假裝憎恨蘇格蘭人，但他之所以能活在我們心中，只是因為有一位蘇格蘭知己為之作傳。然而，如今人們並不清楚，波斯維爾 [243] 身上，有多少是詹森博士、有多少是波斯維爾自己。

蘇格蘭為大不列顛所做的貢獻，猶如康乃狄克州 [244] 為新英格蘭 [245] 所做的貢獻。蘇格蘭為我們奉獻了鐵船、玻璃燈罩和電話，甚至還向我們提供長老會制度。此外，他們還透過大衛・休謨 [246]（David Hume）為我們預備了濟世良藥。

我們曾聽說過這種說法：要麼認可蘇格蘭人的看法，要麼就將他殺了。不過這是居心叵測之誹謗，有如這個關於蘇格蘭人喜歡穿馬褲的說法一樣。他們說，由於馬褲沒有口袋，到喝酒的時候，蘇格蘭人全身到處摸索著找錢，卻總是找不到，於是只好讓別人來付錢。另外還有一個經典的

---

[240] 指羅伯特・路易斯・史蒂文森，西元 1850 ～ 1894 年。蘇格蘭著名小說家，詩人和隨筆作家。

[241] 約翰・諾克斯：西元 1514 ～ 1572 年，蘇格蘭宗教改革家和蘇格蘭長老會的創建人。在天主教徒瑪麗女王統治蘇格蘭時，他被流放。他在流放中受到了約翰・加爾文的影響。回到蘇格蘭後，他領導了宗教改革鬥爭。隨著《信仰聲明》的起草，新教成為蘇格蘭的國教。

[242] 詹森博士：山繆・詹森，西元 1709 ～ 1784 年，英國作家，辭書編纂者。他是 18 世紀下半葉最重要的文學界人物，著有《英語辭典》（*A Dictionary of the English Language*）和《詩人傳記》。

[243] 波斯維爾：西元 1740 ～ 1795 年，蘇格蘭律師、日記作家和作家，因所寫的山繆・詹森傳記而揚名。

[244] 美國東北部一州。西元 1788 年它被接受為美國最初的十三個獨立殖民地之一。

[245] 新英格蘭，位於美國大陸東北角、瀕臨大西洋、毗鄰加拿大的區域。包括六個州，康乃狄克州位於其最南端。從人文歷史的角度，新英格蘭可稱得上是美國發祥地和歷史文化搖籃。該地區的文化風俗與建築物，帶有較濃的歐洲特色和殖民時代風格。

[246] 大衛・休謨：西元 1711 ～ 1776 年，英國哲學家和歷史學家，他認為人類認識的唯一來源是感覺經驗。他的作品包括《人性論》（*A Treatise of Human Nature*）和《政治論》。

笑話，大意是說，蘇格蘭沒有猶太人，因為他們無法在那裡生存，就像猶太人不能在新罕布夏州生存一樣。而這兩個地方對猶太人來說，都有共同的特點：他們發現競爭太厲害了。

精明的蘇格蘭人及其出色的「吝嗇」，以上千種的形式活躍在各種傳說和故事裡面。伊恩‧麥克拉仁和華特爵士 [247]（Walter Scott），描繪了蘇格蘭人不得不與一先令分別時遭受的痛苦。而克里斯多佛‧諾斯和約翰‧布朗博士，則寫下了不朽的蘇格蘭故事，描繪世間少有的無私與奉獻，並讓我們為之潸然淚下。

把蘇格蘭人說成是個性迥異、有著獨特的、與眾不同特點的人，這是一種精神上的矯揉造作。身為一個民族，他們有著所有使男人、女人強大的特點，而且除了這些特點之外，還有更多可圈可點之處。

蘇格蘭向我們提供了永恆的悖論。故事裡說他們對金錢吝嗇，天性貪婪，可是我們看到的安德魯‧卡內基與此完全不同，他將金錢奉獻給崇高的事業，甚至比有史以來任何其他人奉獻的都多。

普通大眾評價蘇格蘭人在宗教上冥頑不靈，可是有許多人攻擊安德魯‧卡內基，是由於他對與宗教有關的事，都持開明的態度。蘇格蘭人被認為是好鬥、愛吵架、好戰的民族，但這個人卻以裁軍與國際和平的象徵而出名。

這三位偉大而優秀的蘇格蘭人，商界的領袖 —— 詹姆斯‧奧利弗、菲力浦‧阿木爾和安德魯‧卡內基 —— 每位都是教條主義和宗派主義的對立者。他們尊重所有的宗教，沒明確地信仰哪一個宗教。他們都是喜歡學習的人；都是愛好和平的人；都堅守樸素、古老及簡單的美德，而這些

---

[247] 華特爵士：指華特‧司各特爵士，西元 1771 ～ 1832 年，英國的民謠家和歷史小說家。他的作品包括《威弗利》和《撒克遜英雄傳》（*Ivanhoe*）。

美德是成為一名男子漢必不可少的配方，不可或缺。他們刻苦勤奮、井井有條、勤儉節約、堅持不懈，而且體魄強健。

如果說蘇格蘭人的成功有什麼祕密可言的話，祕密就在於，他們都是優秀的動物。生活的基礎是體格，蘇格蘭的氣候有利於塑造強健的男子氣概，他們貨真價實，很少為生存在這個地球而感到遺憾。

安德魯‧卡內基不像詹姆斯‧奧利弗和菲力浦‧阿木爾那樣，他身材矮小，屬於偉大的小個子一類，就像拿破崙、阿龍‧伯爾、亞歷山大‧漢彌爾頓[248]（Alexander Hamilton）、格蘭特將軍[249]（Ulysses S. Grant）一樣，胸部厚實、下巴堅固、泰然自若。這些偉大的小個子，把頭頂的王冠高高地戴上，將下巴緊緊地收起。

對於這樣的人，最好同意他們的觀點。他們不會攜帶過重的行李，出外旅行都是輕裝上陣。他們很容易就改變想法和計畫，這樣的人透過神授權力而掌控事物。

現在，請讓我告訴大家，西元 1837 年[250]，安德魯‧卡內基出生於蘇格蘭法夫郡丹佛姆林一戶赤貧的家庭。

他的父親是一位職業織布工。當時是手織機的時代，卡內基家裡有四部緞子織布機，全家人和學徒們一起工作。

沒有上下班的鈴聲，也沒有到處開逛的銷售代表。生意好的時候，所有的織布機歡快地唱著歌，通宵不眠。生意冷清時，也許只有一臺織布機，在迴響著它那單調乏味的獨唱。到了沒有工作的時候，絕望的痛苦

---

[248] 亞歷山大‧漢彌爾頓：西元 1755 ～ 1804 年，美國政治家，美國第一任財政部長，曾與政治對手阿龍‧伯爾決鬥。

[249] 格蘭特將軍：西元 1822 ～ 1885 年，美國南北戰爭時北軍總司令，第 18 任總統。

[250] 原文如此。安德魯‧卡內基的出生時間應是西元 1835 年 11 月 25 日。

籠罩著這個小小的家，憔悴、焦急的臉龐，張望著其他同樣看不到希望的臉。

蒸汽機時代已經來臨，工廠以飢餓擊敗大眾。要改變真的不容易——為了改變想法，你必須改變環境。

商人往往買下材料，帶給織布工，告訴他們想把布織成什麼樣子。織布工從未想過，他們也可以研究出一種新款式。買下材料、設計方案，一個人可以照管四臺織布機，甚至是十四臺織布機，然後宣傳自己的產品，消費者就會需要它們。於是，商人們就會主動上門來購買。

是啊，這要是沒用的話，繁榮興旺的整個中間商就會被淘汰。他們靠周旋於工廠和家庭之間養肥自己，而那些傲慢的零售商、批發商、代理人和代理商，都可以透過訂單計畫，將他們寄放到退休的名冊上去。或許，我又同意，消費者的需求可以被預測到，就像標準石油公司那樣。而具有紳士風度的銷售員，他是擁有超自然力的人，會來到你的門前，回應你真誠的願望，不論是已經說出口的，還是尚未表達的。

當時代發生變革的時候，老卡內基深受打擊。數年之後，他的兒子安迪[251] 已經能向他展示出接近消費者的五十七種方式。安迪只明白唯一的一種失敗，那就是所有的消費者都死了、不再消費的時候。老卡內基放棄織機之時，消費者比以前用的布更多了，只不過商品是以全新的方式製造出來。「飢餓是移民的第一動機。」亞當‧史密斯曾說。

飢餓和危險如果比例恰當，未嘗不是一件好事。一位向世界貢獻出優秀兒子的婦女，卻和一位沒有太多野心的男人結婚，這可是個絕妙的主意。倘若為一位婦女做的事太多，她便永遠不會為自己做點什麼事。這可

---

[251]　安德魯的暱稱。

以證明，她也是個人，不論她有沒有選舉權[252]。

　　飢餓、艱辛和貧乏培育出偉大的品德。而豐功偉績成形之前，它們也僅僅是想法或願望而已。

　　考慮改善自己的狀況，代表自己的孩子們與無情的命運搏鬥，這些常常是母親給予兒子的寶貴饋贈。母親給了孩子一種傾向 —— 一種偉大的精神上的傾向 —— 這種傾向一直延伸到她從未預想到的成功，就像行星在別的行星的吸引下做出的回應。她夢寐以求的事情，她的孩子在長大成人之後，便會讓它美夢成真。狂熱禁酒者經常是酗酒父母親的後代；無能的父親往往養育出金融家。

　　我們透過對立面學會東西，有了安德魯的母親，就會有像安德魯這樣的兒子。當織布機停止工作，父親發出哀怨的聲音：「安迪，我們沒工作做了。」母親則把聲調提高，開始唱一首天國之歌。他們一直堅持早上做祈禱。失業的時候，父親經常忘記祈禱，因為沒有什麼可感謝的，祈禱並不能阻止蒸汽工廠的存在。「那又有什麼用呢？」這是老卡內基的口頭禪。

　　母親依然帶孩子祈禱。剛開始是讀《聖經》，然後在場的每個人用經文中的一句詩句作答。據傳說，小安迪在七歲的時候，有一次在輪到他背誦《聖經》詩文時，他說了這一句：「人貴自立。」不過因為這句話還不是特別合適，他又試著講了另一句：「小事注意，大事自成。」由此我們可以看出，他那迷人的習慣，在那時已經開始生根發芽了。

　　安德魯・卡內基還不到十歲，就極其憎恨國王、王子和所有世襲的頭

---

[252] 歐美婦女在十九世紀以前均無選舉權。西元 1866 年，英國婦女第一次提出爭取婦女選舉權。同時代的美國，南北戰爭結束後，男性黑人獲得選舉權，而婦女不論膚色，仍無選舉權。西元 1869 年美國女性發動了爭取選舉權的活動。在此後的半個多世紀裡，女性們為了爭取選舉權，進行宣傳、集會、絕食抗議、遊行示威、遊說男性國會議員，衝擊投票站，甚至縱火，不少人因此被監禁。最後終於在一戰結束後的十餘年，大部分西方國家先後立法賦予婦女普選權。

衛。對他來說，只有一樣東西是高貴的，那就是誠實努力。靠別人的勞動生活，對他來說是一種罪惡。只吃飯，不賺錢，是一種犯罪。這些純正的真理，是從母親遺傳到兒子身上的。安德魯‧卡內基自童年起，一直堅守這些信念。

前幾天，我在讀一本有關軍事戰術方面的書時，讀到了這一段：「軍隊只有兩個任務要執行：一個是和敵人作戰，另一個是逃避敵人。」至於哪一個任務更重要，作者沒有說。應對痛苦的方式也有兩種：一種是留下來，跟惡魔戰鬥至死；另一種方式是快速而體面地撤退。

「沒工作做了。」

「那我們去找有工作做的地方。」這位未來千萬富翁的母親說。家具用於支付雜貨店主的錢，織布機廉價出售。付清了債務，加上一位親愛的叔叔贈送的十英鎊鈔票，剩下的錢足夠購買父親、母親、湯瑪斯和安德魯到紐約的船票。這一年是西元 1848 年，湯瑪斯十六歲，安德魯十一歲。湯姆比安迪更英俊，但安迪最有說話權。

卡內基一家來到了匹茲堡，因為安迪的兩個姨媽，已經從丹佛姆林來到匹茲堡，他們一直有足夠的食物吃。另外，這個城市的名字聽起來也不錯。直到現在，安德魯‧卡內基仍然用充滿愛意的燕麥片般的聲音，在發匹茲堡的最後一個「堡」的音。

坐船到紐約花了七個星期，之後又花了一週到匹茲堡。途中坐了火車，後來又在洶湧的運河上航行。希望之鄉果然充滿了希望，遍地是機會。卡內基一家想要工作，他們急不可待地接受了環境。父親在一個紗廠獲得一份工作，每天能賺 1.5 美元。安迪也溜進工廠，做繞軸的工作，每週能賺一美元二十美分。每週有五先令，全是自己的 —— 他會在每週六

晚上放到母親的懷裡 —— 這可真稱得上是天堂。

他正在幫忙養家活口！知道自己是有用的，意識到別人需要自己，這是成長的巨大動力。卡內基一家再也沒有聽到壓抑的呻吟聲「沒工作做了」，「卡內基」這個詞的同義詞，就是「工作」。

一年之後，安迪出師了，到鍋爐房工作，每週兩美元。一天工作十二個小時，不斷觀察水錶，然後試探熱軸箱的軸承。

安迪經常在夜深人靜的時候，用含糊不清的方言咆哮，「鍋爐，它爆裂了！」然後把全家人都吵醒。被搖醒之後，男孩終於舒緩了一口氣，知道這只不過是一個夢，工廠並沒有因為一個紅頭髮、長雀斑的小男孩，在上班時打了個盹，而被炸上了天。

「滾石不生苔。」這是對的。不過，即使它不生苔，它也會變得更加光亮。

安德魯・卡內基自童年起，就形成了動手也動腦的習慣。在小工廠的鍋爐房和機房工作的這兩年，令他獲益匪淺。

到了十四歲的時候，他非常堅定地感覺到，他必須走出去，走到陽光下，就像在黑暗地窖長大的馬鈴薯，在春天發芽時，會向窗戶伸出去一樣。

當時匹茲堡有一個年輕人，他的名字叫道格拉斯・理德，他是愛丁堡出生的。

星期日的下午，理德經常拜訪卡內基一家，談古論今。理德是個專業的電報員，後來寫了《電報史》一書。他越看安迪越有把握，這個年輕人能夠學會摩斯電碼，並會帶給這個職業榮耀。

卡內基一家從未收到過一份電報，也不想收到，因為只有當有人去世

時，人們才會收到電報。

　　當時，學會使用「電碼」的方法是：最早時當一名送報員。在沒有電報可送的時候，在辦公室閒晃，透過歸納法來解出謎底。當送報員最大的問題是，安迪不認識這些街道的名字。於是，他開始默記佩恩大街上所有公司的名字，從上往下一遍又一遍地記。之後，他開始對付自由大街、史密斯菲爾德大街和第五大街。在家裡，深夜裡，他閉上眼睛，背著這些名字，直到全家人都向他告饒，叫道：「停住，夠了！」

　　在電報員上午發電報之前，男孩會使用電碼，向線上的其他人打招呼。不必說，小安迪並不是把所有的時間都花在街道上。有一天，需要一位臨時電報員，安迪主動提出要接這份工作。他做得很不錯，因此那位在習慣上不太正規的正式電報員，被永久地放了假。此時，所有的電報業務都是由鐵路辦公室負責的，就像現在的大多數村莊一樣。

　　有一天，賓夕法尼亞鐵路匹茲堡分部的主管湯瑪斯・A・司各特問道：「那個黃棕色頭髮的人是誰？臉上長雀斑的那個。」

　　「他是個蘇格蘭人，來自蘇格蘭，他的名字是卡內基。」這是回答。

　　這樣的用詞遊戲令司各特先生相當高興。他養成了習慣，讓年輕的卡內基發送他的電文。

　　有一天，他發現這個蘇格蘭年輕人，在電報裡將自己簡稱為「湯姆司各」，用詞如此簡練，這讓他十分高興，於是把安迪帶到身邊工作，並將薪資提高到每月十美元。

　　大約在這個時候，下了一場冰雹，迫切需要可以爬電線杆的志願者。年輕的卡內基整日在室內工作，沒有那麼身強力壯了，因此沒有能力爬電線杆。

這是一個非常關鍵的時刻，若是他能夠爬電線杆，他將成為一名建築業的老闆。事實上，他堅守在辦公桌前，最終擁有了電線。

這樣就證明了達爾文（Charles Darwin）的名言：我們透過自身的弱點獲得進化，就像透過力量獲得的進化一樣多。

丹尼爾·韋伯斯特（Daniel Webster）曾說，在法律實踐中，最大的劣勢是，你工作做得越出色，你接到的案子就越棘手。

對鐵路建設或是其他事情來說，在這方面也是如此。便宜的人有便宜的事要做。

工作優秀的報酬不是休息，而是更多、更難的工作。湯瑪斯·A·司各特是一個有著宏大進取心的人 —— 他天性精力旺盛、不知疲倦、雄心勃勃，這些特點正好組合成了我們稱之為美國精神的力量。

卡內基在早年就形成了同樣的這些性格。他從來不會做出倉促的、不易消化的建議，然後讓別人來執行。當年輕的卡內基剛滿二十歲的時候，他成為湯瑪斯·A·司各特的私人祕書。他事業進展良好，謝天謝地，和預想的一樣棒。沒有人比安迪的母親更高興了 —— 甚至安迪本人也沒這麼高興。安迪對於自己升職的喜悅，主要來源於母親對他升職的欣喜與高興。

接著，湯瑪斯·A·司各特榮升為賓夕法尼亞鐵路公司的總裁，安德魯·卡內基順理成章地成為匹茲堡分部的主管。他的薪水是每年一千五百美元。這是金字塔的最頂層了：不管母親還是年輕人本人，他們的雄心只飛到這麼高。然而，這一切尚未結束。

湯瑪斯·亞歷山大·司各特出生於賓夕法尼亞州富蘭克林縣的、被人遺忘的小村莊：倫敦村。

賓夕法尼亞的倫敦，並沒有像創立者預想的那樣繁榮興旺能成為大都市。看看，給小東西起大名字是多麼地愚蠢。凱撒‧奧古斯塔斯‧瓊斯是東奧羅拉的白痴，直到奧利弗‧克倫威爾 [253]‧羅賓遜把他擠到了牆角為止。

　　司各特從家鄉的小村走了出來 —— 一個十歲的少年。在十月天的上午，他把腳放在母牛躺下的水裡暖腳。後來他回到家鄉，將這個縣買下來。司各特是「挫折大學」的畢業生，他還學了好幾個研究生課程。他的一生當中都在接受命運的錘打，同時也在發出敲擊。

　　他的父母來自漂亮的蘇格蘭。在賓夕法尼亞鐵路沿線，流傳著這樣一個笑話，說要是有男人留著紅頭髮，說著含糊不清的土語，只要他用蘇格蘭土語對「湯姆司各」喊一句，「喂，哥們！」，就能獲得一份工作。

　　司各特非常愛安迪，除了家人之外，很可能最愛安迪。他愛他，因為他是一名蘇格蘭人；他愛他，因為安迪總能圓滿地完成他嘗試的每一項任務；他愛他，因為他總是能笑對困難；他愛他，因為他從來都不會回嘴說：「我們以前從未這樣做過。」

　　西元 1861 年，林肯總統（Abraham Lincoln）任命賓夕法尼亞的西蒙‧卡梅倫為陸軍部長。卡梅倫是典型的蘇格蘭人，儘管我覺得他是碰巧出生在美國。卡梅倫及時地任命湯瑪斯‧A‧司各特為陸軍部次長。

　　而湯瑪斯‧A‧司各特任命安德魯‧卡內基為美國鐵路與電報局局長。

　　林肯曾經說過，這是美國政府部門中最艱難、最嚴苛的位置。

　　司各特和卡內基頭腦中的傾向都是朝建設、和平發展。他們是建造

---

[253]　凱撒（Julius Caesar）是古羅馬著名將軍、政治家、歷史家。克倫威爾（Oliver Cromwell）是英國著名將軍、政治家和宗教領袖。東奧羅拉的這兩個普通人默默無聞，卻取了世界名人的大名。

者、金融家和外交家。他們接受政府的職位，將其當作自己的職責，並且將工作做得盡善盡美。但是，如果能夠按照他們的方式處理問題，就不會有戰爭發生了。他們會買下奴隸們，為他們付錢，代價是我們為了獲得養老金及戰爭債券利息，每年掏出的錢。他們可能以工業為基礎重組南方，使之像玫瑰一樣綻放，而不是剝得它所剩無幾，餓得它被迫屈服。

卡內基在戰爭時期學到的教訓，在他的靈魂深處燃燒，並且有助於他成為今天的他 —— 全世界國際裁軍的最重要代表人物。而金融遊戲，卡內基是從司各特那裡學到的。當卡內基還是一名領薪水的職員時，有一次被叫到司各特的辦公室。「安迪，我知道你可以從哪裡買到亞當斯快遞的股票，你最好趕緊去買！」「但我沒錢啊！」安迪說。「那就去借錢！」之後安迪真的跑去借錢，母親將他們的小屋抵押出去，籌到了錢 —— 她從來都不會讓安迪失望。他以面價購買了股票。它比票面升值了三分之一，而且「每隔幾分鐘」就支付紅利，用司各特的話說。有人懷疑，司各特是有意將這小小的一堆股票丟給安迪。

這是一次金融知識的實物教學。司各特以間接的方式教授知識，並暗中給予他好處。

卡內基幫助組建伍德拉夫臥車公司的時候，他已邁步走向財富的康莊大道，該公司後來被普式火車公司兼併。其後他又投資油田，二十七歲的安德魯‧卡內基把油田的股份賣掉，獲得了數十萬美元的高利潤。

此時，賓夕法尼亞鐵路的所有橋梁都是木頭製造的。這是一個樹木繁茂的地區，就地取材是最自然不過的事了。

可是卻有火災、事故、沖失等等事件發生，安德魯‧卡內基用遠見卓識的眼光，預見到一個新時代：所有的鐵路橋梁都將用鐵做成。他組建了

吉斯通橋梁廠，簽約建造一條橫跨俄亥俄河的鐵路大橋。這一工程取得了成功，實際上，吉斯通橋梁廠在全美國沒有一個競爭對手。但美國大部分的鐵，都是從伯明罕購買的。

西元 1868 年，安德魯‧卡內基帶著母親一起去歐洲旅行。

當時他三十一歲，已經是公認的有錢有勢的人。母親為兒子感到自豪，雖則謙遜，卻也發自內心深處。而兒子對她判斷力的尊重，甚至在橋梁建造及鐵路事務方面，也非常真誠和殷切。此外，她是個很好的聽眾，透過向母親解釋自己的計畫，安迪理順了頭腦中的東西。

歐洲之行有雙重目的：一是看看老丹佛姆林是不是真的像記憶中那麼美好，二是了解橋梁建造及製鐵業的最新動向。木材在英國是稀缺之物，鐵橋、鐵船正變成實用的必需品。

貝塞麥爵士 [254]（Henry Bessemer）發明將冷風吹到熔化的金屬上，把鐵煉成鋼。這種方法非常簡單、容易、有效。在安德魯‧卡內基頭腦中，有一點很特別，就是他有能力對一些想法追根究柢。從英國回來時，貝塞麥煉鋼法已在他那方方的腦袋裡成型了。其他人把發明運用於實驗階段 —— 而他則等待著。這表明，他是一名出色的鐵路人，讓發明家們去發明 —— 他們的發明大多數是毫無價值的 —— 當發明的確有用的時候，就利用它。

卡內基的發達，祕密在於貝塞麥鋼軌。魚尾板代替了轍叉，鋼軌代替了古老的老「蛇頭」。當卡內基開始製造鋼軌，向零件裝配工展示，如何用螺絲將它們拴為一個整體時，「軌道之歌」漸漸變為低沉、持續的嗡嗡聲。

---

[254] 貝塞麥爵士：西元 1813 ～ 1898 年，英國發明家和冶金學家，有一百多項專利發明。以貝塞麥煉鋼法最為著名。

安德魯‧卡內基是一個現實的鐵路人。他了解貨物的購買者，他知道如何讓他們相信，他們需要他的產品。製造是一種公式問題，銷售則是一種天才。此外，獲得資金來裝備大型工廠也是一種天才。到了 1890 年代，卡內基借用了大額資金。

我們的一些社會主義朋友有時批評安德魯‧卡內基賺得了巨額資產。我們無法賭咒發誓為他辯解，我為這個人找到的理由是這個：他從來都不知道錢櫃已滿 —— 很大程度上是偶然性的。事實上，他情不自禁地賺著錢，命運把錢強行交到他的手上。他盡情地玩著商業的遊戲，而且是依照遊戲規則在玩。卡內基從來都不是個投機者，他不是賭徒，他一生當中從未存入保證金購買股票。他唯一賭過的東西，是他的執行能力。他是一名創造者和建設者。他的努力帶給他巨大的金錢收穫，這讓他感到吃驚。他知道會有回報，不過回報的規模之大，沒有哪個人能夠預見或預測到。

安德魯‧卡內基順應這個時代，而時代也順應於他。他是機會之神及天賜神力的產品，是機會之神、天賜神力之子 —— 如果你願意這樣說的話。

西元 1850 年，當賓夕法尼亞州阿勒根尼的公共馬車老闆、鐵工廠廠長詹姆斯‧安德森，向大眾開放自己的圖書館時，他做了一件偉大的事情：安德森擁有四、五百本書，歡迎任何想讀書的人。特別是男孩子們，更是受到歡迎。安德森並不知道他做了一件多麼不同凡響的事情 —— 沒有人在自己做大事時會知道這些。行動有時會結出果實。

一個星期天的下午，一位缺乏自信、個子瘦小的蘇格蘭年輕人，走進安德森的圖書館，他整個星期都在一個鍋爐房工作。「你想從哪裡開始讀？」安德森先生好心地問道。年輕人做出了回答，和另一個名叫湯瑪

斯・A・愛迪生的男孩，在同樣的場合做出的回答一模一樣：「勞駕，我就從這裡開始讀。」然後他指著一個書架的最末端。他將整座圖書館的書都讀了一遍，每次讀一個書架。他養成了上圖書館的習慣。

安德魯・卡內基捐贈了兩千座圖書館。西元 1887 年，卡內基先生在賓夕法尼亞的布拉道克建造了第一座圖書館，主要是為了使卡內基鋼廠的員工們受益。

西元 1889 年，有跡象表明，阿勒根尼也極需圖書館，就像布拉道克一樣迫切需要。卡內基先生建議建造一座圖書館，其中包含藝廊和音樂廳，花費三十萬美元，條件是該市要提供場地，並同意每年籌集一萬五千美元用於保養。這一提議被接受後，大樓建了起來，但比預期多花費了十萬美元。

然而，卡內基先生並沒有埋怨。為了表明與此項事業心心相連，他還送給音樂廳一架一萬美元的風琴。這是他的第一次嘗試，如今「北邊圖書館」已成為美麗與便利的楷模。

阿勒根尼的人從阿勒根尼圖書館受益，喚醒自我，做出回應，並且獲得幫助，這些都非常令人滿意。西元 1890 年，這座圖書館被正式捐贈出去。

哈里森總統 [255]（Benjamin Harrison）到場並發表演講。

現場音樂是由「小達姆羅施」及其樂隊演奏的。著名的指揮家利奧波德・達姆羅施 [256]（Leopold Damrosch）幾年前剛過世，他的兒子沃爾特接

---

[255] 哈里森總統：西元 1833 ～ 1901，美國第 23 任總統，西元 1889 年，第一屆泛美會議在他的任期期間舉行。

[256] 利奧波德・達姆羅施：西元 1832 ～ 1885 年，第一位在紐約大都會歌劇院，演奏瓦格納歌劇的德裔美籍音樂家。他的兒子沃爾特・約翰尼斯・達姆羅施繼承了這一傳統，在美國巡迴演出介紹瓦格納的作品。

下他的工作。「小達姆羅施」的男子漢氣概，以及身為指揮家的高超技能，當場給卡內基先生留下了深刻的印象，並很快地結出碩果。

西元 1891 年，卡內基先生在紐約五十七大街和第七大街的角落處，建造了卡內基音樂廳，特意考慮了沃爾特・達姆羅施先生及其需求。我曾在這個廳裡演講過數十次，每當我站在它那寬闊的講臺前，就會滿懷欽佩地想起這位鐵廠廠長，他有膽識用二百萬美元支撐自己的信念，他對於紐約市的音樂欣賞力充滿信心。

卡內基先知般的商業天賦並沒有讓他失望，與此壯觀的音樂廳相關的各種辦公室、工作室很快被租出。投資從一開始就獲得了良好的回報，建造之時，它可是美國最高貴的音樂廳。它最主要的益處是向美國人民展現，建造這樣的大樓是值得的。它給了西部的資本家們，在芝加哥建造美術大樓的信心。如今，美國的十幾座城市都建起了大型的音樂廳，大型活動在這些音樂廳舉行，不論是音樂方面還是演講方面的。人們聚集在一起，開闊了精神視野。

安德魯・卡內基一直非常喜愛音樂。在斯凱波城堡[257]，用餐的時間到了，是由風笛聲宣布的。當然，我也得承認，風笛是否能被稱為樂器，這一點還值得商榷，因為對於什麼才算得上是音樂，我的愛爾蘭朋友蕭伯納說過，這屬於觀點問題。

安德魯・卡內基對美國的音樂興趣發揮了巨大的推動作用。他贈送管風琴給教堂、學校，這為復興塞巴斯蒂安・巴哈的時代帶來希望。「音樂幫助我們剔除奇思怪想、歧視偏見與卑劣的想法。」安德魯・卡內基說。著名的匹茲堡管弦樂隊，正是在他的鼓勵下開始成為可能。沒有卡內基，

---

[257]　蘇格蘭北端附近的安德魯・卡內基的房產。

我們就不會有達姆羅施，至少不會有一位這樣出色的達姆羅施。

自成立之始，卡內基先生就是紐約宗教劇團的團長。多年以來，他也是交響樂協會會長。

我曾出席過這個協會的一次會議，當時協會贈送了一本紀念冊給卡內基先生，向他致謝。紀念冊上簽滿了該協會所有在職、榮譽會員的簽名。我也在上面加上了我的名字。演出練習結束之後，我在樓梯處遇到卡內基先生，他胳膊下夾著這本紀念冊，親切地感謝我在上面簽名，並表示自己有多麼珍視這個簽名。我故作傲慢地說：「噢，小事一樁，沒什麼、沒什麼的！」然後我突然意識到，我的故作幽默是多麼的蒼白無力。對卡內基來說，這不是什麼玩笑。事實上，他非常喜愛這本簽名紀念冊，喜歡它帶來的融融友愛之情。就像一位女孩，她的戀人剛剛送給她一本艾拉‧惠勒‧威爾科克斯[258]（Ella Wheeler Wilcox）的詩集一樣。另外我也看到，這位最忙的人，其內心是多麼敏感和溫柔，人與人之間的友誼，對他來說是多麼珍貴。他的性格的這一面對我來說，是全新的。

莎士比亞曾說：「悲傷是王子們的命運。」他們受到擠迫，逐漸偏離普通人的所思所想。他們遇到的人均想要點什麼，而這些要點什麼的人，都要得非常急迫，但他們從不向王子透露真相。只要他在場，他們都像銅雕猴子一樣，或者更確切地說，就像充滿猴子欲望的銅雕猴子一樣，他們被削奪了人類的特性。真為這位千萬富翁的命運感到可悲，他非常不慎地讓別人知道他的想法：「死時富有是一種恥辱。」

安德魯‧卡內基每天收到五百封信，信中就如何讓他逃脫「恥辱」提出最好的建議。美國的遊民和義大利的遊民一樣壞，而且他們比義大利人

---

[258]　威爾科克斯：西元 1850 ～ 1919 年，美國作家。她的作品有傷感主義詩歌，如《激情詩集》，以及小說和宗教小品文。

玩得更過火。利他主義的聯合和備受指責的重商主義一樣貪婪。

卡內基先生只要走到百老匯的一個街區上，就會被那些自稱為慈善家的人所包圍。他們想方設法花時間去弄到他的錢，以使這個世界從罪惡及愚蠢中獲得救贖。而這些慈善家們沒有哪一刻明白，他們很大程度上只是強奪豪取者。他們所有改進人類的虔誠計畫，都根植於抬高個人的自私願望。

卡內基先生的贈予計畫是：接受贈予的，自己也應同意贈與別人。這是一個非常明智而謹慎的舉措。

接受三萬美元建造圖書館的城鎮，必須同意每年籌集三千美元維護圖書館。這種情況下，它既不會被過於遷就、獲贈過多，也不會因此而變窮。十年裡，城鎮投入的錢和卡內基先生投入的錢一樣多。就像造物主一樣，安德魯‧卡內基是一名非常好的規劃師。

倘若要求一個城鎮，每年籌集三千美元用於圖書館的開銷，整個議事廳、尊敬的市長大人及教育委員會都會發狂。不過若是他們渴望從卡內基先生那裡獲得三萬美元，他們就會做出熱愛、尊重、遵守、維護的承諾，非常奇怪，他們很樂意去做。如果不這樣做，會非常丟臉。這是一種非常奇妙的心理 —— 贈予時要求做出承諾 —— 安德魯‧卡內基不僅是鐵廠廠長中的王子，還是一位學識頗高的戲法師，更是一位藝術性的金融催眠師。

他不僅贈予圖書館，更讓城鎮一半的人都爭相去維護它。真正的好處不僅來自圖書館大樓本身，更來自給人們帶來的推動力 —— 為成千上萬的人指出一個方向。圖書館只不過是一個藉口 —— 一個集合場所。圍繞著它，全城最精彩的生活在這裡集中、綻放。

如此，為了共同的事業而工作，就稀釋了宗派主義的自我，打散社會等級，使鄰里之間成為熟人，讓原本被密封、祕藏的人間的愛，大量地釋放出來。

閒言碎語只是缺乏有價值的主題。城裡的圖書館提供了話題，而圖書更提供了成千上萬的話題。接受卡內基圖書館，即意味著承擔責任。成就總是代表著責任。「你有沒有可能感到緊張？」亞伯拉罕‧林肯的一位手下問道，而林肯馬上就要出現在聽眾前演講。

「年輕人，」回答是，「年輕人，我以前的演講都不錯。」以前做得好，而且要保持這個紀錄，這是一個非常重要的問題。責任是一種穩定因素。

接納卡內基圖書館的城鎮，是一個大型的委員會，渴望將它辦成功。需要家具，要弄到畫像，選好雕像，買好書。卡內基圖書館通常附屬於某一所高中。

噢，聰明、智慧、精明的卡內基！你可知道你的計畫是多麼的偉大、多麼的明智？其實這一點也不奇怪，你還在工廠繞線軸的時候，你就猜到了，自己將擁有價值兩億五千萬美元的債券，利率為百分之五。看到你的計畫如此盡善盡美，你和其他人一樣感到驚奇。像所有偉大人物一樣，你帶著密封的命令航行。

你允許人們「做事」，讓你贈送禮物的同時，你讓他們「做事」。這些禮物一旦獲得，就演變成為一種責任。有一個至高無上的東西在利用你做事，這些目的你可能知道，也可能不知道。而且這些進程，現在看來，還遠遠沒有結束。

我只有一次聽過卡內基先生講述我寫的趣事，那是幾個月前，在紐約的一次鐵路官員宴會上。可以這樣說，事實上，卡內基為我增了光，儘管

他沒有提及我的名字，他讀過這篇趣聞，而且仔細思考過，這已經使我受寵若驚了。你可以注意到，我們觀察到了同樣有趣的事情。

以下就是這則故事：一個昏暗的秋日，我正沿著一條路行走，這條路從村莊通往我的農莊，離城兩英里遠。我徒步前行時，突然發現路中間有一塊馬蹄鐵。我從來都不會從馬蹄鐵旁走開的 —— 它意味著好運！因此我撿起馬蹄鐵，精神世界立即明亮起來。我手裡拿著這塊馬蹄鐵，繼續往前走，突然發現路上又有一塊馬蹄鐵。「一切皆順利。」我說道。

我撿起第二塊馬蹄鐵，每隻手拿著一塊馬蹄鐵往前走。

又走了大約四分之一英里路時，突然發現路上並排躺著兩塊馬蹄鐵。「看來有人想耍我。」我說道。我往四周瞧了瞧，沒有看見人。「不管怎麼說，我接受這個挑戰。」我自言自語道，然後把這兩塊馬蹄鐵也撿了起來。

這樣我每隻手上有了兩塊馬蹄鐵，但我的心情並沒有比擁有一塊馬蹄鐵時，多四倍的快樂。

我又走了大約四分之一英里，這時我看到路上有一堆馬蹄鐵。

「我已經有了，我得說，我很抱歉！」我自言自語道。可是我振作精神，朝這一堆馬蹄鐵走去，對著它們踢了一腳。它們的確是馬蹄鐵。

就在此時，我看到一名男人拿著一個袋子沿著街道走了過來，邊走邊撿馬蹄鐵。我頭昏眼花地看著他，拚命地吞嚥著口水，試圖明白這個奇怪行動的意義。就在此時，我發現這個人的馬和馬車就在前面。

他是個撿垃圾的，從他的馬車尾板掉下許多馬蹄鐵，撒了一路。他對我喊道：「喂，老兄，那些馬蹄鐵是我的！」「我知道，」我說，「我一直在幫你撿。」這個故事的寓意是：一塊馬蹄鐵會給你帶來好運，這是真的。

但一堆馬蹄鐵就是垃圾。

就個人贈予而言，卡內基先生使兩個人受益：布克・托利弗・華盛頓[259]（Booker Taliaferro Washington）和盧瑟・伯班克[260]（Luther Burbank）。據我所知，這兩位是美國唯一值得贈予的人。不論你如何精挑細選，不論你如何詳加審查，都找不到其他像他們這樣的人。必須讓他們免於為生計而奔波，這是明智的、確鑿無疑的做法。

使一個人安全避開生活的危難，這樣會扼殺他的雄心壯志，消滅他的動力。要是想把一個人變成孱弱的人，只要給他固定的補助就行，不管他做什麼。這個原理也適用於婦女，婦女如果經濟上不自由，就永遠不能獲得自由。

不過，卡內基先生向「退休大學教授養老基金」贈送的一千五百萬美元，則另當別論，在向人們提供養老金的同時，他可以自由地實現自己的理想。只有那些戰鬥中的人，才是有理想的人。

即使是這個提供給退休教授的慈善基金，也需要最巧妙、最靈活的處理技巧。已經出現過好幾個例子，大學裡有一些還能工作的人辦了退休，這些人可以拿到退休金，而大學只需要以一半的薪資聘用更年輕的人。有人懷疑，這些拿退休金的人和大學「瓜分」了退休金。

給中年人提供一種動力或誘惑，使他們退出工作，獲得退休金，這是一件非常危險的事情。捐贈者對此有所預料，但他發現很難防範。什麼是「中年」？噢，這要因人而定。有些人到了七十歲還相當年輕，而莫姆森教

---

[259]　布克・托利弗・華盛頓：西元 1856 ～ 1915 年，美國教育學家。出身於奴隸家庭，廢奴宣言後接受教育，後來成為塔斯基吉學院院長，在他的管理下，該校獲得蓬勃發展。

[260]　盧瑟・伯班克：西元 1849 ～ 1926 年，美國植物育種專家，培育了許多水果、蔬菜和花卉的新品種，包括伯班克馬鈴薯和大濱葡萄。

授 [261] 八十歲高齡時，仍在他事業的巔峰。有一些老師要「退休」，其他老師則不想。大自然並不知道退休金這樣的事。要讓每個人都按勞取酬，讓他明白，節約開支是解決晚年需求真實、唯一的保險方式。

而提供補助金給年輕人，真的比提供給老年人危險得多。年輕人不需要別的，只需要機會。若是讓他們不再工作，不再節約，等於直接提供他們一張通往馬特萬精神病院的單程票。

為了教育男孩學會生活，我們不應使他脫離生活。學會生活的訓練應該潛移默化，如細雨潤物，於無聲中融入生活。生於貧困家庭的男孩，為母親取來柴火，追逐著奶牛。他已步入其職業生涯。他的棕色赤腳傳遞著資訊，他的雙手養成了助人的好習慣。他正學會掌控壓力，這樣的人將來絕對不會成為社會的寄生蟲。

在東奧羅拉，以前生活著一位著名的養馬人。他哺育、養大、訓練及駕馭過好幾匹打破世界紀錄的賽馬。我們再看看另外一個人，是如何隆重登場的吧！他也是個好人，他說道：「看吧！我要養育出、培訓出好馬，牠們將跑得比閃電還快。和牠們相比，哈姆林老爹的馬就只能做犁馬了。」然後他建造了一個帶頂棚的封閉跑道，方圓一英里，花了將近十萬美元。在這個跑道裡，這位聰明人整個冬天都在訓練他的小馬。而另外一個人的馬則光腳走路，身上長著厚厚的毛，在雪堆裡艱難穿行，等待著春天，等待著鳥兒的歡唱和好路的到來。

結果是 —— 那個使用帶頂跑道的人，他的馬在四月時非常「出色」，但到了七月和八月，當比賽開始的時候，就已經「過時」了。而且，這些在帶頂跑道下訓練的馬，不能在敞開的跑道上安全賽跑。帶頂的跑道把馬

---

[261] 莫姆森教授：西元 1817 ～ 1903 年，德國歷史學家、古典學家，曾獲西元 1902 年的諾貝爾文學獎。

關在裡面，給了牠安全感和受保護感，所以當牠被放到敞開的跑道時，太陽、天空、人群、移動的車輛等等，令牠緊張地狂奔亂跳。即便是頭頂上飛過的一隻小鳥，也能驚跑牠。牠不知所措，精神崩潰。

而那些在二月時毛茸茸的馬，五月時變得強健、光亮。牠們在露天訓練時，習慣了各種景象，對牠們來說，每天都是比賽日。

八月的時候，牠們吃苦耐勞、頭腦冷靜，當被呼喚奔向終點後，仍然留有餘力。

帶頂的跑道在理論上說得過去，在實踐上卻行不通。它毀了一千匹馬，也永遠訓練不出一匹賽馬。不要在室內訓練馬或者孩子，更不要不合時令地訓練他們，之後還妄想將他們培養得舉世無敵。

其次，要讓教導和訓練生活化，而不是在室內閉門造車。接近生活的學校，將培養出創造紀錄的學生。現在北方需要大量的大學，為白人們做點事，就像布克・托利弗・華盛頓為有色人種所做的一樣。為什麼我們還沒有這樣的學校？原因是，我們還沒有能把商業和書本結合起來的老師，尚未進化出這樣偉大的人物。

能賺錢的人不會教書；會教書的人不會賺錢，未來的人類兩樣都會做。塔斯基吉學院沒有僕人，沒有僱傭勞工。為兩千人提供住房、膳食，全是學生的工作。

這是個偉大的成就，未來的大學將在以下方面超越塔斯基吉學院：它將向世界提供商品，而且這些商品是世界需要的。

對於成長中的年輕人來說，每天三到四個小時的手工勞動，既不會傷害身體，也不會傷害頭腦。

從另一方面講，這樣的課程將帶來生活的平穩。這樣的勞動將來會有

回報，學生們無論何時，都不會完全依賴於外面的幫助。這樣對於長大成人及自強自立，都非常有好處。

　　卡內基先生的成功，就像每一位偉大的商人一樣，是從挑選人才開始的。他一直關注著能夠「送信」的年輕人[262]。他的成功證明了他慧眼識人的能力，每當他確定年輕人有真材實料時，他會給予這個年輕人商業方面的一些利益，通常是在銷售或生產環節給他們一些收益。

　　這就是馬歇爾·菲爾德[263]（Marshall Field）的計畫。透過這種方法，他使一個好人變成一位能人，使這個人受到保護，不會受到任何外來影響的誘惑。在這方面，唯一的不利之處在於，卡內基先生說，當年輕人變成百萬富翁的時候，他可能會變成你的競爭對手。而即使有這個風險，也比單獨承擔重責明智得多。千萬富翁應該培養起一大窩的百萬富翁，這是完全有必要的，聰明人應該確保他有一個替代品。

　　之前，1880年代的時候，卡內基先生有點勞累過度，便到歐洲旅行。去歐洲之前，他到處走來走去，向管理工廠的每一個手下告別。其中一位是威廉·瓊斯船長，他最為人熟知的名字是簡單的「比爾·瓊斯」。「比爾，」卡內基先生說：「我有點累了，覺得自己必須離開一下，唯一適合的地方是歐洲。我必須在自己和這個巨大的工業哼唱聲中間放上一片海洋，這樣才能獲得休息。你知道嗎，比爾？不管我是多麼地壓抑，只要我圍著桑迪胡克半島[264]轉，只要看不到大陸，就能完全獲得解脫。」

　　比爾回答說：「而且，主啊，想想看，我們大家又將獲得什麼樣的解

---

[262] 指羅文中尉，源自《給加西亞的信》。是指能不問困難、專注於目標、不折不扣完成任務的人。

[263] 馬歇爾·菲爾德：西元1834～1906年，美國商人，創建了馬歇爾商店和公司，該公司是19世紀末最大的乾貨批發及零售企業。

[264] 美國紐澤西州東部下紐約灣入口外一低半島，該半島將桑迪胡克灣與大西洋分隔開來，最早於西元1609年被發現。

脫啊！」所有人都開懷大笑起來，笑聲最大的就是安迪。安迪航行之前做的最後一件事情是，提高比爾的薪資到年薪整整一萬美元。

卡內基先生喜歡不怕他的人；假使他的工人能夠讓他相信，身為工人，在企業的某些特別環節上，比卡內基先生懂得更多，他會給予這個工人優厚的回報。卡內基先生和他的手下一直保持著友好的關係。

要是荷姆斯泰德勞工糾紛發生的時候，他人在美國，罷工便不會發生。他在應當堅持的時候會堅持，但他總是非常友好。他足夠明智，足夠偉大，願意退讓。像林肯一樣，他喜歡讓人們自行其事。如果需要的話，他會透過間接的方式管理他們，而不是透過正式的告示、命令或者指令進行管理。

野蠻人看重金子，並大量使用銀子。可是鐵的消費卻是文明的象徵，鐵軌、鐵蒸汽船、鐵的建築物！三十年前，有誰能預見到現代摩天大樓的出現？一百年前，又有誰預言到鐵蒸汽船的出現？

安德魯‧卡內基的業務將蘇必略湖的鐵礦，和賓夕法尼亞的煤田結合在一起。把德盧斯的礦石，裝運到一千多英里外的匹茲堡，轉換成鋼軌，大約要十天的時間。當卡內基鋼鐵公司於西元 1900 年重組的時候，並沒有出賣的打算。它是美國數一數二的、規模最大、架構最好的企業，資本一億美元。它下轄荷姆斯泰德廠、愛德格‧湯瑪斯廠和杜克斯恩廠。除此之外，它還有其他七個下屬的工廠。

它在蘇必略湖區擁有數千英畝的礦區，還擁有一條鐵蒸汽船營運線路，將礦石運到匹茲堡的鐵路線上。它擁有把礦石從礦區帶到碼頭的鐵路線，並擁有這些碼頭。它在賓夕法尼亞擁有巨大的煤礦，在康納維爾焦炭爐持有控股權。那裡，每天在合適的時間，五英里長的貨車發往工廠，裝

滿了焦炭。卡內基先生實際上個人擁有這些財產，他的雙手在控制局面。每間工廠都會給他一份每日報告，用幾行字寫清楚企業在做哪些事情。每一個分支機構也會發給他一份每日報告。出納員也會發一份報告，用一連串的數字說明財務狀況。當「十億元托拉斯」—— 美國鋼鐵公司成立的時候，卡內基將自己在卡內基企業的股份賣給新的企業，價格是二億五千萬美元，並以百分之五債券收益的方式收取他的報酬。

這是商業界最大、最乾脆俐落的一筆交易，也最為圓滿。這樣的財務脫身史無前例。

有許多聰明人在說：「噢，再過幾年，他會取消贖回權 [265]，再把工廠收回來的。」不過事態並未如此發展 —— 美國鋼鐵公司已經賺到了錢，還正在賺錢，因為它的管理者很大程度上受到了卡內基的訓練，他們在財務方面所選擇的方法，正是他們應該走的路。

就金錢方面而言，卡內基先生若是留在企業裡面，而不是賣掉企業，他賺的錢會更多，可卡內基先生退出這個工作之後，又開始從事一項更艱難的工作。「死時還是一個百萬富翁，這是一個恥辱。」他說道。把錢送出去很容易，但錢要送得明智，要使它造福於世界上未來的好幾代人，這是一項非常艱難而吃力的工作。

在鋼鐵廠的兩億五千萬元債券，並不是卡內基先生的全部財富。除此之外，他還有一些小投資。事實上，那句聰明的說法，「把你所有的蛋放到一個籃子裡」是非常淺顯的說法，並不深奧。卡內基先生的真正意思是，如果你只有看守一個籃子的能力，守著兩個籃子是愚蠢的。卡內基先生一直把自己的「蛋」放在十幾個「籃子」裡，但他從來都不會給自己找來

---

[265] 指當無法支付款項時，剝奪分期付款者收回抵押財產的權利。

多得看不過來的「籃子」。他的「籃子」通常都像「蝗蟲」一樣連成一塊，用一個機器抽出好幾個油井來。財富對於那些會用的人來說，是好東西；權力也是如此。但是，若你不能管住東西，而是讓東西管住你，它便會把你吞食殆盡。

我在東奧羅拉有一位好朋友，以前在月臺有一個花生攤。他的生意做得很好，有人建議他順帶銷售爆米花。他接受了建議，但不久之後變得精神崩潰。你知道，他是一個賣花生的，當他脫離了專長的時候，便迷失了自我。

如果你想到卡內基先生是多麼富有的時候，就說五億美元的身家吧！你會意識到，要讓他去世時變為貧窮之身，是一項多麼艱巨的任務。這一筆錢已經投資出去，每年帶來百分之五，或者說，二千五百萬美元的收益。

就目前而言，卡內基先生連他的收益都送不完，更不用說本金了。他的慈善捐贈到目前為止總額大約為二千萬美元。他幾乎完全是在圖書館的領域捐贈，你不可能替每個城鎮都捐贈兩座圖書館，除非是大城市，不然人們會抗議，會拒絕接受。管風琴的接收也會有限度。

這是英雄輩出的時代，用獎章將他們區分，這或多或少是件荒唐的事情。丹佛姆林的寬容大方幾乎是完美無缺的，任何美國的城鎮都相形見絀。

假使贈予比人們的發展更快，就要冒妨礙發展的嚴重風險。慈善行為必須使人受益。倘若大多數人都獲得贈予，他們會辭去工作，然後去找一個和喬治‧亞利斯[266]（George Arliss）一起工作的機會，因為魔鬼仍然喜

---

[266]　喬治‧亞利斯：英國輕喜劇演員，第一個贏得奧斯卡獎的英國人。

歡讓遊手好閒的人，去做一些打打鬧鬧的事情。

　　使普通人脫離工作，只不過會增加香菸、古柯鹼、溴化物和烈性飲料的銷售，並且為紐約監獄提供新的候選人。賺下了一大筆財富，要從你靈車的尾板那裡把錢倒出來，將它們傾倒在一個懶惰的世界裡，這可能會搞得醉漢大量出現。因此我們十分同情安德魯·卡內基，他努力想實踐自己的格言，希望去世時能變得貧窮，但同時也不會因自己的財富，令世界淪為受救濟者。不過，我們也不要失去信心。這個人只有七十八歲。他的眼睛明亮、牙齒堅硬、身材挺拔、四肢靈活，頭腦在最佳狀態。而最讓人充滿希望的一點是，他會笑。他甚至還會嘲笑自己。如果說，這有什麼價值的話，這意味著心智健全、時日尚多 [267]。

---

[267]　卡內基卒於西元 1919 年 8 月 11 日，享年八十四歲。

第九章
喬治・皮博迪

　　喬治・皮博迪（George Peabody，西元 1795 ～ 1869 年），美國商人、銀行家與慈善家。皮博迪從一名普通商人做起，後來成為著名的銀行家和券商。西元 1835 年，皮博迪力挽狂瀾，在倫敦為幾近破產的美國馬里蘭州尋求到八百萬美元貸款。西元 1837 年的美國經濟危機，使美國人的信用在歐洲一潰千里。而喬治・皮博迪的名字，在歐洲商業界卻成了力量和信用的化身。只要他出面，沒有做不成的生意。美國的批發貿易因為他的參與，成交額皆相當高，他用自己的信用，讓癱瘓的美國經濟又活了起來。他在美國與英國都博施濟眾，捐資建立貧民住宅、博物館、圖書館等。

人類進步的偉大功績，都是由一些個人完成的 —— 它們永遠不能由多數人完成。

—— 喬治・皮博迪

喬治・皮博迪是美國著名商人和銀行家。西元 1795 年，他出生於麻薩諸塞州丹佛斯村，西元 1869 年卒於倫敦。

童年時，貧窮就是他的命。但他成功了，因為他渾身上下全是堅韌不拔的細胞，而且他舉手投足都充滿魅力 —— 這兩樣東西，可以使任何人成為生活遊戲的贏家。

他在一生中捐贈了八百萬美元。去世的時候，還剩下四百萬美元，按照他的遺囑，大部分遺產都被用於增進人類的進步。事實上，皮博迪剩下這麼多錢純屬意外。他原本打算在自己的親自監督下，將這些錢捐贈完畢，不過死神來得太突然了。

世界在過去的四十年間有所進步嗎？聽著：過去四十年的進步，要比之前兩千年的進步還要大。

喬治・皮博迪的全部財富，包括他生前送出的、去世時剩下的，總共是一千二百萬美元。這正好是安德魯・卡內基六個月的收入。我們一聞到文明的一絲味道，就會想起喬治・皮博迪是世界上第一位慈善家。毫無疑問，在他之前，有許多人曾有著做善事的衝動，但他們很窮。

如果你除了建議之外，沒有什麼可以贈予，你就會很容易地對人類產生同情。當巨大的財富和對人類的熱愛，結合在一個人身上的時候，奇蹟就發生了。

在西方，贈予窮人就像借錢給魔鬼。對富人來說，這樣的計畫或多或少是一種消遣，可是贈予只局限於六便士，這對於窮人絕對有害。

每個人都會想要獲得機會。剛剛上岸的水手，身上裝著三個月的薪資，他們是世上最願意慷慨施捨的人——我們可以說，他們最熱愛他人，又最不可愛。拿到了錢，乞丐們變得高興起來，而水手們鬧哄哄地把歡聲笑語繼續帶到整艘船上；但是，唉，到了明天，水手們又是一無所有了。過去的慷慨解囊，只不過是軟弱和奇思異想引發的衝動——是無賴們的懺悔行為——我們給予，經常是為了擺脫煩人的討要者。

乞討經常被想像為與美德有親戚關係。衣衫襤褸被當作是誠實可信的同義詞，我們常說，破爛衣衫下跳動著一顆誠實的心。這是詩歌，但是否藝術呢？或許它只不過是淚腺的一次無傷大雅的小小練習？

說到富人，人們總是把他們和無賴相提並論，而一旦富人在場，我們卻向他們行禮，阿諛奉承、卑躬屈膝。他每講一個笑話，我們都哈哈大笑。

這些事情無疑可以追溯到以前的年代，那時財富是透過壓榨累積的。掠奪者成為富人——誠實的人變為窮人。

當一名窮人，就可以證明你不是強盜。戰爭中的英雄們掠奪城市，他們能帶走的東西都是他們的。中世紀的時候，修道院變得富裕，因為他們的閘門只向一邊開啟——他們收到的很多，卻什麼都不用付出。拯救人們的靈魂，意味著在他們的有生之年，接受他們的服務。

修道院擁有土地，封地及佃農支付的租金，進入教堂的財庫。華特‧司各特爵士曾借一位修道士之口說道：「我發誓要當一名窮人，卻發現自己每年有兩萬英鎊的收入。」

但財富並沒有使修道士永遠背負重擔。財富會轉手的——這是它的怪癖之一。戰爭到來，充滿血腥和暴力，軍人們以前只被利用來保護宗教

的命令，如今勝利歸於軍人，轉而反對修道士。

對高層教士提出指控，毫無疑問，這些指控通常是真實的，因為即使穿上教士長袍，繫上長袍腰帶，或是將衣服反穿，都不能改變一個人的本性。

在教袍的下面，有時你會發現一個意志薄弱的人 —— 貪婪掠取、好色、自私。

修道院被看成是違禁品。「戰利品屬於贏家。」這是一位曾任美國總統的人的格言，透過戰爭獲得財富的想法，一直在他的腦海裡根深蒂固。

宗教階層的地產被充公，當成英勇作戰的回報，偉大的戰士們被給予大片的土地。歐洲的大地產，都可以追溯到這個已被廣為接受的、瓜分戰利品的習慣。瓜分所有煽動罪、叛國罪和叛逆罪的人的財產，這是廣為前人接受的習慣，可以追溯到該隱[268]（Cain）的時代。當喬治‧華盛頓占用羅傑‧莫里斯的地產時，四千年前的先人都鄙視他。

另外，還要加上一句，若是有人擁有特別昂貴的地產，而有一位軍人想要這塊地產，這位軍人就會聽取並相信這樣的報告，說這塊地產的主人說國王的壞話，並且向敵人提供援助，這樣他的良心就會好受一點。

之後這位軍人會認為，懲罰這位不忠之徒，將他的地產搶過來，這是自己的「職責」。於是，貴族時代緊跟修道士時代而來。

而如今，貴族時代已經讓位於商人時代了。

修道士們透過壟斷教育，增加了窮人的數量。迷信、貧窮和無能，成為大多數人的命運。只要教士和軍人們至高無上，「這個世界只不過是一

---

[268] 該隱：在《舊約全書》中，是亞當和夏娃的長子，他出於嫉妒而謀殺了他的弟弟亞伯，並作為逃犯而被判罪。

個陰暗的沙漠。」這就是真實的寫照。貴族的統治只不過是權力的轉移，並沒有發生理想的變革。

在主教法冠和軍人頭盔之間做出選擇，根本沒有區別，而當業主戴著尋常的帽子與他們理論，他的邏輯同樣軟弱無力、毫無價值。

這時，商人來到了，他所做的事，就是把東西從充裕的地方帶到缺乏的地方。他靜悄悄地來，從不招搖過市，因此人們根本意識不到變化。

而美國人喬治·皮博迪捐贈了三百萬美元給倫敦的窮人。這些錢並不是為了求得良心的安寧而自願丟棄的，也不是為了鼓勵懶散、花在購買烈性飲料、擺擺架子、購買花稍衣服，或者花在不會有什麼結果的地方，而是為男人、女人和孩子們提供更好的家園。

「抓住來世。」保羅寫信給提摩太 [269]（Saint Timothy）時說道。我們現在相信，正確的翻譯應該是，「抓住即將到來的時代。」慈善事業在尋求抓住即將到來的時代，我們在為將來而建設。

胎兒長有眼睛、耳朵和說話的器官。但胎兒看不到、聽不到、也不會說話。他在努力抓住即將到來的時代 —— 為生存做準備 —— 為將來做準備。過去已經逝去，現在正在消亡，只有即將到來的是活生生的。

喬治·皮博迪的生命並不在於他給予東西，而在於他教給未來的百萬富翁們的一切，他抓住了即將到來的時代。

喬治·皮博迪又是這樣一個例子，儘管父母平庸，自己卻取得了巨大的成功。

嚴酷的氣候及貧瘠土地的無情可能是好事情，它們就像競賽一樣好，

---

[269]　提摩太：基督教領袖，聖保羅的同伴。《新約全書》中人們認為保羅所寫的兩封書信就是寫給他的。

只要你獲得的東西沒有超出所需，它們將是非常棒的東西。

新英格蘭也像南方一樣有著「窮白人」。丹福斯的皮博迪一家是好人，卻似乎從未發跡過。他們是從新罕布什爾州的山區下來的，打算前往波士頓，但在塞倫附近被困住了。不管當時發生了什麼事情，像腮腺炎、麻疹、薯蟲病、枯萎病之類的病，他們反正是染上了。他們的屋頂漏雨，水池漏水，煙囪塌陷。儘管他們家沒有什麼可偷的東西，有一次，一家人去教堂時，家中竟然也被入室偷竊。

小喬治得到的教訓很簡單：不要去教堂，不然有人會到家裡偷東西。生活是一件非常悲慘的事情，他的父母早已忘記如何開懷大笑了，因此喬治的玩笑招來一記耳光，因為它玷汙了教堂的純潔。追溯到前幾代，在皮博迪血統中，還是有著一些正直、勇敢、英勇的血液。

「綠山兄弟會」[270]有一位皮博迪家族的人，另外還有一位皮博迪是一艘定期從波士頓開往倫敦的郵輪船長。喬治的第一個抱負就是離家出走，到這位叔叔那裡去當一名船上侍者。

鄉下人雖然貧窮，不過在美國，永遠不會因缺乏食物而遭罪。如果受到飢餓的威脅，孩子們可以到鄰居那裡去打打小游擊。丹福斯村和塞倫之間，只隔了大約一英里左右的沼澤地，而塞倫在商業方面曾經可與波士頓相提並論。而且在黑貓、夜間駕著掃帚飛行的老太婆等方面，引領了世界潮流。魚、蛤、睡蓮、堅果、鰻魚，還有其他各種的花草和動物，它們都非常充足，並成為光著腳丫、雄心勃勃的皮博迪男孩們的推銷目標。

父母經常會留給後代一些他們自己並未擁有的品格，這是遺傳法則的奇妙之處。

---

[270] 佛蒙特州綽號「綠山之州」。獨立戰爭時，「綠山兄弟會」首領伊頓・阿倫（Ethan Allen）率部奮力與入侵自己家鄉的英軍抗戰。

喬治是兄弟姊妹中最小的一個，由他的「另外一個媽媽」照顧，也就是說，由他的一個姊姊照顧。當這個姊姊結婚的時候，男孩十一歲。對年輕人來說，參加姊姊的婚禮就像參加一場葬禮。他能讀會寫，可以數到一百，七歲以來，每個冬天都會去上幾個月的學。他的字比父親、母親寫得更好 —— 他寫起字來就像是鋼板印刷一樣，把頭偏到一邊，嚼著舌頭，跟上嘴唇的節奏，筆優雅地滑向紙的那邊。他的雄心壯志是：製作一隻小鳥，並在它的嘴裡放一張卡片。卡片上，用非常細小的字寫上他的大名，G‧皮博迪，字小得沒人能認出來。

他寫得一手好字，這使他在當地名聲大起，西爾威斯特‧普羅克特在村裡開了一家百貨店，提出收他做四年的學徒，並在 W‧I‧百貨教他蔬菜水果零售及經營之道。於是起草並簽署了協定，男孩後來才被徵求意見。具體報酬是多少沒有說，據傳言說，老皮博迪從 W‧I‧百貨那裡收到了二十五美元，並收到一些「液體貨物」[271]。

普羅克特是典型的老式新英格蘭商人。他天一亮就起床，刮好鬍子，然後清掃商店前的人行道。到了晚上，他親手關門打烊。他記得貨架上的每一件貨物，記得它們花了多少錢。他從來不會購買負擔不起的東西。

除了男孩之外，還有一名店員。喬治過來之後，商人和店員把備忘錄都記在牛皮紙上，每一筆款項再由喬治‧皮博迪抄錄到帳本上。

曾經有人告訴我，寫著一手純正斯賓塞字體[272]的人不會做其他的事。不過這一結論未免倉促草率，這是由一位寫著賀瑞斯‧格里利字體[273]的人提出來的。

---

[271] 指酒。
[272] 美國教師羅吉‧斯賓塞的字體，其特徵為：清晰、圓形、右斜。
[273] 美國報刊編輯和政治家賀瑞斯‧格里利（Horace Greeley）的字體。

鄉下的商店是男孩學會經商的好地方。在這樣一個地方，他永遠不會被某一個商業部門所吞噬。他什麼都學，從搖落大火爐的灰，到購買及銷售永不褪色的印花布。他成為拔釘鉗的專家，非常精確地知道如何辨認鮮蛋，如何使自己適應顧客的奇思怪想，畢竟那些顧客們知道的東西很少，卻經常自以為是。

　　喬治・皮博迪在商店上面的閣樓上睡覺。他和普羅克特一家一起用餐，經常幫普羅克特夫人洗盤子。他能夠照料商店，照顧嬰兒，清洗一輛藍色的馬車，駕著「馬隊」，大聲地喊著：「籲！」，聲音大得讓馬停下時，簡直要把你從前座摔出去，如果你不小心的話。

　　也就是說，他是一個新英格蘭男孩。生氣勃勃，對村莊生活的每一個階段，都做出積極的回應──強壯、快速、肯幹、樂於助人。懂得太多的村民容易變得「出奇」，受當地條件的限制，他的知識發展將停滯不前。村裡的男孩工作之後，在他染上旅行癖的關鍵時期，若能投身到更寬闊的領域去，就能邁上進化之路。

　　喬治・皮博迪在象徵他四年學徒生涯結束的當晚，在普羅克特的商店待到了九點鐘。他十五歲了，普羅克特先生提出誘人的提議，今後以現金支付他的薪資，不過這些提議都被婉言謝絕了。他穿上一套新衣服，口袋裡裝著五美元，心裡裝滿了雄心壯志。他立志做一名布料商，消滅所有的「Ｗ・Ｉ・百貨」。

　　喬治在紐伯里波特有一個哥哥，大衛・皮博迪，他在那裡經營一家「布料店」。

　　也就是說，大衛・皮博迪是一名紡織品商人。這在美國是一件相對新鮮的事，因為當時的「商店」通常有著人們想要的所有東西。專門的布料

店的想法來自倫敦，布料店似乎在波士頓運轉良好，因此紐伯里波特也開始嘗試。

大衛和喬治商談後，考慮要合夥。此時喬治只有十五歲，而大衛三十歲，「我的年齡是你的一倍，」大衛有一次對喬治說，急於讓年輕人明白自己所處的位置。「是啊，我知道的。不過不久之後，你就不會比我大一倍了。」喬治回答說，他的算術學得非常好。

兄弟倆相處得並不好，他們志不同，道不合。一個喜歡飛速奔跑；另一個則天生喜歡緩慢爬行。

當商店被燒毀時，幾乎整個紐伯里波特也被燒毀，這時也到了喬治奔向新戰場的時候了。他步行走到波士頓，將所有的錢都花在購買一條海船通道上，這條航線通往華盛頓哥倫比亞特區，此時已是西元 1811 年的下半年。

華盛頓是美國的首都，因此有人認為它將成為商業大都市 —— 於是大家都想搶占有利時機。特別是南方，指望華盛頓能供應貨物。十六歲的喬治・皮博迪搶占了先機，並認為他看到了機會正朝自己頻頻點頭。

他坐下來，寫了一封信給紐伯里波特一位名叫陶德的紡織品零售商，訂購價值兩千美元的布料 —— 清楚自己所想要的，並立即提出要求，天佑此人也。

陶德還記得這位男孩，在普羅克特商店工作的時候曾訂過貨，他立即接受了訂單。三個月之後，陶德收到了貨款，訂購的數量又翻了一倍。當時，拜訪富裕的種植主，向他們展示貨品的方式非常流行。英國的婦孺衣料品，對女士們來說是一種誘惑。喬治・皮博迪盡其所能帶了一大包東西，四處奔波，面露微笑地將貨物售出。他把東西賣完之後，就回到存貨

的房間，再度裝滿貨物。如果有剩貨，就賣給一些十字路口的商店。

　　我想，猶太人知道許多世間的事務，這不容否認。而美國人喬治‧皮博迪則運用了「上帝的選民」採取的方法。

　　早在那個時代，我們就可以聽到喬治‧皮博迪這樣的說法，真是個奇蹟。他說：「你若把別人不需要的東西賣給他，你付不起這樣的代價；你把一樣東西超過它的價值賣給別人，你也付不起這樣的代價。」還有這句：「我賣布料給一位婦女的時候，我會試圖把這場交易留住，這樣下週我回來的時候，還可以賣更多東西給她。」還有：「信用是商業的交感神經。有些人購買東西的時候，對賣方不守信用，這樣買賣只能持續很短的時間。有些人則對買方不守信用，這樣買賣也不會持續很久。要白手起家，必須使自己的信用毫無汙點，必須和每一個購買東西的人交朋友。」

　　猶太人的腦力透過移動行走變得更加敏捷。背著背包到處兜售，要比攻讀博士學位更好，除了社會收益和榮譽之外。我們透過間接行為學會東西，而不是透過說「走吧！看我們學一門大學課程，學到更多的東西」就能學到。

　　我們身上的老繭是在磕磕碰碰中形成的，而不是來自於導師的輕柔按摩。在銷售認捐簿、地圖、縫紉機或者梅森‧漢姆林風琴的過程中，數以千計的偉人們，有了邁向成功的最初的衝動。當你挨家挨戶兜售東西時，你會看到一家人穿著舊衣服，家裡的狗也放開了。要在前門落腳，這樣可以避免主人「呼」的一聲將門關上。看到不耐煩的家庭主婦，你可以問：「妳媽媽在家嗎？」，這樣就可以把尖酸刻薄的話軟化，並把東西賣出，這就是一種成就。

「人類最偉大的研究就是男人。」波普[274]（Alexander Pope）曾說。他終於說對了一次，儘管他應該把這句話中的「男人」換成「女人」。

十五歲到十九歲，是成型的階段，倘若宇宙的黏合劑會凝固的話，就是在這時凝固的。在這些年中，喬治‧皮博迪從一個店員成長為一名商人。

什麼是商人？商人就是做生意、完成交易的人。簿記員、記者、系統員、看門人、擦地板的婦女、速記員、電工、電梯工、收銀員，他們都是好人，是必不可少、值得真心尊重的人，但他們並不是商人，因為他們在開銷的那一頭，而不是在收入的這一頭。當 H.H. 羅傑斯將西維吉尼亞的煤礦與潮水連繫在一起的時候，他證明自己是一名商人。

當詹姆斯‧J. 希爾在西北部建造了一個王國的時候，他證明自己無愧於這個頭銜。商人是推銷員，不管你的發明多麼偉大，你的歌聲多麼甜美，你的畫作多麼莊嚴，你的卡片系統多麼完美，除非你能讓世界相信，它需要這些東西，你能因此獲得錢財，否則你就稱不上是一位商人。

商人向世界提供偉大而美好的東西，並從世界收取貨物的售金。奉承、瞎扯、胡說有著它們自己的好處，但在作為流通貨幣方面，有著巨大的劣勢。

從新英格蘭移居到哥倫比亞特區之後，喬治‧皮博迪相當於到了外國，在這一過程中褪去了自己的鄉土氣息。當一名新英格蘭人非常美妙，可是一生只當新英格蘭人就太可怕了。

喬治親自見證了自立當中最有價值的一堂課 —— 他能夠獨自一人披荊斬棘前行。

---

[274] 波普：西元 1688～1744 年，英國作家。其最著名的作品，是諷刺性仿英雄體史詩《奪髮記》及《群愚史詩》。

他一直恪守信用，並不斷鞏固自己的信用。他曾在 1812 年戰爭 [275] 中當志願兵，在波拖馬可河岸巡邏。當戰爭結束的時候，沒有人像他這樣感到無比高興。當志願兵時，有一個叫以利沙‧里格斯的人和他一起當兵，比他大幾歲，也是一位布料商。他們以前見過面，是作為商業競爭對手而冷眼相對的，現在則是肩並肩戰鬥的戰友和朋友。里格斯如今受人稱道的原因，主要是因為他建造了華盛頓當時最豪華的酒店。就像約翰‧雅各‧阿斯特一樣，除了自己的圈子外，無人知曉，直到他建造了那家豪華大酒店：阿斯特宮大酒店。

　　里格斯曾從維吉尼亞的種植園裡，一包一包地運走貨物，但現在，他在喬治城設立了一家紡織品零售店，只賣給店主。他感受到皮博迪貨物的競爭力，想和他交朋友，他建議兩人可以合夥。皮博迪解釋說，他現在只有十九歲，還未到法定年齡。里格斯爭辯說，時間會對這一缺陷做出彌補。里格斯很富有 —— 他有五千美元，而皮博迪只有一千六百五十美元零四十美分。我給出了這樣精確的數字，是因為財產清冊就是這麼記載的。

　　可是皮博迪有一樣東西，能使任何男人或女人變得富有。這是一種甜美而有益的東西，我們可以稱之為上帝的禮物。我所指的這件寶貴的東西是優雅的風度，它首先要求有生氣勃勃的健康體魄，其次要求有絕對誠實這一重要配方，最後還需要心地善良、友好。

　　沒有什麼像謊言一樣，對空氣帶來這麼大的汙染。老式的父母教育孩子的方法是，往壞兒子嘴裡塞軟肥皂洗嘴，這樣做有著科學的依據。說謊者必須要有很好的記憶力，因為他們被自己的言行所束縛和羈絆。誠實的

[275]　1812 年戰爭，是美國與英國之間發生於西元 1812 ～ 1815 年的戰爭，是美國獨立後第一次對外戰爭。

人自由自在 —— 他的行為不需要解釋或者道歉，他擁有自己裝備的所有武器。

在馬里蘭州和維吉尼亞州的戶外跋涉，使喬治·皮博迪的臉頰上，閃耀著極為健康的光芒。他身材偉岸，非常陽剛，頭腦聰明，可以平等地與人相處。如果我是一所大學的校長，我一定會設立一個精神融合或是優雅風度一類的教授席位。沉悶、深沉、枯燥也許有它們各自的用處，但有著優雅風度的人，能使自己的資本處於活躍狀態，他的靈魂是跳躍式的。我從未有過足夠多的這種社交魅力，因此也無法對此進行分析，不過我知道，它有著化解對抗、融化人心的能力。然而它是如此的微妙，虛無縹緲，若是被用於純粹自私的目的，它會消失在稀薄的空氣中，而前主人只剩下美麗的面具和個性的空殼。

喬治·皮博迪從十九歲時就風度翩翩，一直到他去世都是這樣。福爾尼上校曾和他一起橫渡大西洋，而皮博迪當時七十一歲。以下是福爾尼上校的描述：「我坐在船艙的一邊，他坐在另一邊。他正在讀一本書，最後只是把書抓在手裡，坐在那裡悠閒地睡著了。看著他那天神般的腦袋襯著窗戶的畫面，我的淚水忍不住湧了出來。他的臉龐和面貌閃爍著高貴而崇高的智慧，他的眼睛帶著神聖的愛望著前方。倘若靈魂會從臉龐上展現自我，此時此刻就在眼前。他是眾人之王，我一點也不奇怪，過去的人們為什麼會神化像他這樣一類的人。」

里格斯·皮博迪公司興旺發達起來。

它的發展超過了它在喬治城「國會廳」的舊總部，擴展到隔壁的房子。而後者的發展超過了前者。

此外，到了這時，很顯然，喬治城和華盛頓都不可能成為美國的商業

大都市了。巴爾的摩市[276]有著獨特的港口優勢，華盛頓卻沒有；船隻依據自然法則在那裡靠岸。里格斯和皮博迪發現，自己裝運貨物到巴爾的摩，目的只是為了再裝運到薩凡納[277]和查理斯頓[278]，這時，他們知道木已成舟，於是打點行裝，搬到了巴爾的摩。

當時為西元 1815 年。要做生意，你最好到有生意可做的地方去，貿易跟隨著阻力最少的路線前行。批發商們把誠實可信看成一種商業資產，而零售商很久之後才認知到這點。阿爾傑農‧S‧克拉蒲賽博士曾說過，真理是一種全新的美德，牧師們對它還不是非常有把握。為了保住自己的生意，批發商發現自己必須不玩花招，誠實可信：他必須把自己當成顧客的代理人。皮博迪天生就適合當一名商人，他有著很好的品味，對於人們想要的東西有著預言性的直覺。他沒有在紐伯里波特、波士頓或者紐約進貨，而是和倫敦直接建立了連繫。

倫敦當時是全世界的商業中心，時尚的仲裁者，樣式的塑造者，而且是金融之家 —— 不論是否狂熱。里格斯和皮博迪把美國的棉花裝運到倫敦，作為回報，他們會收到形式多樣的產品。

西元 1829 年，里格斯從公司退出，只保留了一定的財務利益，皮博迪身為金融家，獨自一人衝向了最前線。多年以來，皮博迪和勞勃‧歐文做了大筆的生意，這兩位非常能幹的人，因此形成了親密而持久的友誼。他們都是文明的守望者，毫無疑問，他們都給對方留下了永不磨滅的影響。我們發現，他們想出來一條新的商業法則 —— 互惠，而不是剝削。勞勃‧歐文一直有著幾乎是取之不盡的信用，因為他將自己的承諾，當作

---

[276] 巴爾的摩為馬里蘭州首府。

[277] 美國喬治亞州東南部的城市，位於薩凡納河口附近。

[278] 美國西維吉尼亞州首府。

是靈魂最重要的珍寶，皮博迪也是如此。

西元 1827 年，皮博迪拜訪英國，時年三十二歲。銷售貨物給他的商人們，發現了一件驚奇的事情，他們發現皮博迪並不是那種蹦蹦跳跳、滔滔不絕、匆匆忙忙、叫叫嚷嚷的美國人。當然，他實際上也是忙忙碌碌的，但做得不是那麼招搖，也不會招人討厭。從他的外表看，似乎他有的是時間。

他聲音溫和，舉止優雅，我們聽過一位倫敦銀行家含義有點曖昧地稱讚他，「噢，你知道，他是個完美的紳士 —— 他根本不像一個美國人，你知道！」皮博迪有著獨特的天賦，他從來都不會因為倉促或者焦慮，而使自己的目標落空。

皮博迪第二次到訪倫敦，是在西元 1835 年，這一次他帶著非常微妙而重要的使命前來。

當時馬里蘭州政府，正處於嚴重的金融危機當中。它發行了債券，很快就要到期。一些南方的州已經拒絕清償債務，看來馬里蘭州也只能不履行債務了。皮博迪發布了一封公開信，要求馬里蘭州的公民們保護他們的商業榮譽。州債券的持有者主要在紐約和費城，而它們都是競爭的城市，巴爾的摩將成為一個禁區。史蒂芬·吉拉德借了錢給馬里蘭州，西元 1829 年他拒絕續借，有些人說，這導致壓力加大，到西元 1835 年時壓力到了頂點。此時，馬里蘭州政府授權喬治·皮博迪前往倫敦，商談借款。這是他自己的提議。他到了倫敦後，籌到了八百萬美元的借款。

勞勃·歐文說，皮博迪是「賣了面子」，才籌到錢。

他邀請了十幾個倫敦銀行家赴宴，當言歸正傳之時，他非常清楚地解釋了這件事情，錢袋頓時全部張開了，根本不用商量就達到了他的目

的。皮博迪帶著金幣回到巴爾的摩，這又是一個優雅風度所產生的魅力的例子。

皮博迪知道，借貸對於出借人和借款人都是件好事。如果借款人知道自己要拿這些錢做些什麼，什麼時候、怎樣還款，那麼他永遠都不會缺乏資金。

西元 1893 年，安德魯・卡內基拜訪了匹茲堡的銀行，要借一百萬美元。銀行家們說，「哎呀，卡內基先生，這是史無前例的事！」回答是：「是啊，我就是要做前所未有的事。要是你相信我知道自己在幹什麼，幫我籌這筆錢的話 —— 生命太短暫了，沒有時間道歉 —— 我過一個小時再回來。」

有三名銀行家咳了咳嗽，一名銀行家打了個噴嚏。但安迪一小時之後再拜訪他們時，他們已籌到了錢，把錢準備好了。在這場交易中，安迪掌握了主動權。卡內基工廠已經欠匹茲堡銀行約百萬美元巨額，他們被迫維持、扶持他們客戶的信譽，否則就要冒著自食其果的風險。某種程度上講，皮博迪和倫敦的銀行家們也是如此。

馬里蘭州發行的舊債券中，很大一部分已經由費城和紐約的銀行家，抵押給倫敦的商人了。此時皮博迪發出暗示，向倫敦表明，它必須保護自己的利益。

他的優雅風度及邏輯論證扭轉了局面，他是一個偉大的人，在必要的時候，敢在獅子頭上捉蝨子。

作為獲得倫敦借款的酬金，馬里蘭州政府給了皮博迪一張六萬美元的支票。他在支票背面簽注：「由 G・皮博迪贈送給馬里蘭州政府，致以最美好的祝願。」然後把支票交還。皮博迪在針線街取得的成功，為其打開

了才能的寶庫。將大不列顛和美國結成更親密的金融和工業關係，成為他畢生的事業。西元 1835 年，他把自己的總部遷到倫敦，目的在於使英國貨物運輸到美國更為便利。英國的生產商對於銷售貨物給美國商人感到擔心。「資本是膽怯的。」亞當‧斯密曾說，我們許多人都可以證明，這一說法的確是真理。

皮博迪對於美國的貿易非常了解，他的業務就是，為英國批發商們運往美國的貨物墊款他以這種方式替貿易車輪添加了潤滑劑。

倫敦的銀行家們一直試圖告訴英國的生產商，和「美國殖民地」做貿易風險極大，因為這些「殖民地」是「叛亂分子」，他們對於宗主國抱著仇恨和嫉妒，表現出來的結果是，幾乎每一次都不履約。

這樣死灰復燃地進行抨擊，使得貿易額持續減少。皮博迪剛到英國的時候，英國到美國，或是美國到英國的郵資是二十五美分。他親眼目睹它降為十美分，而它的降價很大程度上，是由於他自己做出的努力。

現在我們寄一封信到英國，只要兩美分，和從紐約市寄信到揚克斯[279]一樣便宜。在喬治‧皮博迪的影響之下，這兩個偉大的國家開始相互理解，在他的時代，沒有其他人有這麼大的影響力。

皮博迪的生意是為了維護美國的信譽，為了實現這個目的，他替運往美國的貨物墊款。代理商以前收百分之十的佣金，他只收百分之五。而且，對於他熟識的美國進口商，他墊付全額貨款。

他的資金一年周轉四次，因此利息高達百分之二十。他的損耗只有百分之零點五。他想要資金的時候，可以靠自己輕鬆地借到錢。生意非常簡單、容易，一旦啟動，就會為皮博迪帶來每年三十萬至五十萬美元的收

---

[279] 美國紐約州東南部城市。

入。沒有人比皮博迪本人更為吃驚，當年，他曾在丹福斯的一位西爾威斯特‧普羅克特先生那裡幹了四年的活，離開的時候，他拿到了五美元，還有一套衣服！

皮博迪終生未婚。單身漢有兩類：一類是稀有珍品型；另一類是普通俗人型。後一類型十分容易辨別，他們總是罵罵咧咧，因此也易招惹口舌之非。此外，俗人單身漢很容易摔倒在毒葉藤裡，掉了頭髮，沒了牙齒，沒有風度，大倒胃口，最後死在上面。而稀有珍品型則不然，他們以工作為妻；人是人群中的一分子，必須和一些什麼結婚。而以工作為妻，你就可以長命百歲，享受生活。

如果一個男人和一個女人結婚，而女人對他的工作不感興趣，他的生活脫離了她的生活軌跡，往往會導致他搖擺到俗人單身漢和光榮的罵罵咧咧的軌道中去，大家都知道，這是屬於魔鬼和苦海的範疇。這種情況下，他就走完了一個循環，展現了對立的法則，表明相反的事物其實是相像的。理想的狀態是做個重婚者，既和一個女人結婚，又和你的工作結婚。若是和一個女人結婚而使你丟棄工作，這將會是一個悲劇；若是和工作結婚而捨棄女人，則可能會導致事業成功。如果被迫要做出選擇，那就選擇你的工作吧！

有許多人有巨大的成就，卻沒有女性的助手或對手，我可以舉出米開朗基羅、達芬奇、提香[280]（Titian）、艾克薩‧牛頓爵士（Isaac Newton）、赫伯特‧斯賓塞和喬治‧皮博迪的例子。

喬治‧皮博迪是哈里‧G‧塞爾弗里奇[281]真正的使徒先驅，也是芝加

---

[280]　提香：義大利文藝復興時期威尼斯畫派代表畫家。
[281]　哈里‧G‧塞爾弗里奇：西元1858～1947年，美裔英國商人，他在倫敦創建了塞爾弗里奇公司百貨商店。

哥乃至整個世界的先驅。他在倫敦創新了美國式的商業銷售方式，在皮卡迪利大街 [282] 銷售斯坦－布洛赫生產的漂亮衣服。

皮博迪不像其他有錢、有地位的人那樣，他從來都不會自命不凡，或者要求特殊照顧。他在倫敦生活了三十年，住在簡單的公寓裡，沒有用過男僕或者任何穿制服的僕役。他向僕傭表示謝意，對搬運工彬彬有禮，對每個人都表示感謝，總是充滿耐心，從來不會抱怨被人冷待。他逐漸成為公車司機的好朋友，他們慢慢和他熟識，並樂於為他服務。每當看到他走過，倫敦的窮人就祝福他，原因有許多，但並非完全無私。

他不抽菸，從沒碰過烈性酒，參加宴會時通常只吃一盤菜。

他送出的第一份大禮，是為倫敦的窮人建立示範公寓，花費了三百萬美元。皮博迪公寓在伊斯林頓占有兩個街區，今天還是值得一遊，儘管它們是在大約西元 1850 年建造的。其目的是為工人們提供乾淨、衛生和完善的家，而租金嚴格按照成本來收取。皮博迪希望高貴的富人會模仿他的做法，讓骯髒和貧困成為過往雲煙。

唉，皮博迪公寓只給大約一千人提供了住宿，如今倫敦仍有五十萬或是更多的人，生活在卑賤的貧窮和痛苦之中。

除了在少數場合之外，倫敦的貴人們缺乏慈悲心腸。在紐約，示範公寓主要還是紙上談兵。如今，三一教會利用它的數百萬信眾獲得收益，而這種使它獲利的財產，皮博迪曾預言說，到了西元 1900 年也不可能存在。有一樣東西，皮博迪不能指望，那就是窮人對於環境的漠不關心，還有他們對於烈性飲料的天生的品味。他認為，如果富人都來挽救窮人，窮人會歡迎這種新的制度，並且會感恩。真實的情況是，看來窮人必須自己

---

[282] 倫敦的繁華街道。

幫助自己，儘管慈善事業非常美好，可它主要是慈善家們的事情。窮人必須受到教育，進而改進自己的環境，否則的話，即使你提供天堂給他們，他們也會在明天把它變成貧民窟。

「慈善事業的唯一目標，」雕刻家斯托里 [283] 說道，「就是模仿像喬治‧皮博迪這樣的一張臉龐。」

當消息傳到美國，說美國人喬治‧皮博迪為倫敦做的事情時，有許多人說了不友善的話，說他拋棄了自己的祖國。為了平息事件，皮博迪接著捐贈了三百萬美元，用於南部一些州的教育事業，金額和他贈予倫敦的一樣多，這筆錢用於建設校舍。不管在哪裡，只要有城鎮為學校籌集了五百美元，皮博迪就會捐贈相同的金額。皮博迪基金中的一百萬美元，最後被用於在納什維爾 [284] 建立一所師範學校，這些投資是明智而有益的善舉。之後又捐贈了一百五十萬美元，用於建立巴爾的摩皮博迪學院。

毫無疑問，這樣一個禮物點亮了皮博迪的內心之火，他想做類似的工作，如果可能的話，還要做更有益的工作。

西元 1851 年，在倫敦舉行的第一屆世界博覽會上，皮博迪捐贈了一萬五千美元，用於展覽美國的發明。當時主要的發明有麥考密克收割機、艾利‧惠特尼的軋棉機和柯爾特式自動手槍。

皮博迪出資兩萬美元支持凱恩尋找富蘭克林。他建立了多家圖書館，也捐贈了二十五萬美元，替自己的家鄉建立一所皮博迪學院。

丹福斯還能在地圖上找到，但對於那些尊重這個美國發明的人來說，皮博迪已經成為一個聖地 —— 這是一種新的美德 —— 聰明捐贈的藝術。

---

[283]　斯托里：西元 1819 ～ 1895 年，美國雕刻家，以其新古典主義作品聞名，如《克婁巴特拉》。
[284]　美國田納西州首府。

約書亞‧貝茨慷慨解囊，使波士頓獲得了免費的圖書館，他是皮博迪的代理人，後來成為他的合作夥伴。貝茨後來成為巴林兄弟公司的成員，做著類似喬治‧皮博迪的業務。毫無疑問，貝茨從皮博迪那裡獲得了慈善的動力。

西元 1856 年，皮博迪在闊別四十多年之後，再次拜訪自己的家鄉丹福斯。全城上下熱鬧非凡，小到學校裡的孩子，大到州長先生，全都參與了活動。

在華盛頓，皮博迪是總統的貴客。參眾兩院將他們的日常議程延期，以向他致敬。最高法院的法官在他走進法院的房間時，請他坐在凳子上。二十年來，他是美國非官方的駐倫敦總代表，無論誰當領事或大使。

每年 7 月 4 日，他都會替正好逗留在倫敦的美國重要人物舉行宴會。

被邀請參加宴會是一件大事。皮博迪總是親自出席宴會，宴會通常有大量的演講，有時還會有名為「西南樂隊」的樂隊演奏。此時，皮博迪會面帶溫和的微笑容忍它的存在。然而，有一次，事情卻進展得不是那麼順利。丹尼爾‧西克爾斯當時是美國駐倫敦領事，詹姆斯‧布坎南[285]（James Buchanan）當時任美國駐英國大使，他後來成為我們最無能的總統。西克爾斯雖是個好人，卻是個支持農奴制的極端主義分子，同時也是個帶有明顯沙文主義傾向的紳士。西克爾斯要求布坎南主持宴會，在這種情況下，由他邀請西克爾斯第一次做祝酒詞，祝酒詞的內容是，「為美國總統乾杯。」同時西克爾斯打算有意無意地扭扯一下不列顛之獅[286]的尾巴。皮博迪拒絕接受西克爾斯的想法，他主持了宴會，並第一個發表祝酒

---

[285] 詹姆士‧布坎南：西元 1791 ～ 1868 年，美國第十五任總統，曾試圖在贊成奴隸制和反對奴隸制的雙方中維持平衡狀態，但其折中的觀點激怒了南北兩方。他企圖搶先一步制止南卡羅來納州於西元 1860 年 2 月 20 日發動內戰，卻以失敗告終。

[286] 英國的別稱。

詞，內容是：「為英國女王乾杯！」於是西克爾斯立即離席，並引起不必要的喧鬧聲，而布坎南則黏在自己的座位上。這件事差點演變成國際事件。

皮博迪一直是一名美國人，更偉大的是，他是個世界公民。他熱愛美國，可是一旦置身於英國的土地上，他便是英國真正的客人，他對女王表示了敬意。在我們看來，這樣做是恰當、正確的，並可以對此事一笑了之。但令我們感到高興的是，皮博迪為這次宴會掏了錢，以自己的方式決定演講的內容。

女王打算授予皮博迪爵士頭銜，可是他拒絕了，他說：「如果女王陛下寫一封私人信件給我，對我幫助倫敦窮人的願望予以認可，我會感激不盡。」維多利亞接著寫了這樣一封信，並送給他一張自己的肖像畫。信和肖像畫現在保留在麻薩諸塞州皮博迪市的皮博迪學院。

皮博迪於西元 1869 年去世時，維多利亞女王下令，將他的遺體安葬在西敏寺。女王親自參加了葬禮，議會的旗幟降了半旗，遺體由英國皇家衛隊護送到西敏寺。格萊斯頓 [287]（William Ewart Gladstone）是護柩者之一。

後來，人們發現，皮博迪已經在遺囑裡做過修改，要求將他的遺體安葬在丹福斯村的公墓，在他父母親身邊長眠，在他童年的腳步曾經踏過的地方。他的遺體於是被從西敏寺遷出來，放到了英國軍艦「君主號」的船上，英國首相、外交大臣和許多知名人士都到場，「君主號」在一艘法國炮艇和一艘美國炮艇的護送下駛往美國。對於一名普通的美國公民來說，從未有人被致以如此崇高的敬意。

紐曼・霍爾牧師在葬禮上的致詞說得很好：「喬治・皮博迪發動了抵

---

[287]　格萊斯頓：西元 1809 ～ 1898 年，英國政治家，於西元 1868 ～ 1894 年年間，四度任英國首相。

抗貧困與悲哀的戰爭。他創造了家園，從未拋棄過任何人。他站在無依無靠者、無家可歸者的一邊。他的生活受到愛的法則指引，沒有人會願意放棄這樣的法則。他的任務是，將英國人和美國人的心融合在一起，使他們都能牢記自己對上帝的責任、對人類的責任。」

第九章　喬治・皮博迪

第十章
A・T・斯圖爾特

A・T・斯圖爾特（Alexander Turney Stewart，西元 1803～1876 年），美國出色的紡織品零售商與批發商。他在商場方面的改革，對於美國零售業有著非常深遠的影響，被譽為「商場王子」。西元 1823 年，這位二十歲的愛爾蘭移民，在紐約開了一家紡織品商店。他的商店不斷擴張遷址，最終建成了一個非常奢華的「大理石王宮」。「王宮」開業之時，成為全世界最大的零售商店。他的商店是最早使用「不二價」的商店，吸引了富人與時尚人士。

　　未來之商人，不僅僅是經濟家與行業領袖 —— 他還是導師兼人道主
義者。

—— Ａ・Ｔ・斯圖爾特

　　當伍廷芳閣下[288] 被問及，如果可以選擇的話，他願意居住在哪個國
家時，他毫不猶豫地答道：「愛爾蘭！」而這位守口如瓶、聰明絕頂的閣
下大人明白，緊接著會是另一個問題「為什麼？」「因為愛爾蘭是世上唯
一的、愛爾蘭人沒有影響力的國家。」也許，還可以在這裡說一句，雖然
它與此事完全無關：猶太人在紐約的影響力，要比他們在耶路撒冷的影響
力大得多；而土耳其人對巴勒斯坦的影響，就像英國人對愛爾蘭的影響一
樣大。

　　人類的產品必須進行移植，以求得到最優改進。玫瑰中的極品產自加
利福尼亞。而它們是取自紐約州門羅縣羅切斯特市包威爾附近佛科納的品
種，往西遷徙而成；一個全新的環境，在混沌未開之時，往往是一劑精神
上的強心針與興奮劑。人們初來乍到一個新環境，必須盡自己最大的努力
去適應它，與他的環境協調一致。這將激發出他的最大潛能，並將為自己
開掘出一個塵封已久的寶藏。

　　埃德蒙・伯克[289]（Edmund Burke）曾說：「愛爾蘭人還挺不錯的，不
過，你得在他們年輕時就遇上。」每當英國需要一個超級偉人的時候，它
只能到愛爾蘭去尋找。

　　比如伯克，是它最偉大的雄辯家；斯威夫特，是它最偉大的諷刺

---

[288]　伍廷芳，廣東人，西元 1842 ～ 1922 年。中國近代著名外交家、法學家。西元 1877 年，成為
　　　　第一個取得英國法律學博士學位的中國人。他曾被清政府任命駐美、墨、日、祕魯、古巴等國
　　　　公使，辛亥革命後脫離清朝政府，投身於孫中山領導的民主革命運動，為推翻帝制，建立民主
　　　　共和，進行民主革命做出了貢獻。
[289]　埃德蒙・伯克：西元 1729 ～ 1797 年，生於愛爾蘭都柏林，英國政治家、哲學家。

家；戈德史密斯，是它最甜美的詩人；阿瑟‧威爾斯利，是它最偉大的勇士 —— 更別提鮑伯斯閣下了 —— 他們全都是愛爾蘭人。而對美國來說，則有了亞歷山大‧特尼‧斯圖爾特。他年方二十，非常典型的愛爾蘭人：害羞、粉紅臉蛋、藍眼睛、留著鬍子。他打算一直在學校教書，直到自己做好當一名「教士」的準備。

西元 1820 年，那正是愛爾蘭校長們培養的明星冉冉上升的時間。在四十年間 —— 從西元 1805 ～ 1845 年 —— 都柏林三一學院百分之八十的畢業生，都直接前往美國發展，前程可待。

當他祖父去世時，年輕的斯圖爾特已在聖三一學院上了兩年學。因祖父去世，他斷了經濟來源。他三歲時父親就過世了，是由他的祖父母把他帶大的。他母親重新嫁了人，並忙於撫養一堆克拉韓家的孩子，他們中的幾個後來到紐約，在 A‧T‧斯圖爾特的紐扣店裡找到事做。

年輕的斯圖爾特原可以借錢完成大學學業，因為他知道，年滿二十一歲時，就可以繼承父親的遺產。然而，一時衝動，他把書賣了，並將手錶送到典當行，買了一張船票前往美國，那片上帝的「應許之地」[290]。這個年輕人有著學者般的外表與高貴的氣度，就像害羞的人常常有的那樣。此外，他還有一口聖三一學院口音，這可是與聖三一學院學位一樣受人仰慕。後來，A‧T‧斯圖爾特漸漸沒了聖三一的口音，然而在他七十大壽時，聖三一學院把它能頒發的所有學位都授予給他，包括法學博士。

愛爾蘭人修建了我們的鐵路，然而，「愛爾蘭佬」不再在鐵路上工作了 —— 他們擁有了鐵路。像哈里曼、漢諾漢、麥克日、麥克道格拉斯、奧唐納、奧得思、希爾等家族 —— 都是從沼澤地中走出的第二代人，他

---

[290] 應許之地，源自聖經。指三千多年以前，神召喚亞伯拉罕離開自己所生活的舒服城市 —— 巴比倫的吾珥，前往現在的巴勒斯坦地區 —— 那塊應許之地。

們身上還散發著泥煤的味道呢！

　　愛爾蘭的校長們，不知不覺地就從掌控學校，變成了掌控我們的市政事務。而他們的弟弟們、堂兄弟們以及叔叔阿姨們，在他們推開城堡花園的大門之時，就已發現工作職位在向他們懶懶招手。

　　Ａ‧Ｔ‧斯圖爾特在紐約教了一年書之後，已到法定繼承的年齡。他積攢的薪資有兩百美元，啟程回到「老愛爾蘭」時，儼然已是成功男人了。他想回到聖三一學院並完成學業，以期能榮獲學位。他業已證明自己闖蕩世界的能力，能夠立足並照顧好自己。這一切也證明年輕的斯圖爾特先生與他的祖父母都是出色的。

　　祖父母以一種良好、明智的方式撫養他長大，並在他愛爾蘭的頭腦中保留了一種平民本色。嚴格來說，他爺爺並不屬於貴族，而是比這還好：他身為愛爾蘭人，成為一名公證人，之後升至教授。

　　Ａ‧Ｔ‧斯圖爾特有著大方得體、端莊高雅的稟賦，這一點使他始終活躍在受過良好教育的圈子內，走路時總是抬頭挺胸、收緊下巴。他自我感覺良好，而世界也樂於贊同他的自我判斷。

　　在美國的一年，已把這位年輕人從一個不諳世事的年輕人，轉變成為一位紳士。西部的氣候挺適合他，Ａ‧Ｔ‧斯圖爾特自己也談到，回到貝爾法斯特時，發現這城市似乎變得更小、更寧靜。他把每件東西都與百老匯進行比較，想到當地的雙輪馬車與短途遊覽兩輪馬車的差異時，不由得微微笑了。

　　當他回到聖三一學院，見到他分別僅一年之久的同班同學時，想在這裡待上兩年畢業的想法立刻煙消雲散。似乎有一個寬闊的海洋將他與老師同學分隔開了。教授們反應遲鈍、思維緩慢；學生們還只是些小男孩──

而他已長成為男子漢。他們也同樣感受到了這種區別，稱他為「先生」。他們中的一個，向一位新生介紹他時，說他是「美國人」。這位新生朝他深深地鞠了個躬，Ａ·Ｔ·斯圖爾特的胸中頓時豪氣干雲，因自豪而激盪。即便是讓他當教授，也不可能將他留在愛爾蘭了。

他似乎見到自己成為一位美國大學校長，星期天的時候，站在學院的講道壇上，用熱烈的、慷慨激昂的語氣，描繪著那些冥頑不化、死不改悔之人的下場。美國佬的環境使他變得有點魯莽。他祖父留給他的財產整整有一千英鎊 —— 也就是五千美元。該怎麼處置這筆錢，他還沒有什麼主意！無論如何，他要將這筆錢帶到美國去，並精明地投資出去。

在紐約，他寄住在一家愛爾蘭人家裡，而一家之主是名布料商。他在西街有個小店面，亞歷山大週六會去幫著看店，在輪船靠岸的晚上偶爾也會去。那時，水手們坐著漆成明快顏色的、帶拖繩的大划艇，大把大把地花錢，消磨時光是。你二十歲時做的事，會對個性留下不可磨滅的印記。斯圖爾特在貿易方面沒有特別的嗜好，然而，潛在地或事實上，經驗的魔力最為有力。懷揣五千美元，並且都是金幣，讓他坐立不安。因此，他投資了一半的錢在優質愛爾蘭飾帶、插繡、扇形緣飾上。愛爾蘭亞麻、愛爾蘭府綢，與愛爾蘭飾帶被運到紐約，這可不會虧本！他可以賣衣料，若他被劫走了錢，不可能同時被劫走這些布料。因此，他乘船前往紐約 —— 當巍峨高聳、鬱鬱蔥蔥的山岡退出視線、隱沒在漾漾薄霧中，他眼中的愛爾蘭變得更碧綠、更美麗了。

在斯圖爾特回紐約的船上，有個年輕人聲稱自己是布料行業裡的老手。自然而然地，斯圖爾特與他相熟了，並告訴他在紡織品方面的投資，這個人提出願意為斯圖爾特銷售這批存貨。

那個年代，愛爾蘭人包裡滿裝著新奇、美妙的東西上門兜售，是農村常見的事。他與美國基督徒、猶太人競爭，他的如簧之舌就是一件很好的商品，使他獨占鰲頭。斯圖爾特新結交的朋友，承諾以較快捷的方式來銷售存貨，那就是直接面向人們銷售。他並無自己的資金，斯圖爾特高興地想：他可以幫助一名傑出人物在商業上立腳，而同時對自己也是個幫助。一抵達紐約，這位朋友就帶著所有他能帶走的貨物，往紐澤西出發。兩天後，他就回來了，已售出大部分貨物。他拿著賣貨的錢喝了個酩酊大醉，還為所有能找到的愛爾蘭人都買了酒，自然，愛爾蘭人是挺多的。即便在那種情況下，斯圖爾特也還沒放棄努力。

　　他在百老匯兩百八十三號租了間小店面，決定與他的朋友離得近些，這樣他可以直接管到他，並使他步入正途。而他自己，可以與以往一樣仍在學校教書；他和他的代理商可以睡在那個小店的後面。

　　再過一個星期他的學校就要開學了，也就是在那個星期裡，他意識到，他的朋友並不是個商人，為了能支付店面第一個月的房租，他只有親自坐鎮在店裡。他不得不對酒神巴克斯的門徒放任自流，聽之任之，獨自一人撐起店面。斯圖爾特稍稍有些面皮薄，這讓他在轉變為商販時有所阻滯。

　　他並沒有採取周遊世界的方式，而是代之以把世界請進來。因此，為了實現這個目標，在西元 1825 年 9 月 2 日的紐約《每日廣告》上，他登出了以下告示：

　　剛從貝爾法斯抵達的 A・T・斯圖爾特，為紐約的淑女們供應時新精選紡織品。地址：百老匯街二百八十三號。

　　廣告看來效果還不錯，因為有許多自負的女士登門看貨，並前來看看

這位剛從貝爾法斯特過來的男人。斯圖爾特是個聰明的廣告人，使用「淑女」一詞顯示出極好的心理學素養。

這位年輕的商人剛剛把百葉窗拉好，一位女士就走進店門，確認自己就是一位「淑女」。她住在隔壁街區，一讀到報紙上的廣告，報紙的油墨還未乾，她就趕過來了。

斯圖爾特用顫抖的雙手，鋪開他的貨品 —— 他必須把東西賣給開店的第一位顧客，否則，他將永不走運。這位女士購買了總額兩美元的「扇形花邊」和飾帶，斯圖爾特免費贈送給她幾碼編織物、一排紐扣、一板鉤紐的花扣。那位女士付了錢，而 A · T · 斯圖爾特也於此時此地，終於步入了自己的職業生涯。

他是個英俊的年輕人 —— 聰明，但從不過分親暱，足夠熟悉即可。女人們喜歡他，他對她們的態度是那麼有禮貌，幾近謙恭了。那個年代要成為商人，比現在要求更高的素養。每一件貨品都要用密碼標上兩個價格。一個代表成本，另一個則是銷售價格。如果可以的話，爭取賣到銷售價格，如果賣不到，則能賣多少是多少，甚至可以低至成本。那時的銷售格言是：永遠別讓顧客空手而歸。而如今的銷售原則是：賣給顧客他們想要的東西，但從不慫恿任何人買東西。

那時，買主和賣主都喜歡這種集市上來來回回的討價還價。人跟人之間簡單地進行交易的時代尚未來臨。爭論價格、逗逗樂、說些奉承話，這都是買賣遊戲的一部分，這是買主要求得到的權利。購買東西時，只會去他們認為能占到賣家便宜的地方去，在這些地方，才能充分發揮他們的聰明才智。不用花錢就能撈點什麼、占些別人便宜，在那時被認為是恰當和正確的。

假如一個零售商只標出一個價格，並聲明任何人都只能以這個價格來買，那些顧客顯然都不會搭理他，無人問津。那些唇槍舌劍似的交鋒、智力的碰撞、言語的過招，以及賣家最後投降性的一聲嘆息，都是買家「他的」，或更恰當地說，是「她的」權力。

通常，這種交鋒會吸引路人觀戰，他們見到技術高超的買家，嚴斥賣家，詆毀他的商品，直到這個可憐的男人淒慘又難堪，只有投降告饒。能占男人的便宜，迫使他屈膝求饒，對某些女性來說，是一種快活有趣的解悶方式。我被告知，女人婚前往往有這種高壓、橫暴的態度。或許她也朦朧地意識到，自己當暴君的時間來日無多。讓男人苦苦哀求，能使她精神上充滿欣喜與快樂。婚後，形勢就會發生逆轉。然而，在那過去的好時光裡，大多數女人 —— 並不絕對指那些被歲月侵蝕、或是被生活酸甜苦辣久久浸淫過的女人 —— 在她們與站在櫃檯對面的、有紳士派頭店主的購物舌戰交鋒中，能獲得一種間接的、性別方面的愉悅。

我們都見過，女人進入熱烈的爭論時，沉浸於和魅力十足的男性進行半帶吵架的爭論之中，而爭吵的內容卻是空無一物。假使這位男士夠明智，他應該讓著她，讓她把自己逼入無處可逃之境地，然後極有風度地舉手投降。如此，於女人毫不知情的情況下，他就成為勝利者，成為最後的贏家。

這也是一種推銷術，幸好這種方式並未銷聲匿跡，大部分還保留至今。A・T・斯圖爾特是天生的這種老式推銷員。他最初就相當成功，他個子高躯，有著一口潔白的牙齒、一張英俊的臉龐與優雅的外表，注意打扮，穿著精緻。這些舉止風度上的魅力，是他的主要資本。

當時商業交易主要是實物交易，貨攤與集市的方式非常流行。斯圖爾

特十分明智，不論是價格還是品質方面，都不會在顧客身上占便宜。要是買家拖的時間很長，她要買的價格可能會接近成本。但如果她很快地接受斯圖爾特報出的價格，他會透過送點絲帶、橡皮筋、一兩圈線——都是顧客未要求的——以求交易公平。他意識到，要留住顧客，就必須與顧客交朋友，他可能是該行業意識到這一點的第一人。一年後，百老匯街二百八十三號的小店已跟不上業務的發展，他搬到了地方更大的百老匯二百六十二號。接著，又有了一處新店，由一位富有的不動產商，名叫約翰·雅各·阿斯特為他所建。

這處店面三十英尺寬、一百英尺深，有三層樓，還帶地下室，那可真是一家貨真價實的紡織品店。

二樓有一間女士休息室，和一個鑲滿從巴黎訂做的落地大鏡子的穿衣間。

它們是美國最早的落地大鏡子，Ａ·Ｔ·斯圖爾特發出專門請柬給紐約的名媛淑女們，邀請她們前來欣賞落地豪華大鏡子，欣賞她們自己，同時也要讓別人欣賞她們。把鏡子安放在女士可以看到她裙子後背的紐扣，被認為是這一奇思妙想最終的成就。

Ａ·Ｔ·斯圖爾特開的店是女人的商店。在聘用店員時，這位老闆只選紳士形象的。「店內巡視員」在Ａ·Ｔ·斯圖爾特的店裡得到大發展。曾有一位女士問一位「店內巡視員」：「你們有文具嗎？」回答是：「如果有的話，我每天用筆畫餅充飢就可以了。」這是一個愚蠢至極的故事，若是這事確實發生過，那它不可能在Ａ·Ｔ·斯圖爾特的店裡發生。那裡的「店內巡視員」就像奶牛一樣，等著別人擠奶。在他職業生涯的頭十五年裡，斯圖爾特形成一個原則，那就是親自迎接並問候每一位顧客。

「店內巡視員」──或接待員,是以經營者的身分出現,或是身為他的私人代表。斯圖爾特從不伸手與顧客握手,無論他與那位女士多麼熟識。不過他會深深鞠躬,以適當的莊重與溫和的聲音,詢問她希望看點什麼。然後引領顧客到擺放她想要的物品的櫃檯前。當職員要往下拿東西時,斯圖爾特會這樣帶點責備地說:「不是那件,詹森先生,不是那件──看來你忘記自己正在為誰服務了!」當女士離開時,斯圖爾特會陪她走到店門口。

他留著長長的鬍子、上唇髭鬚則剃得乾乾淨淨,看著像是一位長老會的牧師正在布道。絲綢、女裝與飾帶,漸漸成為Ａ・Ｔ・斯圖爾特的特色商品。男人要有品味,從來不給一個結實矮胖的女士用條紋布料,或是讓一個苗條的看起來更瘦,這已經成為歷史。「我一直盼著妳來,因為我們有一塊絲綢料特別適合妳,彷彿是專為妳而做的。我訂貨後,將它放起來為妳留著。詹森先生,請拿那塊絲綢料來。是那一塊,我告訴你,不要給任何人看,直到貝瑞沃特夫人來了才拿出來。多謝,是的,就是這塊。」

接著,還有其他的話,比如:「噢,詹森先生,你還記得那個款式的布料嗎?跟維多利亞女王做的絲綢裙一樣的布料,我猜阿斯特太太會很願意看一下的。」這些恭維話與生意經緊密結合,帶來了不俗的利潤。

商業方面流行什麼方式,往往由大眾說了算。而商人是大眾的一分子,他要為大眾服務。一個需要高度誠實及無私服務的大眾,是完全可以享受到這些的。過於精明的做法及做兩面派,在公共事務中早晚會暴露出來。社區中的無賴們,可以毫不費力地找到無賴律師來接他們的案子。實際上,無賴的客戶推動了無賴的律師、愚昧的病人造就了愚昧的醫生。而迷信盲從、糊里糊塗的教堂聽眾,將發現站在講道壇上的人,表情與措辭皆和他們十分般配。

紐約使用「成本價出售」方法的第一人，是 Ａ‧Ｔ‧斯圖爾特。西元 1830 年，他做廣告：「Ａ‧Ｔ‧斯圖爾特先生，已採購一大批貨物，近日將抵達。被迫將手頭庫存清出，以便騰出地方給將到的新貨物。庫存貨物將全部以實際成本價售出，週一早上八點開始。請各位女士務必早到，以免擁擠。」

他的另一則廣告是：「Ａ‧Ｔ‧斯圖爾特現在籌錢，以支付他在歐洲預訂的絲綢與婦孺衣料貨款。為確保資金到位，被迫以成本價促銷店裡的所有貨品。此次促銷將於週五中午開始，次日週六之午夜結束。」

斯圖爾特也曾有過「火災受損物品拍賣」，雖然他自己可以證明，他的店裡從未發生過火災。

倘若其他人店裡著了火，他會趕到現場，購買獲救貨物，不論他買了還是沒買，他都會張羅著來一個「火災物品特賣場」。他喜愛那些商業上花言巧語釋放的煙霧彈，喜歡看見擁擠人群的興奮感。他在職業生涯的頭二十年，特別喜歡這樣做。在早期的那些年裡，他往往會在人行道上翻箱倒櫃，從遇到的第一個問價的人開始賣出東西。這帶給他鴻運，特別是當這名路人是個鬥雞眼或者是駝背時。商店前面的雜亂與擁擠的人群，都是在替店裡做廣告。後來，隔壁一家競爭對手向員警投訴，說斯圖爾特擠占人行道。

員警進行干涉，斯圖爾特被勒令一天內清理好人行道。馬上，他豎起一塊標牌：

「我們右手邊的鄰居，無力與我們競爭，要求我們不能在人行道上再擺賣貨物。為了騰出地方，我們被迫進行成本價大拍賣。請你買下東西，付款後直接拿走。價錢便宜得連我們為您提供包裝的紙和繩子都要虧本。」

所有這些都容易使全鎮沸騰，而古老愛爾蘭諺語所說的「馬克金坐在哪裡，哪裡就是全桌之首席」，這句話正好在 A・T・斯圖爾特身上顯現了。他的店開到哪裡，哪裡就是貿易中心。他的店搬到哪裡，生意就跟著他走到哪裡。

他對所有的慈善項目都十分慷慨大方。他捐款給所有的教堂，並被認可為一名牧師，而他的衣著也盡量適合這個角色。

他首創了對牧師與學校教師打九折的做法。他的利潤率被認為是百分之十，而實際上可能接近百分之四十。自然而然地，同樣的折扣也適用於牧師或教師的任何家庭成員。於是，我們可以聽到斯圖爾特的一個收銀員說：「紐約市超過一半的人都是牧師或教師。」在斯圖爾特的店裡，讓人有想當牧師的衝動，而當你造訪吉拉德學院[291]時，這種誘惑將消失得無影無蹤。

以上只是那個時代潮流不可缺少的組成部分 —— 一葉而知秋啊！

A・T・斯圖爾特對時代潮流充滿警覺、機警和敏感應變。他與頂尖人物的思想精粹齊頭並進。當街開箱開包的方法，很早就在競爭中放棄；繼而努力把紡織品在最佳時機展現出來，斯圖爾特正朝爭取更高層次的客戶努力。他的銷售格言變為：「不求價最低，但求質最優。」倘若 A・T・斯圖爾特按照平均利潤水準來銷售貨物，比如百分之三十的利潤率，他按成本價賣一部分貨，甚至以低於成本十個點的價格賣，也完全負擔得起。他對自己的庫存瞭若指掌，並定下規矩，從不把貨物積壓到第二年。

在每次進行著名的「成本大拍賣」前，他會親自整晚工作，從貨架上、抽屜裡、櫥窗裡取出店裡所有的東西。之後他會親自下指令，每件物

---

[291]　吉拉德創辦的這所學院有個規定，所有牧師或教士不得入內。

品應該賣多少錢。這是個對頭腦的考驗，是根據直覺做出的。老闆迅速做出決策，這件東西能帶來多少收益。鐵路營運方面的定價則有兩個方法：一是審慎計算出運輸的成本，另一則是制定出一個可以更大推動運輸量的價格。一個普通乘客的票價，是能帶來一定利潤的價格；而一個「遊覽團特價」、「尋家之旅特價」、「故土行特價」，則是從經驗證明，能吸引人們出門旅行必不可少的一環。

　　紡織品在貨架上放置數月，品質便會下降。更糟糕的是，它們不再會吸引人來買。人們喜歡去充滿活力、熱鬧的地方，容易被新奇、新潮、新鮮的東西所打動。舊貨就是呆死料，而呆死料則意味著呆滯的生意、呆板的人，或者是破產。在銷售舊庫存時，斯圖爾特根本不計成本。他替它們標上大大的、清晰的、紅色字體的標籤，標明他認為可能賣得動的價格，而往往他的判斷是正確的。我們曾聽說，他為一種衣料標價四角九分錢一碼。一位部門經理進來，提醒說，那個布料進貨價是五角三。「那與清貨沒有任何關係。」斯圖爾特回答道。「我們現在又不可能花五角三分錢一碼買它進來，也不想那東西留在我們貨架上，即使它賣四角九分一碼。」

　　「可是，」經理說道，「這是成本甩賣，如果我們低於成本價銷售，我們要告訴顧客。」而回答是：「年輕人，你只需告訴顧客她們相信的話，我們自己知道真相就可以了。」

　　斯圖爾特的經營保持平均的利潤水準，他確保做到這一點。他的收入一年比一年持續增加，到西元 1850 年時，已達每天一萬美元。當他搬入他的商業王宮，百老匯十號街的阿斯特店時，營業額躍升至每天五萬美元。

　　西元 1865 年，A・T・斯圖爾特建立了他的商業王宮，那是全美國最

高貴華麗的商業大樓。它用的大多數鋼鐵都是彼得・庫珀供應的，斯圖爾特還徵詢過這位富翁對這項計畫的看法。

離斯圖爾特的商業王宮一個街區，就是庫珀學院。在選址時，令 A・T・斯圖爾特大受影響的是，它離彼得・庫珀創建的、這個舉世聞名的藝術和教育中心很近。斯圖爾特說：「我的商店要和你的博物館比賽，人們會像參加博覽會一樣蜂擁而至我的店裡。」他的預言成為了事實。

西元 1876 年，斯圖爾特去世時，他是除阿斯特和范德比爾特（Cornelius Vanderbilt）之外，紐約最富有的人，另外兩個人是透過繼承獲得的財富──這些財富是因房地產漲價獲得的──而斯圖爾特則是透過合法的貿易賺到的錢。

A・T・斯圖爾特身家四千萬美元。而這麼龐大的財產大部分被揮霍殆盡，被那些貪婪的律師們侵蝕得千瘡百孔，如同蛀蟲鑽透的朽木。生意由黑森人繼續經營，他們你爭我鬥，將他的遺產全用於彌補虧損與赤字。

A・T・斯圖爾特有著經商天才，卻沒有贈予的天賦。這世界需要一所為百萬富翁開辦的學校，既然他們死後不能帶走百萬身家，至少可以學會如何明智、妥善地安排身後的財產。

十年的起起落落──大部分是朝下落──之後，商業王宮被約翰・沃納梅克（John Wanamaker）收購。很快，商業王宮再次成為光環與教育的中心，上一代人建造的那些輝煌長廊，已為曼哈頓的菁英所熟知，如今又可以聽到他們堅定的步伐。

當斯圖爾特建造商業王宮時，人們說：「哦，離商業區太遠，太偏僻了──誰也不會去那裡。」然而，他們錯了。當約翰・沃納梅克搬進來時，好多人說：「哦，它好漂亮啊──可是，你知道，這裡太深處鬧市

了——沒有人會去那裡。」而這些論斷和前面的一樣錯了。「馬克金坐在哪裡，哪裡就是全桌之首席」。生意追隨著那神奇的沃納梅克的名字蜂擁而來，像是 Ａ‧Ｔ‧斯圖爾特的影子在死亡之島的領土上，又被召喚過來一樣。

斯圖爾特活著的日子裡，大樓沒有做上任何標示牌。他說：「任何人都將知道，這就是 Ａ‧Ｔ‧斯圖爾特的店。」後來確實是這樣。他過世後，這地方布滿了標示牌，似乎在用它們低沉的聲音呼喚著路人進來，就像遊樂場殷勤的售票員試圖誘惑人們進去一樣。新的管理層把所有標示牌都取下，只在主入口處，放了一個樸素的小板，上書：

約翰‧沃納梅克
Ａ‧Ｔ‧斯圖爾特之繼任者

這個注解是如此的微妙與精深，紐約花了一年的時間，才聞出它堅韌不屈的氣息。

這塊小小的標示牌，讓人想起迪斯雷利（Benjamin Disraeli）的故事。有一次，他與一個美國人和兩個英國人共同進餐。交談中，那個美國人自豪地提到，他的血統可以追溯到坐「五月花號」到美國來的祖先。席上一名英國人咳了一聲，說請允許他說明這樣一件事實，他的血統可以追溯到奧立佛‧克倫威爾（Oliver Cromwell）。短暫停頓之後，另一個客人吐了一口痰，克制住他的謙遜，說他的血統可以追溯到征服者威廉（William the Conqueror）。迪斯雷利深思熟慮後，在餐臺布上用叉子擺了個象形文字，說道：「我的血統可以追溯到摩西，西元前十五世紀，他與上帝在西奈山 [292] 上邊走邊談。」

---

[292] 基督教《聖經》中記載的上帝授「摩西十誡」之處。

約翰・沃納梅克跳過了二十年的鴻溝，直接追溯到 Ａ・Ｔ・斯圖爾特那裡。他做得同樣出色，因為，正是斯圖爾特的成就，首次點燃了他的立志之火。Ａ・Ｔ・斯圖爾特是他那個時代最偉大的商人，而約翰・沃納梅克不僅僅是位偉大的商人，更是商人的老師。約翰・沃納梅克的商店，現已成為經濟產業制度下的一所高級中學。

四季不斷變幻，約翰・沃納梅克仍在傳授、發掘新的能量寶庫。身為傳教士與老師，他顯然已經超越了那個無所不能的斯圖爾特。

如今，在商業上要取得成功，為自己著想是不夠的，還得為別人著想才行。也就是說，你必須考慮買主的需求，將他的利益當作你的利益，設身處地為買主考慮。賣一件別人並不需要的東西，或是以遠高於其實際價值的價格賣東西給他，對賣家而言，都不是什麼好事情。商業是基於信任的。我們從朋友身上賺錢 —— 我們的敵人不會與我們做生意。

從法律上來說，買賣雙方都假定有同等機會來判斷、傳遞一件東西的價值。從而，有一句法律上的準則：「購者自慎」 —— 「買主自己當心」 —— 它規定，當一件東西被買下，並被轉移至買方擁有，若是短斤少兩、品質低劣，買家是無法索償的。這句拉丁文準則「購者自慎」，已經在商人中適用了幾個世紀，深入人心，不易改變。西元 1865 年，約翰・沃納梅克，一位剛在費城開始經營生意的年輕商人，認為這個法則是錯誤的，它假定買賣雙方站在同一起點、擁有同樣的機會來判斷貨物的價值。但商家是專家，而買家卻是要面對各種不同物品的消費者，最多只有一般意義上的常識。僅有常識的人，在判斷貨物價值方面，要與一個受過專門訓練的專家競爭，是絕對處於劣勢的。

因此，在道德基礎上，賣家必須成為買家的朋友 —— 而不是他的

對手。而一個賣家，若把買主當作是他的掠奪對象，那就比不道德還惡劣 —— 那簡直是邪惡與可恥 —— 是對為人準則的金科玉律的破壞。所有這一切都活蹦亂跳地展現在這位年輕人，約翰‧沃納梅克的面前，他立即著手將理論付諸實施，並建立起自己的企業。「不二價」系統 —— 所有貨物都清楚明白地標上價格，如不滿意可退錢 —— 這一切對全世界的零售業都是個革命性的變革。

約翰‧沃納梅克和所有美國人一樣，知道不進則退的道理。在超過四十年的時間裡，他在商業領域一直獨領風騷。他是商人們的導師，他的洞察一切、積極主動、新穎獨創與預見性判斷，引領著全世界的零售商。許多人從他身上獲益良多，而所有人都曾受到他的影響，不論他們是否清楚這一點，或者清楚這一點是否願意承認，這一切都無關緊要。

雪伯林教授 [293] 有一次評價威廉‧莫里斯 [294]（William Morris）時說：「在基督教世界，沒有哪座布置完美的房子，沒有顯示出他在家居裝飾方面的優良品味，以及他那關於節約、和諧和誠實正直的崇高理念。」同樣地，我們可以誠實地說，在美國沒有哪一家成功的零售商店，未曾受過A‧T‧斯圖爾特和他的繼任者約翰‧沃納梅克的影響。

---

[293] 雪伯林教授：查理斯‧雪伯林，西元 1866～1924 年，美國社會學家，曾於芝加哥大學任教授。

[294] 威廉‧莫里斯：西元 1834～1896 年，英國著名設計家、詩人、思想家與社會活動家，「英國藝術與手工藝運動」的奠基人與領導者。受到拉斯金的民主主義、社會主義思想的影響，在設計上強調設計的服務物件。希望能夠重新振興工藝美術的民族傳統。反對矯揉造作的維多利亞風格。

第十章　Ａ·Ｔ·斯圖爾特

第十一章
H・H・羅傑斯

H・H・羅傑斯（Henry Huddleston Rogers，西元 1840～1909 年），美國石油大亨。他是一名傑出的發明家、商人，出眾的慈善家，並且是美國著名作家馬克・吐溫（Mark Twain）的商業經理。他從報童做起，之後是鐵路行李收發員。在存了六百美元之後，他奔向賓夕法尼亞州新發現的油田。石油商查理斯・普拉特邀請他加入布魯克林的公司。西元 1874 年。標準石油公司接管了普拉特的公司，羅傑斯擔任副總裁。在羅傑斯與洛克斐勒（John Davison Rockefeller）的管理下，標準石油公司飛躍發展，成為石油巨頭。

成功源於互惠。如果你不能造福世界，你將迅速邁向破產。

—— H‧H‧羅傑斯

有事實可以證明，H‧H‧羅傑斯是位名人，而非泛泛之輩，這個事實就是，他極少被人以溫和的語句論及。羅森對他的評論是讚賞有加；艾達‧塔貝爾（Ida Minerva Tarbell）則用她的文學之筆對他指指畫畫；厄普頓‧辛克萊對他說東說西；黑倫教授則聲稱他與列夫‧托爾斯泰（Leo Tolstoy）並無相似之處，此外，他與阿西希的法蘭西斯[295]或西梅‧斯泰力特[296]也無共同點。那些厭惡他的人，往往將他描繪得完全走樣，面目皆非。我在本篇對他的描畫中，將盡力還其本來面目。

亨利‧哈德斯頓‧羅傑斯是位通情達理的人。西元 1840 年，他生於麻薩諸塞州的芬爾哈文村；西元 1909 年卒於紐約市，時年七十歲。他是典型的美國人，而他所從事的職業，正是我們青春煥發時常常朝之奮鬥的理想職業。他的缺點，如果它確實是缺點的話，就是他太過成功了。成功真是一件難以原諒的事情，人的個性既會排斥人，又會吸引人。

H‧H‧羅傑斯的一生，是美國冒險故事的完整版。他是故事的主角，同時他自己也在看戲。

他從不需要矯飾，他不需要隱藏到表面之下，即便是撒謊者也從不敢稱他為偽君子。H‧H‧羅傑斯很有個性。大街上，男人會扭過頭來盯著他；女人則會瞟一下，然後慌慌張張地往別處張望，表現出毫無必要的冷淡；孩子們則會直勾勾地瞪著他看。

他身材偉岸、敏捷、強健、儒雅、威風凜凜。頷部充滿勇氣；下巴則

---

[295]　法蘭西斯：西元 1182 ～ 1226 年，天主教著名人物，義大利阿西希人。

[296]　西梅‧斯泰力特：五世紀時著名苦修士。

彰顯決心；鼻翼代表著智慧、自信與力量；前額則寫出了精明。他長相英俊，他自己並非完全不清楚這一點。在他身上，凝聚了北美印第安人的驕傲，與一點野性的殘留。他的靜默往往勝於雄辯，其中既無遲鈍，亦無空虛。在朋友圈中，他詼諧、和藹、慷慨、迷人。談判桌上，他敏捷、直率、深刻；或圓熟、能言善辯、令人信服，這全因他的談判對手而異。他常常以恩報恩、以牙還牙，而且先發制人。他擁有在需要的情況下說「不」的傑出能力，而正是這一點，許多好人都做不到。此時，他雙唇緊閉如鐵閘，一雙藍眼放出的寒光比冰點還低。誰都無法跟 H‧H‧羅傑斯玩騎馬遊戲，因為，他自己一直都騎在鞍上。

這位男子的魅力之於男人更明顯於女人，雖然他常被女人們仰慕，不過這仰慕更多是歸因於他的嚴厲，而非他的獻寵。

他生性不善諂媚，但稱讚別人時毫不遲疑。在他身上，有著騎士之風盛行時殘留的銳氣。基於對大地的敬畏，H‧H‧羅傑斯從未臣服下跪。遇事從不退縮，將軟弱、貪婪與愚昧拋在身後。他無畏無懼地面對每個困境、每個障礙。即便是死神，於他也不過是過往雲煙，從未帶來刺痛，墳墓也從未得勝過。當他計劃到歐洲旅行時，已為自己的死亡做好準備，考慮到了每一個細節。興高采烈地、戲謔打趣地、勇敢無畏地、忙忙碌碌地、機智敏銳地，他享受著人生美景與友情，對重大突發事件做出決策，不論面對朋友還是敵人。放鬆的時刻，伴隨著宗教情感與對人類的熱愛叮噹而來 —— 就這樣，他好好地活過；就這樣，他揮揮手，走了。

執行官通常被描述為一個決策迅速、有時正確的人。H‧H‧羅傑斯是一個理想的執行官。他從不以偏概全，他傾聽、權衡、篩選、分類，之後再決策。而決策一經做出，此事即告一段落。

大人物在經手世上從未做過的大事時，均遵循此基準，否則他們將流於平庸。他們的夢想也將如晨霧般蒸發殆盡。對 H・H・羅傑斯而言，其已使自己的夢想成真。

　　哲人云：「請勿賜給我貧困或富裕。」H・H・羅傑斯的父母便是既不窮困，也不富裕。他們擁有的夠多，但從不寬裕。他們是正宗的新英格蘭血統。他的先祖中，有三位參加了美國獨立戰爭。

　　據湯瑪斯・卡萊爾（Thomas Carlyle）所講，高尚人士是那些擁有輕便馬車的人。在一些鎮子裡，望族的證明是家裡得有一個「僱傭的女孩」。而在芬爾哈文的條件是，你得每週有一天請一個洗衣女工。滑膩的肥皂水要留作擦洗之用 —— 這是在麻薩諸塞州 —— 家裡的男人若偶爾抽支菸，他會被要求把菸灰吹到南邊窗戶那邊的莊稼上去殺蟲。萬般皆有用，暴殄天物從不曾有。

　　生於這樣一個重視勤勞與節儉的家庭的孩子，除非他智障並體殘，否則肯定要茁壯成長的。

　　這位父親旅行過一次，是乘捕鯨船去的。他一去三年，從捕獲物中分得第一百四十七份東西。油市下跌，因此這位未來百萬富翁之父的淨賺所得，是九十五美元二十美分。這位快樂的父親是個雜貨店主，後來做了一家鯨魚油經紀行的職員。父親擁有新英格蘭的美德，其程度之深，以致它們一直讓他樂於貧窮。此外，他也相當謹言慎行。

　　要想賺錢，你必須學會花錢；要種植莊稼，你得播種。這就是你的冒險之處 —— 它就像一場賭博，賭的是種子與永遠受詛咒的萬事萬物誰贏誰輸。這是你與莊稼生長的機會之爭，萬一發生旱情，或是洪災，或是臭蟲、棕尾蛾等病蟲災害，你將發現自己如同身陷印度咖哩濃湯之中，只能

苦苦掙扎。

除了那次上捕鯨場之外，羅傑斯・皮爾終生在家附近和海濱旁奔波度日。村民們的安逸生活，在羅傑斯先生的一個故事中可以得到體現，是關於他的一位好鄰居 —— 他是一條捕鯨船的二副。三桅船正在起錨將要出航，這位可敬的朋友還在新百得福德的酒吧裡等候。「你不回家跟妻子吻別一下嗎？」有人問。而回答是：「有啥用？我只不過出門兩年而已。」

芬爾哈文一半人是漁民，其餘的則是寡婦和尋常的村莊分遣隊，寡婦們都是洗衣婦。

那些付得起錢的人家會雇一個洗衣婦，一週一天。這樣做，並不是因為主婦本人幹不了這活，而是把活留給那些窮人，並以此來證明傑弗遜主義的平等理念。洗衣婦一般與東家全家一起坐在飯桌旁，薪資之外，還被贈以一個餡餅、一顆南瓜，或是一些嫌小的衣服，這些都是被解放出來的基督徒美德。

當灰母馬比公馬更強的時候，她的配偶總會把車前橫杠那裡的力量鬆開一點，讓母馬多擔點力，這裡的情況也是如此。母親操持家務，她是經濟家、會計與付款人。她是公理會教堂會員，帶著自由的傾向，堅信「無休止的後果」，而不是「無休止的懲罰」。後來，全家透過自然選擇的一個輕易的過程，發展為一神論者。父親作禱告，母親則帶領全家祈禱，她有自己的主見並會表達出來。家中有購買波士頓「公理會教友週刊」和百德福「標準週刊」。家裡有個書櫥，藏書近百冊，這已經是鎮子上除牧師家外，最齊全的圖書室了。

H・H・羅傑斯誕生的那幢房子依然矗立在那裡。房子的結構建於西元 1690 年，包括接榫等固定工作。頂樓的椽子顯示出斧頭揮舞留下的美

麗印跡,而斧頭如同樂器一般地龍飛鳳舞、鏗鏘有聲的優雅之道,如今已失傳。

人生苦短!一個嬰兒呱呱墜地,經歷嬰孩時期,到少年,至成年;一百萬人當中只有一個人才能取得他這樣的成就;之後離開人世。而他出生地的那座房子 —— 那時已經變舊了 —— 依然頑強挺立,似乎是對我們所謂雄心壯志的有力嘲諷。一百年前的芬爾哈文,就已經有超過一打的男人,用一枝螺絲鑽、一把扁斧、一柄大斧和一具拉刮刀,就可以造出一艘船或是一幢房,並確保它們經久耐用,它們的壽命可以超過房主本人。

我在 H・H・羅傑斯誕生的、以及他度過童年時光的那棟房子裡用茶。我幫女主人抱來一大捆木柴,本還想從水泵裡打一滿桶水給她。然而水泵現已退役,代之以一位標準石油公司富翁捐贈給此鎮的自來水管了。在此處,亨利・羅傑斯在烤麵包日的那天,用手推車從造船所那裡取麵包片;此處,他為花園鋤草、幫他母親用舊帆布條和大頭釘,把那鮮豔奪目的蜀葵固定在房上。

有好些任務要完成:常常是一頭或兩頭豬,牠們透過吃馬齒莧來長肥肉;還有羊圈;另外還有當作餐後甜點的蛤、為溫馨團聚而備的北美圓蛤。此後,家裡有段時間養了頭母牛,在公共用地上放牧。牲畜由一位參加過1812 年戰爭的勇士看護,他常講戰鬥故事給這個男孩聽,同時也用枴杖、手杖與年老體衰鬥爭。

冬天,冰雪有時會凍住巴紮德灣,活潑喧鬧的男孩們穿著村裡鐵匠打的冰鞋溜冰。亨利・羅傑斯有兩雙冰鞋,常常把另一雙以每小時兩美分的價格租出去。

沒有冰鞋既不能討或借的男孩,和只有一美分錢的男孩,有時會只穿

一隻冰鞋溜一小會，單腳溜得非常優雅帥氣。透過冰層來釣魚挺不錯，只可惜這是個太冷的差事，所獲無幾，因為魚總是很難上鉤。夏天，可以挖蛤、採藍莓，我猜池塘裡的百合也還用處多多呢！而早春時節，人們會把好他們的庭院，燃起篝火燒掉冬天殘剩的碎屑。亨利‧羅傑斯做著這些零工，認認真真地將薪資帶回家給媽媽。他媽媽把它們放在五斗櫥抽屜的右上角。村裡的學校是由一位上過哈佛的愛爾蘭人開的，他信奉經典文學，相信鐵棒的功效。他喜愛拉丁文，並把拉丁文也當作懲戒的手法。亨利‧羅傑斯活潑、機警又老練，足以牽著這位愛爾蘭老師的鼻子走而不被發覺。課程對他來說易如反掌，他囫圇吞棗就學會了。此外，他母親晚上還就著鯨魚油燈幫他補課，因為兒子長大後可是要當老師的，或許，也有可能當個牧師，誰說得準呢！

在伊利諾斯那裡，旅行的欲望一旦抓住了正在成長的年輕人 —— 他們早已不是男孩，卻也還沒長大成人 —— 他們會逃離家鄉，前往大西部。在新英格蘭，同樣的少年則會在桅杆前坐船離家出走，讓他的父母雙親猜測他跑到哪裡了 —— 這是對父母不欣賞理解兒子而做的懲罰。

在海邊長大，聽著那些坐船下海的水手的故事，那是早晚要對此著迷的。十五歲時，亨利‧羅傑斯還真上癮了，適時地提出要到捕鯨船上去。幸運的是他母親耳聞此事，打消了他的念頭。那時，好運以大好機會的形式降臨了，有位送新伯福《標準報》的年輕人打算處理掉自己的送報線路線

亨利買下了該路線，事後徵詢母親的意見，卻發現她已經把賣家送到了他那裡。。榮譽是均等的，他的業務是將報紙準確地發送出去。後來，他又接手波士頓的報紙。這就是為什麼人們都說亨利‧羅傑斯曾是位報童。

他是個報童，可他是個不同尋常的報童。他為《標準報》帶來廣告訂單，同時擔任芬爾哈文的通訊員，提供諸如誰來拜訪誰的新聞；提供在蓋雞舍的好市民名單；提及誰的健康狀況不太好之類。不論這些新聞是否對任何人有什麼益處，都無關緊要，這個男孩已經在學習寫作了。在此後的歲月裡，他常提及自己生命中的這段時光，叫做他的「新聞生涯」。迷信的人已對「標準」一詞表現出激動不安了，它又是怎樣帶預兆性地侵入H‧H‧羅傑斯的早期生活呢？

鐵路開通進來時，亨利獲得一份行李收發員助理的工作。當一位好心的親戚肯定地答應，二十年後他就可以當上列車長時，另一個機會在地平線處出現了，這份好工作換來了一份更好的。

一位有魄力的波士頓人，在沿海濱建立了一系列的雜貨連鎖店，正壟斷著這個行業，或者說有壟斷的可能性。透過買入多家商店，他可以比任何人以更低的價格進貨。而整個計畫的關鍵點是，走到顧客家裡，獲得訂單，再發貨物。在此之前，若是你想買東西，你要到店裡去，挑選好，再把它們帶回家。要店主把貨送到你家，那簡直會讓這位先生嚇得暈死過去。他在把人們需要的東西進好貨這方面，就已經做得很不錯了，然而，這是一個革命性的辦法——一種全新的交易。亨利‧羅傑斯的父親說，這想法從根本上來說就是瘋狂的，肯定只能堅持幾個星期而已。亨利‧羅傑斯的母親，其看法則正好相反，亨利認同她的看法。他已在父親的雜貨店裡幫過工，對此業務較熟悉。此外，他認識人，能叫出芬爾哈文每戶人家的名字，甚至在六公里的範圍內每個人的名字。

他開始時是每週三美元，收取訂單和駕駛送貨車。六個月後他的薪資漲到每週五美元，外加佣金。

一年後，他每週賺二十美元。他年僅十八歲 —— 身形瘦高，皮膚黑黝黝的，身強力壯，能肩扛一百多磅的重物。沿線的人都喜歡他：他總是很開心，樂於助人。他不光替人送貨，還把貨安放到地窖裡、穀倉裡、壁櫥裡、頂樓或是碗櫃裡。他不僅做拿薪水的份內事，份外的也做。他早別人先做了阿里巴巴說的事，阿里巴巴曾說過：「那些從不做超出他們應做事情的人，永遠也不會得到比他們所做之事更多的報酬」那是西元 1859 年，亨利・羅傑斯開始賺錢了。他擁有自己的路線，店經理正討論著要把他提升為助理主管。要是他堅持做這份工作的話，可能已成為「可伯・貝茨・耶克莎」這家大公司的合夥人了，那可會把貝茨給害慘。因為這家大公司的名字，就有可能變成「可伯・羅傑斯・耶克莎」，再後來，H・H・羅傑斯就可能成了廚房用品及花式織物百貨店店主了。然而此時發生的一些事情，將新伯福推到中心位置，也給了芬爾哈文一個驚喜。

鯨油那時還僅僅是鯨油，而鯨油與新伯福是同義詞。如今，賓夕法尼亞有人已經鑽孔到地底深處，挖出一個大寶藏，就像會噴水的鯨魚！但有著關鍵的不同之處：鯨魚噴的是水，而這個噴井噴的是鯨油，或是不比鯨油差的某種東西。

西元 1859 年是個值得銘記的日子 —— 它宣告了美國大復興的到來，而我們現在就生活在這個大復興的時代。那一年，發生了三件大事。一是「老約翰・布朗」[297]（John Brown）被絞死，年僅五十九歲，因此他實際上並不是那麼老。此事件在芬爾哈文引起相當大的轟動，就像它在各地激起的民憤一樣，特別是在農村。當年第二件大事是，一名與亞伯拉罕・林肯一樣出生於西元 1809 年的男人，出版了一冊書。他的名字叫查爾斯・

---

[297] 「老約翰・布朗」：西元 1800 ～ 1859 年，美國廢奴主義者。西元 1859 年與二十一名追隨者在哈帕斯渡口占領了軍火庫，為解放南方黑奴做出貢獻。失敗後被俘，經審判被判絞刑，作為廢奴運動的烈士而為人敬重。

達爾文，他的書名是《物種起源》（*On the Origin of Species*）。該書對神學界的影響，就像約翰・布朗被捕，對美國政治的影響一樣深遠。第三件大事是，一個叫愛德溫・L・德雷克（Edwin Laurentine Drake）的人，是名陸軍上校，他在賓夕法尼亞的提特斯維鑽了一口井，挖出了「石油」。

　　那個年代，「石油」或是「煤油」並不是什麼新鮮事。它已在西維吉尼亞、肯塔基、俄亥俄和賓夕法尼亞的河流水面上漂浮。謠傳有人在挖鹽的時候，挖到了一口油井，結果就真的油流成河了。在提特斯維和油克里克沿線有石油泉，石油流到水面，被坐著船的人撇刮走，一些人因灌注這東西賣作藥材而發了點小財。在英格蘭，它被冠以「美國自然油」當作擦劑在賣。印第安人曾使用過它，有人透過土著來尋找藥物，即便不是為健康。迷信的靈媒和醫生，都對印第安人的方法看得很重。

　　大家都知道，這種天然油是易燃的，在室外，它幫助燃起篝火，若在室內燃燒的話，煙霧濃得可怕，氣味相當怪異。直到那時，鯨油大多當照明與潤滑之用，不過鯨油對平民百姓來說成本太高。似乎有一種「鯨油信念」，有人送了一瓶這種「天然油」給耶魯的西力曼教授，好讓教授來分析它。西力曼教授的報告說，假使這種油能得到進一步提煉，很有可能在照明和潤滑兩方面都將大有作為。

　　為了提煉它，有位經營威士忌酒廠的好人，嘗試了讓它經久不滅的計畫。濃縮的蒸汽以類似於油的形態被提取到了，接近於白色。如果有燈罩護著的話，這種油燃燒的火苗穩定。

　　石油在西元 1858 年每桶值二十美金。伐木工轉行做起撇油工作，一天往往能收到一桶油。他們漸漸成為所謂的「掠奪式富人」一族中的一員。

這就是吸引德雷克上校鑽井的原因，試試是否能找到礦脈，從撇油者轉變而成大公司。德雷克大約花了一年時間來鑽井，遇到各種阻礙與困難，最後終於在西元 1859 年的 8 月 22 日，那一片地區沸騰起來，因為德雷克的傻念頭，居然真的讓石油噴湧而出。

　　很快地，形形色色的人都忙著在附近四處鑽孔打洞，用的是泉柱和其他簡陋的設備。有那麼幾個人鑽啊鑽的發財了，而更多的人則是竹籃打水一場空。有個人一天能收穫六十五桶油，每桶能賣十八美元。

　　麻煩的是運輸石油。油桶每個賣五美元，沒有大罐。這是一處伐木區，方圓一百公里內沒有鐵路。一個膽大的人跑到匹茲堡買了一船的油桶，沿著阿力根尼河拖運到油克力克河口。之後按十元一天雇了一隊的農夫，將桶運到提特斯維，裝滿油後再運回來。石油順流而下到匹茲堡，出售之後獲得不俗的利潤。蒸餾器被用來提煉石油，石油則按每加侖七十五美分的價格賣給用戶，而重廢油則被丟棄。

　　西元 1860 年，開始了燈罩的製造，這是一個最賺錢的行業。燈罩每個賣五十美分，在艾薩克‧牛頓的發明下，不再需要長期忍受生活磨練之苦。

　　人們被那暴富與發財的傳說所吸引，朝產油區蜂擁而至。誰也無法斷定，朝地下挖，你將發現些什麼。有個人聲稱挖到了一脈牡蠣湯，不管怎樣，他在自己的櫃檯裡銷售牡蠣湯，每碟售一美元。噴油井被點著，白白地燃燒，對此浪費沒人覺得內疚。賭徒們沒日沒夜地忙著。

　　進入產油區的第一條鐵路從匹茲堡伸過來，遇到了「阿馬嘎梅兄弟聯畜運輸公司」的抗爭與挑釁，因為他們眼看著生意越來越少。農民對鐵路也是持敵對態度，因為他們認為這意味著馬不再有什麼用處，除非當成食

物。然而反對之聲最終消逝，鐵路也換掉了它破損的鐵軌，在長滿青草的與生有鐵銹的沿線開展業務。

第二條鐵路是從克利夫蘭來的，那是一個面向大湖區的巨大消費市場的天然集散地。

約翰·D·洛克斐勒，是一家克利夫蘭代辦行的職員。他在西元 1862 年開始對石油業務感興趣。那時他二十三歲，已從薪資裡攢下五百美元存在銀行裡。他把這筆錢投入提特斯維的一家提煉廠，和其他幾個合夥人一起，他們都是工人。

約翰兜售石油，並成為「純白」與「草色」方面的行家。他也發現那些所謂的廢品中，有一部分還是可以作潤滑之用的。

同一時期的其他人也有類似發現。很快地，提純後的石油運出去已無錢可賺，油桶常常被留在日光下曝晒，或是露天堆放，而運輸設施經常不穩定。蒸餾器也磨損壞了，被搬往克利夫蘭。

石油業是個最冒險的行業，原油已從二十美元一桶降至五十美分一桶。誰也說不清石油的價值，因為誰也弄不清供應的範圍有多大。一個空油桶值二美元，而灌滿原油的一桶可能還值不到這一半的價錢。

二十一歲時，有兩個聲音在召喚著亨利·羅傑斯：對國家的熱愛，與事業上的雄心。戰爭正逼近，新英格蘭的愛國精神已深深植入羅傑斯的心底。然而這位青年深知自己的經商才能，他是個商人，也就是說，他在管理人員時是個會外交手腕的行家。到哪裡、怎麼樣？他才能將自己的才華發揮到極致呢？

當薩姆特[298]點燃了戰火，這意味著飄揚著星條旗的船隻無一安全。

---

[298]　美國一座城市，在南卡羅萊納州中部。

戰爭的嚴峻性令人震驚地降臨新伯福，因為消息傳來，一艘返家的捕鯨船被劫獲，被拖運到查爾斯頓港，整艘船以及船上的貨物全被沒收徵用。這對這艘船上的船長和水手們來說，可真是個打擊，由於他們三年在外捕鯨，根本不知道家鄉發生了什麼事情。因而，南方的私掠船早已把新英格蘭外出的捕鯨船列上名單，等待他們上鉤，就像鯨魚躺著等待巨輪的捕殺。

鯨油的價格如氣球般暴漲，新英格蘭在家的船都緊拴著，或被迫為政府所徵用。高昂的油價，為賓夕法尼亞的投機行為煽風點火。

亨利‧H‧羅傑斯二十一歲時，正是他人生的重要關頭。他愛上了一位捕鯨船長的女兒，他們是鄰居，一起上過學。亨利與阿碧‧吉福德商量──要麼去打仗，要麼到賓夕法尼亞的油田去。愛情有著自己的方向，往往是這樣的。最後兩人達成了一致意見，他帶著近一千元的辛苦積蓄，前往油田。

那時，原油大多是用船運到潮水邊，在那裡被提純。在提煉的過程中，只有百分之二十五的產品被留下來，剩下的百分之七十五則被當作一無是處的廢品丟棄。羅傑斯冒出的念頭是，石油提煉應該在油井旁進行，這樣，就可以省下這百分之七十五的廢棄產品的運費。他與查理斯‧艾力思合夥成立公司，在提特斯維和油城之間建立一處煉油廠。

羅傑斯在實踐中學習，他是位務實的煉油人，然後很快就成為一位有科學頭腦的人。頭一年，他和艾力思之間各分了三萬美元的利潤。

西元 1862 年秋，當他回到芬爾哈文向他的新娘求親時，他已是公認的富人了。他的賓夕法尼亞之行，為他賺得了半打鯨魚的錢財。新郎新娘立刻回到賓夕法尼亞，回歸簡樸的生活。亨利與阿碧住在油灣岸邊的一間

小屋裡，蝸居雖小，有愛乃大。屋裡缺乏文明社會所需的一切家具，然而生活並不算困窘，因為對二十出頭的戀人來說，分離才是唯一的痛苦，別的困難都算不了什麼。他們一起回憶、談論、夢想著芬爾哈文的青魚、藍莓、湛藍的水和醉人的海風。

此時，布魯克林的查理斯·普拉特，一個商人兼石油提煉商，出現在地平線上。普拉特在芬爾哈文買下了艾力思的鯨油，他現在簽訂協定，以固定價格買下羅傑斯和艾力思的所有產出油品。幾個月來一切進展得不錯，不過當原油價格由於投機者的炒作而突然飆升時，羅傑斯和艾力思沒有了自己的油井，靠惡狼們的憐憫才能拿到一點油源。他們掙扎前行，試圖保住與普拉特的合約。然而，很快，他們賺的錢都被一掃而空，並且發現自己居然已欠普拉特數千美元之多。

羅傑斯專程到紐約面見普拉特，個人承擔起處理虧損赤字的義務。而艾力思則逃之夭夭，人間蒸發了。

羅傑斯的勇敢坦率，給普拉特留下了極深的印象，他決定自己的業務正需要一位這樣的人。協商一致，羅傑斯開始為普拉特工作。年輕的羅傑斯的首要任務是去賓夕法尼亞，理清賓州鹽業公司的事務，普拉特是該公司的大股東。事情辦得十分漂亮，普拉特任命羅傑斯為他的布魯克林煉油公司的主管。

每週的薪水二十五美元，並承諾如果年銷售額超過五萬美元，則可成為合夥人。亨利·羅傑斯是如何從主管升至經理、直至普拉特的阿司確煉油公司的管理者，他穩步提升的傳奇，是美國神話故事之一。

普拉特最終給了他公司的一份股權，而羅傑斯仍每週領取著二十五美元的薪水，雖然帳面顯示他已經每年賺一萬了。他做事像騾子，吃苦耐

勞。妻子送飯到工作地給他，他常常一晚只睡三小時。為了抓緊時間，他在蒸餾器旁毛毯一裏就可休息。

之後，克利夫蘭的約翰·D·洛克斐勒帶著他的合作與合併的方案來了。普拉特和羅傑斯討論過後，認為聯手將使商業航行更沉穩、更踏實。他們提出了自己的條件，洛克斐勒一見大吃一驚，又是噴嚏，又是咳嗽。第二天，約翰·D·洛克斐勒回來了，並一言不發地全盤接受了羅傑斯擬訂的方案。

那些條款很苛刻，多年後，洛克斐勒曾報復略帶一些驕傲的羅傑斯說：「如果你和普拉特當年提出要求的話，我願意付兩倍的價格。」「你現在可以非常安全地說，那是往事，不過是個乾涸的鑽油孔，已毫無用處。」他們的手嚴肅地緊握在一起。洛克斐勒要了一杯牛奶，羅傑斯則要了薑汁酒。

洛克斐勒僅比羅傑斯年長一歲，看著卻像是老二十歲。約翰·D·洛克斐勒永遠顯老，並且一直非常謹慎；他從不發脾氣；他自孩提時代起，便已顯示出自己不是火爆脾氣。亨利·羅傑斯則有時是精神汽油，脾氣一點就著。

西元 1872 年，克利夫蘭有二十六個獨立的煉油廠。提煉的油以每加侖二十美分的價格賣給消費者；大部分油不安全，品質不穩定 —— 可以說是「飄忽不定」。有些煉油廠設備簡陋，火災是廠主在應當睡覺的時候徹夜不眠的一個原因，因為根本不可能有保險。

這些商行之一是阿克米石油公司，約翰·D·阿奇波德任總裁。公司資本為四萬美元，其中一些以現金的方式投入。威廉·洛克斐勒是另一家提煉公司的負責人，約翰·D·洛克斐勒是威廉的哥哥，比他年長兩歲，

在超過三家的公司裡持有股份。

他們相互以較高的價格購買貨品產品，相互挖員工，而產品則是龍蛇混雜，等級不一。這一切使得業務混亂、不確定。這就是「狗咬狗」的殘酷競爭原則。

約翰‧D‧洛克斐勒想出了把克利夫蘭的這些公司、以及其他地方的公司，盡可能聯合起來的辦法，名字就叫標準石油公司，這家公司成立時的資本正好是一百萬美元。普拉特石油公司的主要業務在布魯克林，但在克利夫蘭有一家分公司，也是被標準石油吸收的二十家公司之一。這些不同公司的庫存，都由標準石油公司認購並付款。

亨利‧H‧羅傑斯，時年三十二歲，發現自己身價已高達十萬美元，倒不是現金，而是持有的股份，價值與股份面值相等。並且，倘若經營得當，每股可分到七到八美分紅利，他成為新公司的董事之一。

這是個讓任何年輕人都羨慕的職位。當然，那時和現在一樣也有些聰明傢伙，他們斷言，普拉特石油公司已經山窮水盡了，約翰‧D‧洛克斐勒很快就要扼殺普拉特的存在，一切都要從頭開始了。然而這些預言家對洛克斐勒或羅傑斯並不了解，對世界資源和需求也是知之甚少。事實上，無論是洛克斐勒兄弟、羅傑斯、阿奇波德，還是創立標準石油公司的數十位風雲人物，在他們最瘋狂的夢想中，都從未預見到這個行業的發展前景。

美國在人員以及金錢方面的增長，是前所未有、聞所未聞的，從未有人預先料想到。湯瑪斯‧傑弗遜似乎比任何人都更具前瞻性，然而他也未曾料到鐵路、輸油管、摩天大樓、鋼船、電報、電話的發展，以及電力的使用與混凝土的發展。可他確確實實對我們的公共學校體系有所預見，並

預言：「到西元 1900 年，美國將擁有五千萬的人口。」這也是他為什麼要與拿破崙達成那筆地產的交易 [299]，而對此，當時的絕大多數美國人都認為，它是筆糟糕透頂的買賣。羅傑斯抱有巨大的期望，並擁有豐富的想像力，但他對自己的期望，頂多是能年收入五千美元，擁有一套不錯的房子，房子不用抵押、不欠貸款，還帶有一間藏書室和會客室。此外，他還想擁有自己的馬與馬車他將親自照料馬匹，刷洗馬車，幫車軸打蠟。實際上，他更牽掛的是花朵、書本、教育，和耕作自己的精神田園。

約翰・D・洛克斐勒被繁忙的業務纏身。標準石油公司已將總部遷至紐約城，在那裡，它的業務主要是大面積出口。洛克斐勒兄弟發現自己身陷大量的瑣事之中，權力流向能肩扛它的人，重負壓上能背負它的人們身上。

這是一個史無前例的行業，所有的業務都以無人能想像的速度快速增長。為解決業務中遇到的問題，領頭的人必須與業務同時進步。

羅傑斯能果斷決策，他有著絲質纖維般的堅韌力量，能伸能屈，卻從不鬆脆易折；他的健康狀況非常良好，思路清晰流暢；活力四射，對新方法和新計畫十分敏銳；他極能鼓舞士氣，平易近人，善於管理人才。他定下的步伐只有非常能幹的人才能跟上，然而卻能點燃眾人心中的熱情。約翰・D・洛克斐勒把自己給累垮了，二十年前就倒下了，他的衣缽傳承到「H・H」那裡，而約翰・D・阿奇波德則當替補。

自從約翰・D・洛克斐勒推掉直接領導標準石油公司的重負之後，到西元 1888 年，它的業務已經增長了四倍。

---

[299]　西元 1804 年，在時任總統的湯瑪斯・傑弗遜的努力下，法美簽訂《路易斯安那條約》，美國以每英畝三美分的價格，從正與英國作戰急需資金的拿破崙手上，買下整個路易斯安那，美國領土一夜間擴大近兩倍。

約翰‧D‧洛克斐勒從未失去理智，羅傑斯與阿奇波德同時也定了個原則，永遠不能兩人同時失去理智。當壓力與競爭讓洛克斐勒的頭髮日漸稀疏、食欲不振時，他曾扁著嘴，哀嘆自己無法抽身去度一次假。像很多其他好人想的一樣，他以為公司離開他就運轉不了。

「你去休假吧！」H‧H說，「我不是在這裡嗎？還有阿奇波德在啊！他是『隨時在場的約翰尼』。」洛克斐勒報以斯芬克斯式的微笑，差一點肆意大笑起來，然後走出了房間。那晚他去了卡特斯基爾，次日，洛克斐勒發來的一封電報收件人寫「給『隨時在場的約翰尼』，百老匯街二十六號」。毫無疑問，電報被直接送給約翰‧D‧阿奇波德，被妥當地簽收了。

此後，這個短語已成為經典，卻極少有人知道羅傑斯是這個詞的始作俑者，或是誰那麼廣泛地了解到，這位「隨時在場俱樂部」的開山鼻祖就是約翰‧阿奇波德。

H‧H‧羅傑斯是一位開拓者，實際上並不為那些足不出戶、整天沉湎於過去的人們所理解。

羅傑斯是一位經濟家，或許可以稱得上是他那個時代最偉大的經濟家。他是一位能處理各種情形、而不是理論；各種實際情況、而不是空想的經濟家。

幾年前，所有的零售雜貨店都會賣煤油。煤油罐帶有噴油嘴，那可是那個年代居家的象徵之一。我們不光把煤油裝在罐裡，還會把它放在麵包、或是雜貨店裡任何東西的上面。因為，煤油罐不是漏油就是結水珠，油還會沾到店員的手上和衣物上。如果你不讓店主賣煤油，他可一點都不會傷心，實際上他可能高興還來不及呢！畢竟煤油處理起來危險，而且又便宜 —— 那東西太便宜了！此外，一桶四十二加侖的煤油，零賣到用戶

手上就只能稱到三十八加侖。裝運到車上、泵抽出來、車站的平臺上袒露在陽光裡，它總是會洩漏掉一些到裂縫裡去。人們用樹脂塗上桶的裡壁，這東西還是會悄悄溜走，奔向自由。船運費、車運費、滲漏、油桶錢、返回空桶的錢等等，都會讓人心情不好、沒什麼錢賺。意識到所有這些問題後，H‧H‧羅傑斯在他的能幹少將約翰‧D‧阿奇波德的協助下，變革了這種交易方式。

如今，賣煤油給你的人絕不會同時賣糖給你，因為是他是專營的。

美國每一個人口超過千人的城鎮，都有一個標準石油公司的機構。石油是透過大槽罐車裝運到鐵油罐的，之後透過油管輸送到小罐車，這種小罐車會直接開到你家門口，彬彬有禮的代理商會查看你家小小的油罐直到裝滿。所有你要做的，只是把油塞打開而已。啊！在這舒適怡人的東奧羅拉村裡，要是你從標準石油公司的代理商那裡，購買燈、燈罩和燈芯的話，他會替你的燈注滿油、把燈芯整理好。

這就是標準石油公司的服務，它覆蓋了從哈利法克斯到聖地牙哥、從新奧爾良到哈德遜灣的廣大範圍，實際上，它已覆蓋全世界。這種服務在美國南部是受到禁止的，因為它使木桶交易受損，而木桶交易則把H‧M‧弗拉格勒（Henry Morrison Flagler）引到了標準石油公司。

用於石油行業木桶的投資，已從一億美元萎縮至五百萬，而石油運輸量則已翻倍。

對客戶的這種服務，源自亨利‧羅傑斯為一家合作商行，經營一條雜貨線路的時期，他們裁減掉昂貴的中間商，代之以集中力量完美地服務客戶。

石油「petroleum」一詞是拉丁語，它自普林尼[300]時代就已開始使用了。普林尼與居住在羅馬城的保羅[301]是近鄰。當時，使徒在他自己租來的房子裡苦修，等待著關於褻瀆國教的審判。

直至六十年前，人們還認為石油不過是一種簡單的物質。如今我們發現它包含了一千種物質，經受了漫長歲月的考驗、熔合與混雜。

科學進行著篩選、過濾、分離、溶解、分析和歸類。由紫羅蘭蔓與玫瑰提取的香水，在它們非凡的榨液中，發現有石油的成分；花瓣、雄蕊與雌蕊的斑斕色彩，也含有蘊藏在黑暗的地底深處的這種物質：石油。

在這些可愛可敬的、熱心的化學家們的寵愛下，石油已被發現含有超過兩千種不同的物質，所有組成土壤的元素它全都有。用於商業與我們日常生活的數百種物品，都來自石油。要確保這些東西保持適合日常使用的形式，便是亨利‧H‧羅傑斯孜孜以求的事業。當然，這不是全部透過他自己的雙手完成的，因為對於這個事業來說，人生太短暫，而全世界的大學，已召喚著它們極具頭腦的人來從事它。

羅傑斯的工作是去發現人才。這是標準石油公司一段尚未被書寫的歷史，但這比那些內容豐富卻毫無產出的、頭腦僅是些「乾涸鑽孔」的律師們的行動，更為重要得多。

「科學即分門別類。」西元前三百四十年，亞里斯多德對他的壞學生亞歷山大說道。赫伯特‧史賓賽說：「科學是對常識的分類。」湯瑪斯‧A‧愛迪生則認為：「科學是將無用、無益的東西剔出來，再研究它們，另作他用。」

---

[300]　普林尼：古羅馬學者。
[301]　使徒保羅，耶穌門徒之一。

H‧H‧羅傑斯利用廢物，而標準石油公司的分紅，大部分來自產品的現金收入。羅傑斯不僅變廢物為寶貝，還將員工的潛能發揮到極致，讓員工自己都驚訝不已。

　　溫文爾雅的塔貝爾指出：「即便是標準石油公司辦公大樓裡專門按電梯的年輕人，在他們被僱用時，也被描繪出了發展前景。」這是一個至高讚譽，被讚揚的不僅是一名成功商人，更是一位偉大的教師。所有具影響力的人都是老師 —— 不論他們自己是否察覺到這一點。興許，我們都是老師 —— 或好或壞 —— 我真不清楚。

　　羅傑斯有著非常強的教育天性，他好不容易才逃離了一個教授職位。他建設校舍，如果有時間的話，他會到學校去上課。他觀察每一個少年，不是看他現在是什麼樣，而是看他將來能成什麼樣。他分析每一個人，不是看他現在是什麼樣的人，而是看他可能成為什麼樣的人、或是將來可能成為什麼樣的人。

　　人性與仁愛是羅傑斯的原材料，而石油並不是。他的成功之處，在於將人性與石油結合起來，或是，若你願意換句話說，是把人類智慧與石油結合起來，有點像霍勒斯‧格里利 [302] 建議農民在混合肥料時要用點腦子一樣。

　　評論一個人的時候，我們必須捫心自問：「這個人的一生，整體來說，對這世界有什麼影響？」

　　羅列這裡或那裡的一些事例，再描繪出這個人，並不能給我們這個人的完整印象，有如堆上一些磚塊，並不能讓你看出這幢房子的整體外觀一樣。縱觀羅傑斯的一生，從他在芬爾哈文見到鯨油燈開始，到如今我們所

---

[302]　霍勒斯‧格里利：西元 1811 ～ 1872 年，輝格黨人，美國新聞記者、作家、編輯、政治家、《紐約論壇報》的創始人。

看到的他，我們必須認可他的創新與能力，他替數以百萬計的人，帶來了報酬豐厚的工作。

他直接為人們建造成千上萬的房屋和棲身之所，幫助無數的年輕人找到工作並投入其中。以物質上的方式，他透過對廢物的再利用，為這個世界增加了數百萬美元的財富。

他喜愛置身於新鮮空氣中、昂首迎接冬日的狂風、或是感受春天的和風拂面。起伏不定的冰雪於他而言，與亨得利克・哈德遜河奔向大海時，光滑如鏡的水面一樣美麗。

名聲在外的「百老匯二十六號」並不是座魔怪的洞穴，也不是黑暗的賭博勝地，它從來都不會彎彎曲曲、迂迴曲折。它只是座辦公大樓，裡面滿是忙碌的男男女女的工作人員，他們從不浪費時間或金錢。

在那裡，你見不到浮華的雕飾、金色花邊，沒有任何的粉飾或繁文縟節。如果在那裡有事要辦，你可以不費力氣直接找到要找的人。一切都是自由、開放、簡潔、直接。

頂樓有一家餐廳，所有的午餐時間都是以平常而友好的方式進行，氣氛愉快，因為這都是肩負重任的人。

此處氛圍非常民主，因為管理著百老匯街二十六號的人是歷經坎坷、克服了巨大的困難、越過重重阻礙，並渴求人類同情的，其實他們完全可以不帶絲毫的同情心來安排這一切。

成功令人嫉妒，它所帶來的敵視往往充斥著殘酷，並有欠公允。重組給了野心家機會，他的文字炸彈帶來了毀滅。

然而，羅傑斯足夠偉大，坦然意識到，隨著成功的到來，必須付出代價面對懲罰。他服下了應對的靈丹妙藥，笑臉相對。

過去，百萬富翁是指身價一百萬美元的人，但這已經成為歷史。後來，百萬富翁是指每年都能賺一百萬美元的人。而這，也已成過往雲煙。如今的百萬富翁是一年花掉一百萬美元的人。這是一個美國之外並不存在的、新興的菁英階層，H・H・羅傑斯就是其中的一員。

「他是位高貴的紳士。」布克・T・華盛頓（Booker Taliaferro Washington）對我說道，「每當我需要幫助，在所有人拒絕我之後，我會把H・H・羅傑斯當作最後的依靠。我去找他，坦率地說出需求。他總會一直聽我述說，然後讓我說出具體的金額，他從未讓我失望。」

羅傑斯常伸出慷慨的援助之手，而他的善行卻鮮為人知。新聞報紙常談及他對馬克・吐溫及時拋出了繩索，將這位幽默大師從財務泥潭中拖上岸來。同樣，我們聽說他是如何把海倫・凱勒（Helen Adams Keller）帶向世界的。因為，倘若沒有H・H・羅傑斯的幫助，這位奇女子可能還是一條待在猛獁洞中的盲眼魚。她的精神煥發出內在的光芒，而科學尚未揭示出它的祕密。此外，仍有許多其他的人和機構，從H・H・羅傑斯的雙手中得到了非常切實的幫助。

他幫助雄心勃勃的年輕人的一種方法是，投資那些還不成氣候、財務上還不夠強壯的公司，買入它們的股票，而這些常常是不成功的投資項目。假如羅傑斯堅持在標準石油公司多賺錢，他將賺得實際數額的兩倍。然而對金錢他並不太看重，他不過是在玩遊戲而已。

羅傑斯先生非常英明，他從不捐錢給個人。他深知聖安德魯・德・李格熱思提到過的「哈伯德法則」或「利他傷害法則」的人性傾向。這個法則提及：你給人以幫助，而這是他自己能做、或是應做的事。這對他而言，你非但未幫到忙，反而做了樁錯事。H・H・羅傑斯尋求的是給予機會，

而不是實物。當他投資一百萬在芬爾哈文建一家針廠，是努力要提供工作給在芬爾哈文的每一個男人、女人、男孩、女孩，因為他們企盼著能有一份事做。

他試圖要使貧困變得不可寬恕。而他意識到，也有些情況，比如年老與疾病奪去了他們謀生的力量。這時他會暗中提供幫助，或是透過他摯愛和信任的朋友，向對方提供幫助。比如芬爾哈文的 W·P·溫塞夫人，由於羅傑斯先生的吩咐，她夜以繼日、長年累月地幫助那些為獲得教育而掙扎的年輕男女，關心那些年邁的父母、身有殘疾的兄弟姊妹們，或是命運不太仁慈、而且看來被上帝遺忘的人們。

油漆房屋、贖出典押物、繳清稅款、立起紀念碑、鋪建馬路、配備書本、種植樹木、挖掘溝渠、安裝浴室、抽乾沼澤、修築橋梁，這樣的事例有上百件。也許這並不算是高層次的慈善事業，可羅傑斯憎惡人們把諸如「樂善好施」、「博愛」的詞強加在自己身上。他認為，自己做的不過是一種商人還債的行為，並且試圖讓別人也還債。他幫助的是自己認識、或曾認識的人，那是些幫助過他的人。他從未忘卻一樁益事或損事。他是個非常有同情心的人，施而不取，不是雙向的行動，永遠無法平衡，它只是在你的名單上添上一個敵人而已。因為，你暴露了施予對象的弱點，那就是說他是無能的，他將永遠不會原諒你，因為你揭了他的傷疤。

當 H·H·羅傑斯幫馬克·吐溫支付了九萬美元的債務後，他並沒有傷害那位詩人，也未讓他成為一名忘恩負義者。他真正發現的是一位哲人、一位毫無怨言的先知。

我曾提到過，在美國只有兩位稱得上當之無愧的偉人，一是盧瑟·伯班克，一是布克·T·華盛頓。他們兩人讓世界欠他們人情。他們是上天

創造的、人類中的通靈聖者。他們從不索取，並奉獻出自己的一切。

馬克・吐溫屬於同樣的菁英層次。馬克・吐溫與盧瑟・伯班克的區別是：馬克在床上耕耘他的精神田園，而盧瑟・伯班克在花園裡耕耘。盧瑟結出的是無刺仙人掌，而馬克是給軟骨頭的人以堅強的椎骨。馬克讓我們開懷大笑，目的是讓我們隨後陷入思考。

我最後一次見到 H・H・羅傑斯，是在百老匯二十六號他的辦公室裡。透過一扇虛掩的、通往一間私人會議室的門，我見到一個人伸直身子，躺在沙發上睡著了。一大把驚人的白髮，披散在他枕著的枕頭上。這位哈克貝利・費恩 [303] 安詳的鼾聲極富韻律感，彌漫在房中。

羅傑斯先生注意到，我朝夢神發出音樂的方向望去，他微笑著說：「那是馬克 —— 他正在補回一個欠了好久的覺。你知道，他天性勞碌疲累。」

馬克・吐溫本人並不是個富翁，但他卻是真理的寶藏、未經開墾的歡樂田野。似遠航到崇高的精神之海的大船，滿載睿智與學識，駛入港灣。他很早以前就會攻擊他的恩人，找他們的碴，尋他們的麻煩。馬克自行其事，就如蘇格拉底從伯里克利夫婦那裡汲取了思想的養分一樣。或是像阿莫士・奧爾科特 [304]（Amos Bronson Alcott），他也曾推著手推車，進到拉爾夫・沃爾多・愛默生養護得很好的花園中。這位奧菲斯 [305]（Orpheus）往車上裝土豆、豌豆、蠶豆和一顆大大的金黃色南瓜。當他朝周圍瞥上一

---

[303]　馬克・吐溫作品之一《頑童歷險記》（*Adventures of Huckleberry Finn*）中的主角，此處指馬克・吐溫本人。

[304]　阿莫士・奧爾科特：19 世紀美國超越論哲學家。果園公社的創始人，該公社的成員都反對財產的所有權，奉行無政府主義，相信自由戀愛，而且都是素食者。

[305]　奧菲斯：古希臘神話人物，著名的詩人與歌手，為阿波羅與繆斯女神之子，此處指阿莫士。

眼時，見到這位寫出《自立》[306]（Self-Reliance）的人正越過花園圍牆，嚴厲而沉穩地盯著自己。這位《小婦人》（Little Women）作者的父親[307]畏縮了。但很快就鼓起勇氣，回瞪著瞪他的人，並帶著怨恨、挑釁的口氣說道：「我需要它們！」

之後，這位花園的主人在那咄咄逼人的瞪視下，窘迫起來，喃喃地道過歉，彬彬有禮地退下了。

馬克·吐溫曾這樣解釋過：「你看，就像是這樣：羅傑斯布置好計畫，而我，則負責付款。」這就是此事的全部內容。也只有偉人才能神態自若地拿走自己的那部分，而不會自貶身分。

馬克·吐溫對曾暴跳如雷過的事情，兩次展顏歡笑。我可不在乎，他是從哪裡得到蔬菜、或是打哪裡才享受到那個美味的片刻酣睡 —— 他自個也不在乎。

百萬富翁普遍相信教育，因為他從報紙上看到，這個產品被別人大力推薦。通常是，他並沒有受到過高等教育的待遇，因此總錯誤地認為他的人生中欠缺了些什麼。我們會把自己沒有的東西理想化。H・H・羅傑斯是個例外，他在任何公司中都如魚得水，從不迷信盲從。他為自己分析事物，而他的看法是，正是那些老派的學院會抹殺個性、窒息主觀能動性。他堅信高中教育是關鍵，而帶著年輕人參加之後的教育，則完全是一種冒險，有可能會毀了這些年輕人。他說：「那些年方十七，從高中畢業的青年，進入真實的企業，會比二十一歲從大學畢業的年輕人的成功機率高得多，而後者要面對全新的世界。」

他自己便是從老芬爾哈文文法學校畢業的優等生之一。他意識到，自

---

[306]　愛默生名作。
[307]　仍指阿莫士，他是《小婦人》作者的父親。

己一生的成功，相當大的部分是來自他從該校充實到的知識彈藥，他在實踐中很快就運用到所學的知識。不過他也了解到，老芬爾哈文高中或文法學校，並不能算是一個學校的典範。「它的規章制度多如牛毛，激勵與感召卻少之又少。」他常這樣說。改變教育秩序的想法，在他心中迅速形成。他從不對自己教育方面的缺乏而念念不忘。

另一方面，他常提及自己的童年時期是非常理想、完美的。然而在實際生活中，他所見所聞的是，孩子們的周圍環境不太理想，他渴望對此有所作為、有所裨益。

因而，西元 1880 年，在他四十歲時，他建立一間文法培訓學校，並將它贈送給鎮上，學校被命名為「羅傑斯學校」。能送上一件這樣的禮物給鎮裡，足以使捐贈者的名字在當地萬古流芳。然而這並不是終點，數年後，羅傑斯，或準確地說，是羅傑斯夫人，捐贈了一座漂亮完美的市政廳給當地，耗資超過二十五萬美元。之後，為紀念一個深愛的女兒，又捐贈了一間米莉森特公共圖書館。

當他母親過世後，為紀念她，羅傑斯建了一座教堂，捐給一神論教會。這座耗資一百萬的教堂，可能是全美國最完善、最富藝術性的教堂。

芬爾哈文供水系統也是羅傑斯先生出資建設的。最後值得一提的是芬爾哈文高中，校舍漂亮、精美、設施完善，只有天才與金錢聯姻才能有這樣的傑作。在美國唯一能與此相媲美的，是威斯康辛州門諾米尼的斯托特高中，它也是由私人捐贈的。在世界上沒有哪個政府能建立這麼好的一所學校，因為納稅人不會答應。一般的村民們，在涉及教育的制度方面，是相當吝嗇的。

事實是，蕭伯納 [308]（George Bernard Shaw）曾斷言，我們就是一個村民之國。

世界上的豐功偉績總是由個人創造的，個人的力量是產生作用的唯一因素。利他的百萬富翁對進步而言是必需的 —— 他做出他人不會、也無法做到的、宏偉的事業。因此，我們發現芬爾哈文這個模範城鎮，被她的首席公民給塑造、定型。時時處處都能見到充滿他個性的痕跡，和他高尚品味的真實體現。

亨利・H・羅傑斯唯一熱切盼望的行政上的職位，是在芬爾哈文街道委員會的工作。他認真地履行這個職位的職責，讓他的選民們滿意，好幾年領取著三美元一天的津貼。修好路是他的業餘愛好，其次是種樹養花。他的夢想是要把整個地球，轉變成一座巨大的花園與公園，供人們享用。

他的最後一項公共工作，是只有具備工藝技能才能做到的、有針對性的項目。他選中了那個伸展在村子北面的、原用作村民垃圾場的大沼澤溼地作為實施對象。他把這一片沼澤的水抽乾，填上砂礫與泥土，將它變成了一座美景非凡的公共公園。

H・H・羅傑斯的最後一項大型商業工作，是建設維吉尼亞鐵路，它連接了西維吉尼亞的大煤田與河海交界處，整個鐵路長四百五十三英里。

一位偉大的工程師對我說：「有了這條鐵路，價值十億美元的煤炭才能輸往世界。」然後他補充道：「要到二十年以後，才能讓人完全看出H・H・羅傑斯的遠見卓識。」這是一個人在三十歲時就應完成的重任，而不是等到七十歲時。

然而羅傑斯是獨自建成這條鐵路的。他把這條路修築配備得如此完

---

[308]　蕭伯納，西元 1856 ～ 1950 年，愛爾蘭人，世界著名戲劇家、文學家。

善，以致它被當作鐵路史上的一個里程碑。熟知鐵路歷史的人們都知道，鐵路首要的事情是要使全線貫通。兩條鐵軌、一個蒸汽鍋爐，和一條正確的路，就組成了一條鐵路。建造鐵路允許發行債券，然而，H·H·羅傑斯既未發行債券，也沒售出股票。請問還有誰能投入四千萬的金錢與畢生心血於一條鐵路？這項工作的代價是否太大？問此類問題是白費功夫。這項工作業已完成，而這位偉人也已故去，毫無疑問，這項繁重的工作加快了他的死亡。

羅傑斯擁有一顆年輕、無畏的心，他的死就如他的一生，永遠戰鬥在最激烈處。他擁有美國人三位一體的美德：勇敢、進取、堅定。他將勇氣、堅忍、活力、主動、雄心、實幹、感召力、同情心與驚人的執行力融於一身。

第十一章　H・H・羅傑斯

第十二章
詹姆斯・傑羅姆・希爾

詹姆斯・傑羅姆・希爾（James Jerome Hill，西元 1838～1916 年），美國鐵路大王，修築美國北方大鐵路。與 J・P・摩根（John Pierpont Morgan）一起從 E・H・哈里曼（E. H. Harriman）手中奪得對北太平洋鐵路的控制。希爾建造的鐵路王國，遍布從加拿大到密蘇里州的廣袤地區。希爾最早在聖保羅的一家蒸汽船公司當勞工，後來才進入鐵路業。他說服衰敗的聖保羅及太平洋鐵路公司的股東，將公司賣給自己及合夥人。他透過低成本及高效的管理，使公司得到快速發展，同時說服新的居民遷入這些地區，最終讓鐵路公司大獲成功。

一支正在朝我們港口逼近的敵人武裝艦隊，不會比那既無充足食物、也無任何方法，能為我們的人民買到食物的苦日子的無情逼近，更叫人擔心。我國農民必須為了將來儲備好糧食，就像過去在他們的建設下，祖國變得無比偉大一樣。

—— 詹姆斯・傑羅姆・希爾

詹姆斯・傑羅姆・希爾至少有一項資質，可以使他成為偉人 —— 他出生於一間小木屋。但請讓這痛苦的事實立刻被提到吧！毋須道歉，那就是，他永遠不能成為美國總統，因為，這座歷史性的木房子坐落在加拿大 [309]。確切的地點是，安大略省威靈頓縣羅克伍德村三公里開外。

羅克伍德村位於哥威夫以東七公里、離多倫多四十公里、距布法羅一百公里。

希爾先生清楚記得他第一次造訪多倫多的經過。他和父親一起，帶了一整車的農產品，往和返各花了兩天時間，將滿滿一車的東西，換回來豐厚的一大筆錢，有七元之多，他們因此覺得自己儼然已成為富翁了。

詹姆斯・希爾，即詹姆斯・傑羅姆・希爾的父親，是一位北愛爾蘭人；他妻子安妮・鄧巴，是位善良的蘇格蘭人。我在希爾先生聖保羅的住處看過安妮・鄧巴・希爾的相片，它顯示出達蓋爾銀版攝影法的繪畫方式。圖上是一位個性堅定、外型強健的婦人，坦誠、無畏、正直、神態自若。服飾顯示出，圓柱狀的脖頸只能與身體強健、活力四射相匹配 —— 鼻子高聳，下巴結實，嘴唇堅定。她的長相是斯巴達式的，除了她那沉思的雙眸，凝視著曾經歷過的這個世界，充滿飢餓和嚮往。這位婦人肯定還

---

[309] 依據美利堅合眾國憲法第二條第一款，總統須年滿 35 歲，居住美國 14 年以上，也一定要是「自然出生的美國公民」，通常被解釋為是出生時為美利堅合眾國公民。美國官職中唯正副總統兩職需要「出生時為合眾國公民」的任職要件。

有未償的抱負與期望。

詹姆斯‧J‧希爾長得十分像母親。他的體形、面貌、精神氣質和志向都秉承自母親。

這是一個在過去和現在都經營得異常艱苦的農場。一週前，當我踏上它那起伏不定的田野，見到石頭籬笆和一排排的冰磧地，那是吉姆‧希爾的雙手曾耕作過的地方。令人想起那貧困的境地，沒有鐵路穿過，一蒲式耳的小麥僅售二角，而一磅豬肉僅值一分錢 —— 這一切都因為缺乏市場！

孩童時期的吉姆‧希爾手握斧頭、鋤子、大槌、扁斧、鐵鏟、鎬子、鶴嘴鋤、拉刮刀、耙子和草叉，為了生活奮鬥著。羊毛是用手工進行梳理、紡紗和編織的，穀物透過馬捎運到磨坊，道路損壞時，還得靠農夫的雙肩背過去。所有這些拓荒者的歷練，是詹姆斯‧J‧希爾的人生教育不可或缺的一部分。

1840 年代在加拿大西部的生活，實質上與同時期的紐約西部沒什麼區別。在鄉村，森林中橫貫著沼澤和汙水池，上面修路時，將長長的木材橫臥在地，再將短木架在上面，這便形成了經典的木排路。

十歲時，詹姆斯‧希爾承包修築木排路，從他父親的農場到村裡約一公里長。為了這份工作，他父親承諾給他一匹兩歲的馬駒。小男孩成功地將路修成，花了他六個月的時間。不過，就鋪路的坡度而言還很容易，修得曲線卻一般般。湯姆‧索亞（Tom Sawyer）的計畫派上用場，否則，很可能在時間的期限上會違約。吉姆終於得到了那匹小馬駒，有半年的時間，他整個冬天來來回回地騎著牠往返於農場和村莊，在那裡他就讀著名的羅克伍德學院。之後，借錢給老希爾的某人表示希望得到這匹馬駒，父

親只好將馬轉手給了債主。當小吉姆走出家門，發現馬廄已空時，自己一個人號啕大哭了一番。

三年後，當他父親去世時，他再次大哭，那是他為自己的不幸而落淚的最後一次。

七歲至十四歲，年輕的吉姆・希爾在羅克伍德學院讀書。這個「學院」有大約三十名寄宿生和十二位通學生。吉姆・希爾是初級學院的日班生，也是校長的驕傲。這個男孩學習勤奮、有欣賞力、有感恩心。他並不是特別聰明，卻很誠實。

學校校長是威廉・威哲羅，外表嚴厲，內心溫和。他妻子來自鮑爾家族[310]，鮑爾家族在兩代人之前，就從維吉尼亞遷至西紐約，此後，美國獨立戰爭時期，由於他們自己最深知的政治原因，而避亂到安大略省。

那時有不少人移民加拿大，包括那些可敬的莫霍克印第安人後裔，包括長跑健將龍博特和維若柯公主[311]，如今都可在勃蘭特鄰近見到他們。

的確，這些印第安人是明智的，因為加拿大對待這些印第安兄弟們還是有一定公平性的，而在國界的另一邊還聞所未聞。至於保皇黨，又有什麼爭辯的必要呢！

鮑爾家族可追溯到誕生了瑪麗・鮑爾（Mary Ball Washington）的同一家族，而瑪麗・鮑爾是喬治・華盛頓的母親，這個族譜可真是夠複雜的。而眾所周知的是，喬治・華盛頓的稟賦來自他的母親，而不是華盛頓家族。

威廉・威哲羅在近九十歲的高齡離開人世，我想那只是很短時間前的

---

[310] 鮑爾家族：可能為約翰・鮑爾的後代。約翰・鮑爾為英國社會鼓動家，因參與農民起義而於西元 1381 年被處死。
[311] 他們都是著名的莫霍克印第安人。

事。對一位老師來說，新學生到後，會習慣性地做出預測並斷言。在學校，威哲羅用幾乎是慈父般的熱愛，關心著年輕的希爾，並預測他將從事偉大的事業，而這些「偉大的事業」都是諸如在科學領域、雄辯和文學等領域。

西元 1888 年，當詹姆斯‧J‧希爾在世界上穩穩地立足後，他派人去請老師到聖保羅來。威哲羅在那裡待了好幾個星期，坐在一輛私家車內沿著希爾鐵路奔馳，和這輛車及這條鐵路的主人，聊著過去的好時光。

希爾先生堅持請威哲羅留下來教導希爾家的孩子們，但命運弄人。毫無疑問，希爾根深蒂固的對書本、對藝術和自然歷史的熱愛，以及他獨立思考的習慣，大部分來自這位良師益友的影響。教友派信徒聆聽著「聲音」，然後不遵循先例就採取行動。換言之，他按照自己想要的方式來做事。希爾先生留著長長的頭髮與滿嘴大鬍子，在某種程度上講，這是對威哲羅無意識的紀念。事實上，如果讓詹姆斯‧J‧希爾身著一件沾滿灰塵的磨坊主袍子，頭戴一頂寬沿帽，你將見識到正宗的「鄉巴佬」形象。

詹姆斯‧J‧希爾如同每位偉人一樣，能夠以一當十。然而，當這位親切、賢明、慈父般的、毫不為己的「吉姆‧希爾」登上總裁寶座，你將發現這個故事的重要性：在希爾先生執掌伯靈頓之後，他視察了那條路。一位在蓋爾斯堡的尾端信號旗手，向他的同伴們誇耀著，他是如何陪著這位新的「牧場老闆」巡視這一區域的。

有一位聽眾就發問了：「這個老頭長什麼樣？」這位掌管紅色信號燈與信號雷管的人撓撓自己的頭，說：「呃，你瞧，大約是這樣：他長得像耶穌基督，只不過他更壯實些！」

詹姆斯‧J‧希爾的父親是一位可敬的人，他留在兒子腦海中的是樸

素的美德、柔和的下巴、與灰色的墓石。

　　他名垂千古僅僅因為他是詹姆斯‧J‧希爾的父親這一事實。肺炎擊中了他，像它常常襲擊身強體壯者那樣，他在盛年之前就過世了。「死亡乃人生之快事，」湯瑪斯‧卡萊爾（Thomas Carlyle）對那位盲人傳教士米爾勃說道，「它把責任傳給那些長大成人，足以肩負使命的人，而這是塑造一位男子漢的唯一途徑。」

　　我曾經在堪薩斯大草原見到一個十四歲的男孩，在日出與日落之間的短短時間內，就成長為一名男子漢。他父親被一駕穿越溪谷時狂衝而下，並栽倒的馬車碾身輪下。輪轂直直地擊中了這個可憐人的胸部，我們將他抬出來時，他已不能說話了。留下六個孩子與他們的母親，最大的男孩十四歲。翌日，一座新墳在這草原上挖好了，這個十四歲的男孩，用鐵鍬的背面將他父親墳上的土輕輕拍實。然後，拴住馬匹，圈起牛群，帶領隊伍西進。他成為一名男子漢，並在他後來的生活中，印證了他是一名真正的男子漢。

　　父親故去之後，吉姆‧希爾的學生生涯也告結束。他數學方面的才能、管理帳戶的能力，以及使自己成為有用之材的基本素養，讓他在村裡小店找到一份工作，同時還在郵電所兼職。

　　他的薪水是每週一元。這樣在鄉村小店受到的鍛鍊，被證明是彌足珍貴的，有如發生在 H‧H‧羅傑斯、喬治‧皮博迪等，許多傑出人士身上的一樣。

　　得到一份工作是一回事，而保住一份工作是另一回事。吉姆‧希爾保住了他的工作，並在第一年結束之前，薪水被漲到每週三元。

　　有了兒子發達興旺的支持，孀婦放棄了留在舊農場，與那些樹椿、蠻

石和抵押典質糾纏，舉家遷往鎮上。在村莊雜亂的主街道上，人們會向訪客指認出那棟木房。在這裡，這位母親在兒子吉姆的幫助下，為鄰居縫補、洗衣、做些園藝，日子變得比這個家庭以往任何時候都富裕快樂。歲月流逝，直至吉姆十八歲那年，出外遊歷的渴望抓住了這位年輕人的心。他母親眼見它的到來，明智地未加阻攔。

男人屬於一種遷徙的動物，靜靜地坐著，待在同一地方，對男人而言太過單調乏味。

吉姆口袋裝著二十美元，手杖上繫個包袱，帶著母親的祈禱和威哲羅教授的祝福，在弟妹們瞠目結舌的驚訝中，徒步前往多倫多闖蕩。多倫多確實是個有趣的地方，然而離家太近，不宜作久留之地。一艘漏水的汽船隔天跑一次尼亞加拉堡，吉姆風塵僕僕地來到這異國的湖濱，行至尼亞加拉大瀑布，第二天便踏上前往布法羅的征途。時處奇妙輝煌的西元 1856 年，是年，共和黨在伊利諾州的布倫明頓誕生。這是一個騷動不安、欣欣向榮、繁榮昌盛的時代，萬物蓄勢而動。布法羅碼頭上萬頭攢動，湧動著巨大的移民潮，西進——直向西部前進。

吉姆・希爾年方十八，身強力壯，做過伐木工與店員，這位農家年輕人在一艘前往芝加哥的縱帆船上當甲板水手。這趟往返行程的薪水是十元，包膳食，薪水在船返回布法羅時才發。如果他在芝加哥離船，將一無所獲。

十天後，這艘船抵達芝加哥。那是一次極棒的旅行，充滿了種種奇遇歷險，和許多足以讓羅克伍德的人們吃驚的事情。吉姆得到一份碼頭上的核驗員工作，或稱貨運職員的候補人員，薪水是每天一元。他將最初帶來的二十元寄還給母親，以向她證明他的發達，錢不過是小事一樁，並且是

個負擔。一個月之後，他加入永不停歇的西進大軍，前往那炫目的黃金遍地之野、五彩繽紛的夢想之都。他到達羅克島，見到一塊在鋸木廠外「此處招人」的標示牌。他正熟於此道，面試即被錄用了。一週後，他的數學才能派上用場，負責一處木材管理以及一本空白帳簿。

希爾先生如今仍能憶起，密西西比河上一艘汽船駛入達文波特的情景。吐著火舌的高聳煙囪，宛如天鵝般的優雅動作；非凡恢宏、美輪美奐的船身。金光閃閃的絕妙大寫字母 D，亦或是其他的什麼像金子的東西，在貨棧間輕快地穿梭。正是薄暮時分，輪船滑移進來，駛向岸邊。一把巨大的火炬被點燃，跳板在黑人甲板水手們神祕的歌聲中架出。啊！奇蹟和仙境終於迎面走來了。整整一個月，每當輪船鳴響汽笛，碼頭上的吉姆都會大張口，驚奇著，疑惑著，欽佩著。終於有一天，他再也受不了，丟下手頭的工作，來到這個遠航之宮「莫莉・迪凡」號，前往迪比克。在那裡，他換了小艇，然後登上一艘更小一些的船。一艘船尾明輪推進式船，前往聖保羅。在這位年輕人看來，這個地方遠得接近北極了。

他打算讓自己駕駛汽船的心願至少得償一次，計劃在聖保羅待上一些時間，看看聖安東尼瀑布與明尼哈哈，然後乘同一艘船順流而下。可是發生的某些事，促使他改變了初衷。

在船上的兩天讓吉姆心生厭煩，天生的蘇格蘭人對於工業的想法縈懷不去，內心的念頭蠢蠢欲動。一走上河堤，他就開始申請工作，那是汽船公司的辦公室。他冒冒失失地說，他有過在水上工作的經歷，如芝加哥、羅克島和達文波特。

他被當場錄用為船運職員，而且毫無來由地得到如下的評價：「即使你沒有足夠的感覺進行演算，不過身體確實夠強壯，可以去做一些忙忙碌

碌的工作。」

這條船運線的代理商是 J‧W‧巴斯公司。希爾的工作一切都進展得不錯，他在船隻到達時，上日班或夜班。極妙的是，密西西比上的輪船，往往在凌晨兩點到來。

吉姆睡在辦公室的一張帆布小床上，為的是船到達時能馬上幫忙，並幫著卸貨。核驗離岸的貨物是船運職員的職責。同時，若他們幫助卸貨的話，職員可在船上用餐，這是船運的規矩。現在，當迪比克和聖保羅的輪船停靠在堤岸邊時，吉姆就有東西吃，有地方睡了。只有看不見輪船時，他才需要買食物。

吉姆本質上就是蘇格蘭人，他盡把自己的用餐時間安排恰當，以便肚子能堅持住。有時，當有小艇卡在沙洲上時，他就能整天不停地吃東西。這已成為辦公室裡的一個玩笑，那位代理人巴斯先生，對著輪船的操舵室喊道：「且慢！先生，請等五分鐘，等吉姆‧希爾裝好他的貨。」

吉姆的一部分工作，是為船隻提供木柴當燃料。它本身就是一項非同一般的生意。有一次，他弄了一大堆木柴，驕傲地壘在堤上，有大山那麼高，指望會有好幾艘船過來。結果一天晚上，潮水湧來，河水升高，將木頭都卷走了。因此，當「瑪麗‧安」號抵達時，已經沒有燃料可提供了。「且等著吉姆‧希爾用完他的早餐吧！興許他能抱上一把柴給我們呢！」那位船長嘲諷著大聲吼道。從此之後，吉姆都會努力裝滿一兩個平底船，始終留著一些木柴備用。

這位年輕人現在可算是在生意上真正步入正軌了。貨單、票據、收款的祕訣，什麼「短缺」、「溢餘」啦！統計損失啦！他全都駕輕就熟了。

明尼蘇達州的版圖是西元 1849 年確定的，直到西元 1858 年才成為美

國的一個州。西元 1857 年,這個州連一根鐵軌都沒有,但那一年,國會
授權,倘若任何公司願意在該區建設鐵路,可以給予公用土地的儲備部
分。在這個措施的激勵下,西元 1857 年下半年,組建了一家公司,還取
了個頗具雄心的名字「明尼蘇達及太平洋鐵路公司」。它的路線從聖保羅
的輪船碼頭,延伸到聖安東尼瀑布。有長達十公里的軌道,包括側軌、一
架機車、兩節貨車廂、十二節運木材的平板車。

　　鐵路並未表現出繁榮的跡象,從沒人提起過付費旅客的運送。乘客上
車時還好好的,一旦被要求付費,他們就會覺得受到羞辱並跳離火車。就
像現在,假使你搭一程農民的車,結果他向你收錢,你會覺得受到羞辱一
樣。或許,那種厭惡付費的心態還深植於我們內心,就像愛爾蘭人天生討
厭付房租一樣。

　　沒有人覺得鐵路有可能和蒸汽船競爭,過了很久之後,那位「海軍准
將范德比特」才勇敢地沿著哈德遜河岸建了一條鐵路,而當時他被人稱為
「瘋子」。

　　因此,當時客運無從談起。農戶把穀物搬到磨坊,木材從河裡順流而
下漂至工廠,鐵路運輸陷於癱瘓。必須得採取一些措施來挽救頹勢,明尼
蘇達及太平洋鐵路公司進行了重組,一個新的鐵路公司,即聖保羅與太平
洋公司,將其及土地權一起買斷。新鐵路的目標就是要在明尼阿波利斯上
深入林地十英里或二十英里,去運送木材,否則這些木材又將被拖到河邊
經水路運走。有一陣子,這個鐵路公司還賺了一點錢,並將附帶的一些零
星土地賣掉了。

　　西元 1867 年,詹姆斯‧J‧希爾成為這家鐵路公司聖保羅的代理人。
他已從 J‧W‧巴斯公司辭職,替西北裝運公司做代理;當鐵路延伸到他

的家門口時，他發現同時為輪船公司和鐵路公司提供代理並不難。

　　你常會聽人說起，詹姆斯·J·希爾是怎麼透過做車站代理，來開始他的鐵路生涯的。不過必須銘記於心的是，他確實是個車站代理，但其所作所為遠高於該職位本身。那個年代的輪船路線代理，常常是商人或財務責任人。詹姆斯·J·希爾成為聖保羅及太平洋公司在聖保羅的代理商，是由於他所擁有的人脈資源，以及能為鐵路帶來生意的能力。希爾先生職業生涯中不同尋常的一點是，他四十歲時才開始走向輝煌。我們那些富有想像力的朋友們在寫到他時，總把他在這之前的人生描繪為失敗。事實上，他一直頗有進展，並蓄勢以待。這直至希爾先生成為鐵路老闆的二十二年裡，充滿了奮勇拚搏。

　　在 J·W·巴斯公司當職員時，希爾先生認識了諾曼·基特森，他是一位非常別具一格的人物，總是戴著一頂浣熊皮帽。而這種皮帽，搖身一變，成了皮卡迪利大街 [312] 的種種精品。然而，他對這些精品都棄之不用，單單選擇了這份簡樸與原始。

　　基特森與哈德遜灣公司有過來往。希爾遇上他時，他正經營著一家快遞公司，位於蓋瑞堡，即現在的溫尼伯，坐在牛車裡巡察路線。夏天時，往返各要花一個月。冬天，使用狗拉雪橇，行程還更快。基特森是「紅河牛車」的發明人與專利權人。它是一種用木頭做的車，只有制輪楔不是木頭做的。車輪巨大，有的直徑甚至達十尺。基特森的理論是，如果你能將車輪造得夠高，它就能減少摩擦，動力十足。做車輪的時候，以十字形的形狀將一塊塊木板鑽好孔，釘住，然後從中心點做好記號。接著把車輪鋸好，你就可以用了。

---

[312] 倫敦的繁華街道。

一隊牛車發出的車輪輾地嘎吱聲，五公里開外都能聽見。基特森有運送郵件的政府合約，並依靠毛皮貿易以及裝運自己的商品，賺了相當多的錢。希爾二十多歲時，他與基特森一起巡察路線，並成為他的朋友。他曾獨自一人坐雪橇旅行過幾次，那時貨運量非常之大。一次，他有了一位旅伴，是個性格難以捉摸的混血兒，因對路線熟悉而被請來當嚮導。正是仲冬時節，雪下得又大又深，那裡根本就沒有路，少不了要從冰凍的湖面或溪邊經過。在那個時候，要獨自一人面對鄉間的大風雪，需要經驗豐富的先驅者的膽量。

　　希爾不太喜歡同伴的樣子。外出一週之後，當那傢伙建議他們往蘇必略湖方向走，並分開他們的貨物時，希爾開始警覺了。那人非常固執，並且喜歡爭吵。每個人都有一把刀和一支來福槍，希爾一直潛心等到他們抵達一處高高的山脊。耀眼的白雪綿延到雙目能及的天際，最近的聚居地在五十公里開外。吉姆假裝固定狗的繩具，走到離他的嚮導約四十尺遠的地方，迅速舉起來福槍，在那傢伙還不知道怎麼回事前，朝那混血兒開了一槍。聽到命令後，那個無賴丟下了自己的槍，舉起雙手。下一個命令是「向後轉、起步走」！命令得到了遵從。在被要求「跑步走」之後，那混血兒極速狂奔，跑出射程之後更是加快了步伐。希爾撿起那人的槍，快鞭駕狗，傍黑時已走出老遠，不太可能被趕得上了。吉姆幾星期後回到那條路上時，時時保持警惕，注意危險，好在他再也沒見過這位朋友了。

　　當我聽到希爾先生講述這個故事時，他處之泰然，彷彿他講述的僅僅是出門擠牛奶那樣的事。在場的一位男士發問：「你難道不為那傢伙難過嗎？讓他一個人在冰凍的平原上遊蕩，沒有食物，也沒有取暖的燃料。」希爾先生頓了頓，緩緩答道：「我已經考慮到了。讓他遊蕩，總比我殺了他或他殺了我好。畢竟，他只須五十公里就可闖入一個印第安村落。當他

到達村裡時，我們之間的距離已經有一百五十公里遠了。你得知道，我是個數學家，當計算出某些傢伙距離你有多遠時，可真是一大快事。」

在他為輪船供應木材的生意中，希爾先生有位合夥人，頭髮灰白，名叫格日葛。格日葛屬於典型的拓荒者：他永不停息地往前邁進。他買了一艘小小的船尾明輪推進船，將它的鍋爐與引擎運到布萊克奇，在那裡，他在紅河上駕駛著他的第一艘輪船「西北」號，無比開心。

依基特森的指令，希爾先生在紅河上建造起第二艘輪船「燕子」號。基特森當初一發現它航行的能力時，馬上買下了它。造船使用的所有金屬，包括引擎與鍋爐，都是從聖保羅運過來的。要是裝備都取自密西西比一艘船尾明輪推進船的殘骸，那可真是很好的廢物利用啊！

還是那位基特森，也買了格日葛的船。基特森被冠以「船隊隊長」的稱號，這一殊榮一直陪伴其終生。

此時，幾件事情發生了。一是希爾運了一整輪船的煤到聖保羅，煤是在伊利諾斯河邊的皮奧日開採的，順流而下到密西西比，再到聖保羅。把煤拉到這個新興的木材之堡，無疑被認為是存心而為的傻事。

到現在，聖保羅與太平洋公司已經有通到布雷肯里奇的一條鐵軌，可以連到船隊隊長基特森的輪船。當希爾初到聖保羅時，該處北面沒有任何農業。小麥種植帶仍蜿蜒在北伊利諾與南威斯康辛。種子可以像人和動物一樣適應新環境，而這個事實那時仍無人知曉。

紅河谷是一處極其富饒之地。路易士·阿格賽最早將它標上地圖，並寫了一篇非常有趣的文章。這裡有一片美妙的史前湖泊，透過明尼蘇達與密西西比河流往南部，再注入墨西哥灣。由於幾個世紀前南端一處火山隆起，河流轉而北流，從而形成紅河，傾注至溫尼伯湖，該湖有個出海口到

哈德遜灣。

　　阿格賽在西元 1865 年的一次旅行中，來到了密西西比河，他搭乘的正是詹姆斯‧J‧希爾代理的船。自然而然地，希爾負起了帶訪客到附近的風景勝地參觀的任務。在那些景點中，我們滿懷熱情的朋友基特森，提議駕船送這個團隊穿越紅河。他們接受了邀請，登上了蓋里堡。富有科學精神的阿格賽寫出了他關於史前湖泊的學說，而如今全球的科學界，都稱紅河谷為「阿格賽湖」。隨同路易士‧阿格賽的，還有他的兒子亞歷山大，一位有著獻身教育事業傾向的優秀青年，正向他父親擔任的哈佛大學博物館館長職位前進。

　　從溫尼伯起，團隊有了一個印第安嚮導，他帶領他們穿過蘇必略湖。正是這位亞歷山大‧阿格賽發現了蘇必略湖的銅和鐵的奇蹟。哈佛從而少了一位教授，而世界多了一位千萬富翁。路易士‧阿格賽沒時間賺錢，不過他的兒子亞歷山大沒有這樣受到阻礙。

　　阿格賽關於蘇必略湖礦藏的報導，更使希爾先生確信自己對於這個地方的看法，他已坐著狗拉的雪橇走遍了這些地方。雖然缺錢，他還是在蘇必略礦產小小地投資，並在此之後逐漸增加。最近，「大北方」的股東們獲得了一份重禮 —— 一處價值數百萬的鐵礦區。而那一天，詹姆斯‧J‧希爾在聖保羅的堤岸上，遇到阿格賽一行人，這個頗具紀念性的一天，為這一切打下了基礎，也無意中改變了他們的原定計畫。

　　希爾先生的經歷似乎在證明，人生畢竟是循序而為，做出豐功偉績的人都曾經滄海，久經磨練。

　　旅行中的人要賺錢有兩個辦法：一是出售貨物，一是精打細算，釐清開支。

而管理鐵路要賺錢也有兩個辦法：一是為鐵路沿線的人提供服務賺錢，二是做好債券持有人的工作。

西元 1876 年是重要的一年，詹姆斯・J・希爾尚未真正開始啟動，那年，他三十八歲。他是聖保羅與太平洋公司的代理人，也正基於此，他發現經營鐵路，被認為是從債券持有人身上榨取錢財。

荷蘭的債券持有人願意出多少錢，鐵路就能延伸到多遠。為了使一切能進行下去，荷蘭富翁拿到了紅利，但它取自他們自己的出資。漸漸地，當中的冷靜者變得明智些了，荷蘭人的錢包括得更緊了。數百年來，荷蘭人一直在尋找一條通往印度的捷徑，他們當時並不了解他們現在對鐵路的熱情，吉姆・希爾也不了解。

設備引擎與機車是借來的，當接收者被指定時，他發現只剩下些鐵銹條紋和通行權。毫無疑問，如果都可以的話，這兩者肯定已經被抵押出去了。

希爾先生對西北公司的了解無人能及，也許，諾曼・基特森除外。他已在這片土地上從聖保羅到溫尼伯走過無數趟：步行、乘牛車、騎馬、乘狗拉雪橇等。他見過它的每一個季節、每一種境況。他知道，紅河谷可以種植小麥；他還知道，老路易士・阿格賽所提到的繁榮，是指穿越那片富饒河谷與聖安東尼瀑布的鐵路，將帶來的繁榮，那些大麵粉廠就位於那裡。麵粉產區的中心之地，已經從曼徹斯特、紐約，轉移到明尼蘇達州的明尼阿波利斯。

他的鴻鵠大志是，擁有鐵路並營運好它，建設這片土地，使它興旺發達，隨著農民的富裕而繁榮。他因先天的傾向與後天的教育成為一名農民，後因機緣巧合成為代理商，再因內心本能而成為運輸業主。每位農民

都應當對好路感興趣，因為困擾他的不光是把農產品種出來，還得把他的產品賣往市場。吉姆・希爾集中精力將農產品銷往市場。雖出身於加拿大，他現已是美國公民。他的老朋友「船隊隊長」基特森，也是生於加拿大，卻除了填寫申請美國國籍時第一次填寫的檔案之外，別無用處。哈德孫灣公司在溫尼伯的代理商是多納德・亞歷山大・史密斯，他是一位硬漢，帶著蘇格蘭人的特點，有著許多帶著燕麥味道的堅強而堅定的美德。他在哈德孫灣公司做過工人，之後是嚮導、商人，然後是代理商。希爾和基特森給了史密斯一個非常簡明清晰的計畫：從荷蘭債券持有人手中，買下聖保羅與太平洋的所有債券，取消抵押贖回權，最終擁有鐵路！

　　此時，多納德・A・史密斯與哈德孫灣公司的關係，使他在蒙特利爾銀行圈裡有一定地位。而要取得蒙特利爾的信任，則必須有倫敦的靈通消息。多納德・A・史密斯來到蒙特利爾，將計畫拿給蒙特利爾銀行經理喬治・史迪芬看。如果蒙特利爾銀行在融資方案上簽注，即表通過。唯一的障礙是，債券持有人是否願意，按四位加拿大人付得起的價錢賣出。希爾先生打算到荷蘭去，親自去會會那些債券持有人。在大型融資方面更為精明的史迪芬則提議，把他們帶到這裡來。希爾無法將他們帶來，基特森和多納德・A・史密斯也辦不到，因為，並沒有前往阿姆斯特丹的狗拉雪橇線路。

　　蒙特利爾銀行搞定了這個，一個由荷蘭人組成的委員會從出盤的角度，來視察他們的明尼蘇達投資。希爾先生帶領他們去一處沉悶的廢棄伐木場，之後是一大片破敗的平原，再就是矮小的胭脂櫟與小榛子林；到處是深深的溝谷、溼地、泥沼和池塘，是黑雁、野鵝、野鴨與沙地鶴的居家之地。

　　路況差極了，而設備更是破舊不堪。

在荷蘭人委員會的幫助下，拿到一份實際財產的清單。到訪的荷蘭人向債券持有人提交了一份報告，建議像財產清單顯示的那樣，以面值的四折出售債券。

我們的加拿大朋友們承諾，還有個選擇，他們有時間反悔，那位接收人法利最後認可了。鐵路被重組為聖保羅·明尼波利斯及馬尼托巴鐵路公司。喬治·史迪芬任總裁，諾曼·基特森任第一副總裁，多納德·A·史密斯任第二副總裁，詹姆斯·J·希爾任總經理。希爾承擔起重任，要將一個虧損的資產轉變成一家欣欣向榮、不斷賺錢的公司。自從他任總經理的那天起，就將充滿活力的氣氛帶進了公司。

他從英格蘭採購數百頭赫里福小牛 [313]，分配給鐵路沿線的農戶們。「吉姆·希爾的牛」現在散布到三千公里的範圍，有人開玩笑說，希爾用牛打開了市場，這個玩笑是非常適當的。克萊德馬 [314] 也以低價分配出去，著眼於長遠的收益。

作物種子、農具和木材，放在任何想用的人伸手可及的地方。哇，看！土地繁榮起來了。荒原披綠，沙漠如玫瑰綻放般地興旺發達起來。

毫無疑問，西元 1873 年的金融風暴，是消除障礙的重要因素，詹姆斯·J·希爾因而能走到最前列來。那時，紅河谷哪怕一蒲式耳的小麥也沒運輸過來。居民們只關心自己的需求，供奉著溫尼伯以北的一位「雪夫人」。如今我們知道，「雪夫人」主要是虛構的神話。她能給自己提供食物，我們則帶著渴慕的眼光注目於她。

西元 1909 年，兩個達科他州 [315] 和明尼蘇達州的小麥產量，超過兩億

---

[313]　赫里福牛是在英格蘭產的一種肉用牛，通體淡紅，有白色斑紋。

[314]　蘇格蘭克萊德處產的名馬。

[315]　指南北達科他州。

蒲式耳，而一蒲式耳值一美元。當小麥值到一蒲式耳一美元時，農民們已經買得起自動鋼琴了。

洛磯山脈東面的「吉姆‧希爾之鄉」，能十分輕易地年產五億美元的食物產品，銷往美國東部的市場。

我第一次見到希爾先生，是在西元 1880 年。他是名副其實的一部提神發動機。他的大鬍子泛著淺淺的灰色，披著長長的頭髮，酷似一個成功的農場主，有著奧瑪‧開儼 [316]（Omar Khayyam）的喜好。他竟然沒有像威廉‧凡‧荷默那樣繪畫，然後將那位可敬的人比得自愧不如，我真覺得是個奇蹟。

希爾是人類的教育家。他甚至帶來一些工作的快樂給多納德‧A‧史密斯，有一些業務讓他激動不已。「我打算明晚招待一下總督。」一次，史密斯對希爾說。「明晚你將在趕往歐洲的路上，去幫我借錢。」希爾回答說，事實就是這樣。

詹姆斯‧J‧希爾歸根究柢是個農民。他心目中的自己是在犁地、擠奶、醃肉、給豬鏟玉米穗。他能提高嗓門把一公里外的牛喚過來，時不時來上一回。他買了一塊紅河鐵路用地，記到妻子名下。那是一片沼澤地，覆有許多窪地，居民們都覺得一文不值，棄之如履。希爾先生在窪地上開荒，鋪平土地，並種上了讓農民們羞愧的作物。他在鄰近開了一座磚瓦廠，賣給經理們 —— 那是東部來的兩個年輕人 —— 在證明他們智力方面的確有著閃光點、有商業頭腦之後。

那些農業學校總是吸引著希爾先生。能帶來實際性的回報，又可使人自強自立，這是他永遠的愛好。在大學待四年，對他來說太長了。「一年

---

[316]　奧瑪‧開儼：西元 1048 ～ 1131，波斯詩人及天文學家。

之中，你就可以學到想要的東西，否則什麼也學不到。」他說。他已輸送了數百名農家子弟，去參加農業大學的短訓班。試想想，這對這些少年的意義有多大！他們生於農場，從未有過旅行、講演、書本、全新的景色與視野的激勵。

這項工作中，孩子們經常不知道，誰是他們的捐助人。錢是他們附近鎮子裡的某某人捐助的，僅此而已。這些少年在希爾先生的資助下，被灌輸了教育的菌種，之後在達科他、蒙大拿與華盛頓的社區酵母中，醞釀發酵出文明開化之風。西元 1888 年，聖保羅‧明尼波利斯及馬尼托巴公司已成為大北方公司的一員。希爾將觸手從小麥之鄉延伸到貧瘠之地，實際上遠不像我們想像的那麼貧瘠。之後有了黑安格斯牛[317]與白臉的赫里福牛，在曾幾何時只有星星點點的、瘦成皮包骨的雜色馬的地方，如今處處可見腿毛粗硬的夏爾馬[318]與佩爾什斑點馬[319]。

自行車出現了，電車也已問世，災星預言，馬匹很快就僅對餵飽法國人有用了。然而，預言這一回錯了，良馬的身價仍穩步提高。時至今日，即便有了汽車與飛機，馬匹的價格仍是飛漲。吉姆‧希爾的鐵路，去年仍從蒙大拿運輸了三十萬匹馬到東部各州。

男人的穿著打扮、他為家人建造的房子，以及他在家裡擺放的家具，都代表著他的個性。希爾先生在聖保羅市莎米特路上建造的大宅子，建得足以千年不壞。支撐樓梯的銅梁堅固得可以舉放一架火車頭。

宅第長近兩百英尺，但從陳列精美畫作與管風琴的藝術室，到另一邊富麗堂皇的餐廳，外觀比例恰當。褐色石是正宗的第五大道貨色，豐迪拉

---

[317] 蘇格蘭產的無角黑色肉用牛。
[318] 一種原產於英國中部的大型而強壯的挽馬，膝蓋和跗關節處長有長毛。
[319] 法國北部產的灰色重型挽馬。

克石 [320] 更便宜，也許品質一樣好，卻有難以接受的淺色斑點。

希爾只用頂尖物品，最高的那杆旗杆，可以穿過普濟桑德與聖保羅之間大山的曲線，它使大院更為雅致。廚房貼了整齊光滑的瓷磚，牆上安有軟管。洗衣房有用於室內烘乾衣服的大抽屜。沒必要開扇窗來通風透氣，因為上部下來的空氣被強制吸入室內，夏天透過冰室，冬天透過熱水管道。

希爾先生還是位罕有的藝術鑑賞家，收藏有全美最好的「巴比松畫派」[321] 作品。任何人都可從他的私人祕書 J‧J‧突米處得到一張參觀許可卡。早至西元 1881 年，希爾先生在聖保羅第九大道的樸實的家裡，就有幾幅柯洛 [322]（Jean-Baptiste-Camille Corot）的畫作。

希爾先生非常喜愛良馬，在聖保羅北面十公里外，他的三千英畝大的農場上，養了約一百匹。

數年前，身為大北方鐵路公司的總裁，在夏天的時候，他會日夜馳馬於農場與辦公室之間。他常常走路或搭乘有軌電車，到位於莎米特路的宅第去。他非常民主，幾乎每天都能看到他從大北方鐵路公司的辦公室走出來，與一兩個人交談。不論多麼全神貫注，或是手頭忙的事情有多重要，他從未耽擱過與熟人點頭或微笑著打招呼。他認識每一個人，並洞察一切。

希爾先生比我遇過的人，都更了解農業。他飼養豬和牛，在芝加哥展上拿過肥牛獎，並比當下的任何人都更了解世界食品供應 —— 是的，還有煤炭、木材供應。透過對各種雜誌的踴躍投稿，他已形成對這些問題的

---

[320]　豐迪拉克為美國威斯康辛州東部的城市。

[321]　法國 19 世紀中下葉，自然主義風景畫派。

[322]　柯洛，西元 1796 ～ 1875 年，法國畫家，因其義大利陸上風景素描而著名。

公開看法。

　　西雅圖已為詹姆斯·J·希爾先生建立了紀念碑。據我所知，不久的將來，聖保羅與明尼波利斯，也將同樣愉快地做些什麼來紀念他，只是會更隆重些。

　　面臨重大突發事件時，每個人會做出何種反應，這是一件無人知曉之事。當位於聖保羅的奧馬哈鐵路總部辦公室起火，第一次警報響起，時任總經理的 E·W·溫特衝向樓梯，消失在街頭。然後他對二樓的職員大喊大叫：「查理，把我的帽子拿下來！」而他的職員，年輕的福勒，相當冷靜地打電話給消防部門。每個人都安全撤出，即便是頂樓的。然而房子被燒毀殆盡。

　　某晚十點左右，位於聖保羅的聖保羅·明尼蘇達與明尼波利斯鐵路公司的辦公室著火。濃煙湧入希爾先生與其祕書威爾·史迪芬所在的房間，他們當時在所有人離開後，仍留在那裡工作。他們對火警並未在意，但煙霧驚動了他們，使他們開始採取行動。

　　年輕的史迪芬匆忙將貴重的帳冊文件搬到保險室，希爾先生用巨人般的力氣抓起一張笨重的拉蓋書桌，是審計員 A·H·波德用的，將它推到牆邊，整個從二樓窗戶丟出去。桌子摔成碎片，街頭無賴們搶走了裡面的東西。除一些文件的邊角被熏黑外，鐵路辦公室安然無恙。

　　翌晨，當對火災或整個事件懵然不知的波德來上班時，出納員愛德華·索耶帶開玩笑地說：「波德，你該覺得自己被炒魷魚了吧？因為你的辦公桌在街上躺著呢！」當列車長麥克米倫以一萬美元賣掉山谷裡的農場後，他問希爾先生，該拿這筆錢做什麼才好。回答是「去買北方證券」。他照辦了，眼看著證券漲了三分之一。法蘭克·奠發特是希爾先生多年的

祕書，現在主管皮威房地產公司。Ｃ・Ｄ・本特利，法蘭克的一位好友，現已是聖保羅一位著名的保險業人士，以前常在希爾先生的私人辦公室裡與法蘭克見面。

希爾先生一次在那裡逮到他，說：「年輕人，如果我在這裡再抓到你一次，我就把你丟出窗外。」本特利想想他是當真的，所以在那之後一直遠離那裡。有次他講起這個故事，當著我的面，也當著希爾先生的面。希爾先生替大家買了紅檸檬水。有一個在他私人車廂工作的行李搬運工，傻到竟然在芝加哥問他火車幾點返回。那人有一整天的時間去找下一份工作，希爾先生的祕書立刻找來另一個行李搬運工。希爾先生無法放任無能或疏忽。克勞上校策劃設計北方證券，Ｍ・Ｄ・葛洛文是大北方鐵路的律師，說那肯定行不通。葛洛文是該鐵路曾有過的、最棒的律師。當方案失敗後，葛洛文從未說：「我早告訴過你們這樣了。」希爾先生簽給他一張一千美元的支票，遠超過他的薪水。

克勞上校在他真正工作開始的前幾年，受僱的薪水是一萬五美元。他來自北方太平洋公司。那個鐵路公司的一名高級主管問希爾先生，他對上校有何看法，他回答說：「哈，他是個整理合約的好手。」希爾先生說到他的鐵路公司的總經理艾倫・曼威，「他終有一天會成為大人物。」希爾先生本人則比身邊任何人都進步神速，並將他們遠遠地甩在後面。Ｓ・Ｓ・布日德是老聖保羅與太平洋鐵路的出納，他的簽名是粗體字，優美的手寫裝飾字，印在鐵路公司的所有債券上，大多由荷蘭人持有。他在聖保羅・明尼蘇達與明尼波利斯鐵路公司成立時，任審計員。

布日德已達到他效率的最高點了，但希爾先生並不滿意。布日德是名資深的職員，希爾非常喜歡他，可希爾不止一次對他說：「若你做不了這工作，我叫能幹的其他人來。」然而，希爾先生從未解僱他，也沒減他的

薪水。布日德在大北方鐵路公司一直工作到過世，而到了最後，他的工作是為陌生人帶路。

布日德的審計員職位被波德所替代，後來是 C·H·沃倫，之後是法瑞頓，這三位後來都成為大人物。

約西元 1889 年，希爾先生在聖保羅商人酒店的一次宴會上致辭。牆上掛著一張巨大的美國加拿大地圖，他拿了一個巨型圓規，一只規腳放在地圖上的聖保羅，旋轉另一只規腳往東南一千五百公里處，隨著規腳飛旋，滑至卡羅萊納海濱。然後，仍以聖保羅為中心，他將圓規向西北一千五百公里處旋轉，「所有這些地方，」他說，「都是小麥生產帶。」圓規的腳伸到阿爾貝塔的埃德蒙頓。去年，這個新興的加拿大生產區，生產了超過一億蒲式耳的小麥，而這僅僅是個開始。

希爾先生一向主張，說「棉花為王」完全是用詞不當。棉花從來都不是王者，小麥才是，因為食物遠比衣物重要。

小麥是人類的天然食物。古希臘文明是建立在尼羅河谷小麥基礎上的。它是完善、理想的素食，含有人類身體所需的所有元素。小麥的供應是我們這個世界的動脈，舉足輕重。沒有小麥，我們將凋萎 —— 快速衰老退化，像中國那樣。

聖保羅與明尼波利斯在密西西比河的航運中，處於領頭的位置 —— 經由水路從海灣到它們那裡不到兩千公里，這與經由鐵路到普濟桑德的潮水，距離差不多。

這些城市位於小麥生產帶的中部，從這裡走出了希爾先生，一位綠色王國的青春少年。

運輸曾是他的主旋律，而小麥運輸則是他成功的基石。小麥之於我

們，重要性超過任何其他東西——超過了黃金、棉花、煤炭、木材和鐵礦。

希爾先生將所有這些，都裝在他的鐵道上了。大北方鐵路公司，北方太平洋公司，和芝加哥・伯靈頓與昆西公司，超過兩萬公里的鐵路都在他的掌控之中。

他指引、管理這個龐大的運輸系統，甚至注意到最細微的細節。他的七十五歲華誕在去年九月得到慶祝，身體仍健壯。他已辭去大北方鐵路公司的總裁職務，但仍保留董事會主席的頭銜。然而我們都知道，在這兩萬英里的鐵軌上的每一項工作中，他的觸手依然隨處可見。

早熟的果子易爛，但已步入人生晚年的人，卻有著自己的價值觀，列車仍隆隆前行。希爾先生不會緣木求魚。他珍視友誼，對於那些他沒有多少尊重的人，他們的憎惡或讚揚對他而言毫無價值。任何人都沒必要在他面前燒香拜佛，熱切期盼他的錢袋大張。他判斷迅速，並且決策往往正確恰當。要為他作傳還為時過早，他在勇往直前的過程中，有太多人被他趕開、轟走、推開，這些人仍健在。為了消除偏見，必須要高瞻遠矚。

詹姆斯・J・希爾的豐功偉績是對歷史的貢獻；歷史女神克利俄[323] (Clio) 將會把他的名字當成一位偉大的先知、一位創造者、一位建設者，高高列入史冊。伯里克利建造了一座城市，而這位偉人卻創建了一個帝國。美好的農莊、蓬勃的校園、繁忙的工廠與幸福的家園，躍然現出。在繁榮興旺的陽光普照之下，這一切都因他而成為可能，而且，豐饒富裕的「希爾之鄉」，實際上才剛嶄露頭角。

---

[323]　克利俄：源自希臘神話。主管歷史、史詩的女神。

工業鉅子，創造現代世界的先驅者：

家族財團創始人 × 食品包裝業之父 × 商場王子 × 石油大亨……從工業時代直至現代，追溯商界巨頭的足跡！

作　　者：[美] 阿爾伯特‧哈伯德（Elbert Hubbard）

翻　　譯：胡彧

發 行 人：黃振庭

出 版 者：財經錢線文化事業有限公司

發 行 者：財經錢線文化事業有限公司

E-mail：sonbookservice@gmail.com

粉 絲 頁：https://www.facebook.com/sonbookss/

網　　址：https://sonbook.net/

地　　址：台北市中正區重慶南路一段六十一號八樓815 室

Rm. 815, 8F., No.61, Sec. 1, Chongqing S. Rd., Zhongzheng Dist., Taipei City 100, Taiwan

電　　話：(02)2370-3310

傳　　真：(02)2388-1990

印　　刷：京峯數位服務有限公司

律師顧問：廣華律師事務所 張珮琦律師

定　　價：450 元

發行日期：2023 年 11 月第一版

◎本書以 POD 印製

Design Assets from Freepik.com

國家圖書館出版品預行編目資料

工業鉅子，創造現代世界的先驅者：家族財團創始人 × 食品包裝業之父 × 商場王子 × 石油大亨……從工業時代直至現代，追溯商界巨頭的足跡！ / [美] 阿爾伯特‧哈伯德（Elbert Hubbard）著，胡彧 譯 . -- 第一版 . -- 臺北市：財經錢線文化事業有限公司 , 2023.11
面；　公分
POD 版
譯自：Little journeys to the homes of great business men
ISBN 978-957-680-699-5(平裝)
1.CST: 世界傳記 2.CST: 商人
781　　　112017589

電子書購買

臉書

爽讀 APP